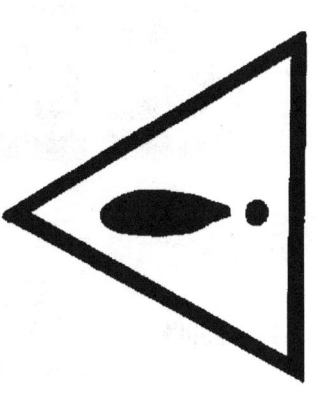

POUR DES RAISONS TECHNIQUES, LES PLANCHES
ONT ETE MICROFILMEES EN FIN DE VOLUME.

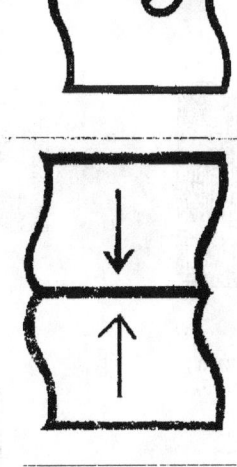

RELIURE SERREE
Absence de marges
intérieures

Illisibilité partielle

VALABLE POUR TOUT OU PARTIE DU
DOCUMENT REPRODUIT

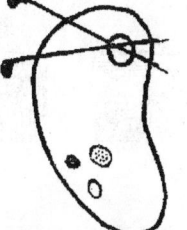

Couvertures supérieure et inférieure
en couleur

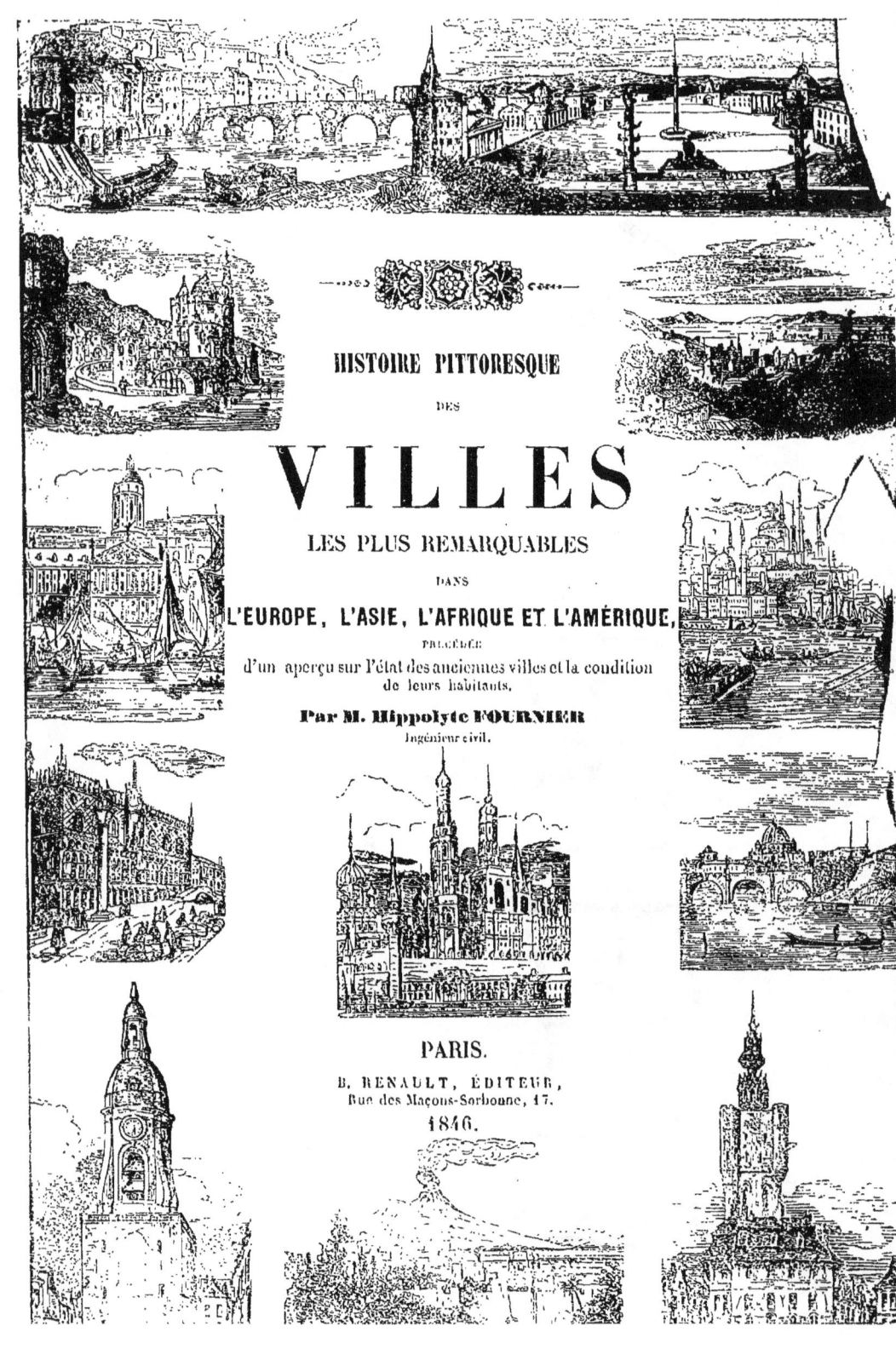

HISTOIRE PITTORESQUE
DES
VILLES
LES PLUS REMARQUABLES
DANS
L'EUROPE, L'ASIE, L'AFRIQUE ET L'AMÉRIQUE,

PRÉCÉDÉE

d'un aperçu sur l'état des anciennes villes et la condition de leurs habitants.

Par M. Hippolyte FOURNIER
Ingénieur civil.

PARIS.
B. RENAULT, ÉDITEUR,
Rue des Maçons-Sorbonne, 17.
1846.

Le Tibre.

O Tibre! tu coules lentement comme le temps à Rome, et tu ramènes le passé sur tes flots.

❋

L'Ange du Château de Saint-Ange.

●

L'ange de la punition tient toujours l'épée nue, et ne la remettra dans le fourreau que lorsque le monde aura cessé d'exister.

———

Campo Vaccino.

Vous pourriez en chasser les vaches, et l'appeler Foro Romano; mais donner un nom à une momie, n'est point la rappeler à l'existence.

❋

HISTOIRE PITTORESQUE

DES VILLES.

HISTOIRE PITTORESQUE
DES VILLES
LES PLUS REMARQUABLES
DANS
L'EUROPE, L'ASIE, L'AFRIQUE ET L'AMÉRIQUE,

PRÉCÉDÉE

d'un aperçu sur l'état des anciennes villes, les mœurs, usages
et conditions de leurs habitants.

Par M. Hippolyte FOURNIER,
Ingénieur civil.

PARIS.
B. RENAULT, LIBRAIRE-ÉDITEUR,
rue des Maçons-Sorbonne, 17.

1846.

HISTOIRE DE TARASCON

DES VILLES

CIRCONVOISINES

BEAUCAIRE, ARLES, AVIGNON ET NIMES

PARIS

Paris. — Imprimerie de Lacour et Compagnie,
rue St-Hyacinthe-St-Michel, 33.

ÉTAT
DES
ANCIENNES VILLES DE FRANCE,
MOEURS, USAGES ET CONDITIONS DE LEURS HABITANTS,
AVANT
ET DEPUIS L'AFFRANCHISSEMENT DES COMMUNES.

Dans le dixième siècle, époque brillante de la féodalité, presque toute la population était réduite en servage; mais dans cet état d'oppression même, la coutume avait établi plusieurs degrés, et par la suite des temps, la liberté progressive que l'affranchissement favorisa, fit naître de nouvelles distinctions. Au bas de l'échelle de servitude était le serf malheureux, considéré comme faisant partie de la terre, comme le bœuf destiné à la culture. Tout pouvoir appartenait au seigneur; le serf était sa propriété, il en avait la pleine disposition. L'Europe, et surtout la France, étaient hérissées de châteaux où les moindres seigneurs vivaient en tyrans, chacun prétendant avoir le droit de se faire justice à main armée; ce n'étaient partout que massacres et brigandages.

Pour remédier à de pareils désordres, on convint d'abord que depuis le mercredi au soir jusqu'au lundi matin, en mémoire des derniers mystères de la vie de Jésus-Christ, on ne pourrait rien prendre par force, ni tirer vengeance d'aucune injure. Il fallut, dans la suite, restreindre ce réglement, et se contenter d'un espace fort court, depuis le samedi au soir jusqu'au lundi matin; en sorte que tout le reste de la semaine fut abandonné aux excès de la barbarie. Cette loi fut appelée la Trêve de Dieu, et publiée comme une inspiration divine.

L'état du servage devait faire vivement désirer l'affranchissement. Liberté! liberté! ce fut le cri des populations attachées à la terre aux onzième, douzième et treizième siècles. Des serfs s'étaient réunis, avaient amassé quelque argent, et ils acquéraient leur indépendance à bons deniers comptants des barons ruinés par la guerre ou allant à la croisade; d'autres fois, les serfs se révoltaient, et conquéraient par la force leur affranchissement.

Suger, abbé de Saint-Denis (1150), ministre de Louis-le-Gros, osa attaquer la féodalité en affranchissant quelques communes et en instituant les envoyés du Seigneur, qui parcouraient les seigneuries afin de renvoyer aux assises du roi tous ceux à qui la justice avait été refusée. La reine Blanche, pendant la minorité de saint Louis (1226), combattit les seigneurs factieux et ligués contre l'autorité royale; plus tard, ce roi lui-même attaqua la féodalité dans ses fondements, en s'emparant de la puissance législative; la justice seigneuriale devint impuissante par son institution des appels. Philippe-le-Hardi et Philippe-le-Bel augmentèrent la puissance royale, et la rendirent formidable. Sous le règne de Louis X, surnommé le Hutin (1314), un grand nombre de communes se formèrent, et les serfs furent forcés de racheter leur liberté.

L'affranchissement faisait passer à l'une de ces trois situations, l'état de vilenage, la bourgeoisie et le citoyen des communes. Le vilain était de condition libre, mais s'il n'était pas astreint au service du maître, il était pourtant taillable à volonté, c'est-à-dire que le seigneur pouvait lui imposer toutes espèces de charges. Le châtelain partait-il pour la Palestine, donnait-il une fête dans son château, il demandait une forte somme de deniers à ses vilains, il les pressurait de toutes les manières sans que ceux-ci puissent lui opposer leurs chartes; aussi s'empressaient-ils d'acheter la bourgeoisie, seconde condition dans la liberté. Le bourgeois n'était pas soumis à toutes les obligations du vilain; il habitait souvent une cité murée; le baron ne pouvait lever sur lui qu'une somme fixe, convenue par la charte de bourgeoisie; mais il obéissait au seigneur et à ses officiers, et c'est en quoi il différait des hommes de commune, qui n'obéissaient qu'à leurs concitoyens, qu'eux-mêmes avaient élus; ils ne reconnaissaient pour chefs que les magistrats choisis par eux en assemblée publique. Ces élections n'eurent, dans le principe, aucune règle fixe; elles se faisaient dans telle ville une fois l'année; dans d'autres, elles n'avaient lieu que de trois en trois ans; et les habitants ainsi élus s'appelaient consuls, jurés ou échevins.

La révolution communale, considérée dans son principe, ne fut qu'un mouvement naturel du peuple pour conquérir un état meilleur; la plupart des chartes des communes créaient, pour les habitants, un système municipal fort large dans ses bases. Lorsque la charte était jurée, les habitants avaient le droit de se réunir dans la maison commune où la cloche les appelait; ils élisaient leurs consuls, jurés ou échevins, fixaient les aides et les péages pour les besoins municipaux; tous les habitants étaient tenus à la garde de la ville, à la réparation des remparts et à l'entretien des fossés. La commune devait le service militaire; ses bourgeois, dans les batailles, se plaçaient, l'arc en main, devant les cavaliers; les échevins avaient une juridiction civile et quelquefois criminelle sur les délits commis dans l'enceinte de la ville ; eux seuls étaient chargés de la police.

Le principe des communes du moyen-âge, celui qui fit braver à leurs fondateurs tous les dangers et toutes les misères, n'était autre que l'esprit de liberté, d'une liberté, il est vrai, toute matérielle, celle d'aller et de venir, de vendre et d'acheter, d'être maître chez soi, de laisser son bien à ses enfants. Dans le premier besoin d'indépendance qui agitait les hommes, c'était la sûreté personnelle, la sécurité de tous les jours, la faculté d'acquérir et de conserver, qui étaient le dernier but des efforts et des vœux ; les intelligences ne concevaient alors rien de plus désirable dans la condition humaine.

Les révolutions, de nos jours, prennent leur source dans un débat entre le peuple et la puissance royale ; celles des communes, au douzième siècle, ne pouvaient avoir ce caractère. Il y avait alors peu de villes qui appartinssent immédiatement au roi ; la plupart des bourgs étaient la propriété des barons ou des églises, et certaines villes se trouvaient en totalité ou en partie sous la seigneurie de leurs évêques. Quelquefois un seigneur, maître du quartier voisin, disputait au prélat le gouvernement du reste de la ville ; quelquefois aussi le roi avait une citadelle où un de ses officiers se cantonnait pour lever sur les bourgeois de bons deniers en sus de ce que le seigneur et l'évêque exigeaient d'eux.

Les moyens employés par les cités pour obtenir leurs franchises municipales, furent divers comme leur situation ; tantôt elles furent recouvrées à la suite d'un mouvement séditieux de la population, brisant violemment ses chaînes, et constituant elle-même ses magistrats ; tantôt la cité profitait des besoins de son baron pour acheter sa charte de liberté. La première commune, celle de Cambrai, fut conquise par la violence et l'énergie des citoyens.

On peut dire que dès lors le système féodal fut ruiné : la noblesse était sans puissance, lorsque enfin Louis XI (1463), pour contenir les grands, fit tomber les premières têtes de l'Etat. Depuis, et pendant longtemps encore, la noblesse domina les institutions et le gouvernement ; mais le trône possédait la souveraineté, et les tribunaux protégeaient le peuple contre les seigneurs ; il ne leur resta donc plus que leurs titres, leur orgueil, leur châteaux et leur servilité rampante aux pieds des rois.

Depuis l'établissement du régime féodal jusqu'au règne de saint Louis et même de Louis XI, les grands vassaux de la couronne de France habitèrent presque constamment leurs châteaux, et les rois, de leur côté, passaient presque toute l'année avec leur cour dans leurs maisons de plaisance. On ne trouvait guère dans l'enceinte des villes que les artisans et les prêtres. A cette époque, les maisons étaient toutes construites en terre et en bois. En l'absence d'une police éclairée et vigilante, chaque propriétaire bâtissait au gré de son caprice ; aussi les rues étaient-elles tracées de la manière la plus irrégulière. Du faîte des maisons, des gouttières en saillie déversaient les eaux pluviales sur les passants ; des perches tendues çà et là à travers les rues obscurcies, servaient aux lavandières et aux teinturiers à suspendre leur linge et leurs étoffes, qui distillaient à flots de toutes parts, l'eau de savon et les couleurs. On ne voyait ni fontaines, ni aqueducs ; seulement on apercevait de loin en loin quelques puits. Au milieu de ces tristes habitations, l'œil charmé s'arrêtait quelquefois avec étonnement sur de belles églises ou de majestueux monuments qui contrastaient avec ce grossier entourage. A la porte même de ces imposants édifices, le marchand forain élevait sa baraque, le maréchal-ferrant fixait ses poteaux et ses ateliers enfumés ; sur les places publiques, dans les carrefours, les juifs qui expiaient leurs bénéfices à force d'humiliations, étalaient leurs marchandises et obstruaient les passages. Pendant la nuit, quand un habitant de la cité venait à mourir, un clerc parcourait bruyamment la ville entière en agitant sa crecelle lugubre, et s'arrêtant par intervalles dans les carrefours où il criait d'une voix lamentable : « Réveillez-vous, et priez pour le trépassé. » Quand un prêtre allait administrer l'extrême-onction à un agonisant, une foule innombrable le suivait presque toujours dans sa sainte visite pour gagner les indulgences promises en pareil cas. Toute cette foule pieuse et recueillie s'agenouillait çà et là à la porte de la maison, sur les escaliers, et jusque dans la chambre du malade, autour de son lit de douleurs, priant à haute voix pour l'âme du mourant.

Les artisans d'une même profession habitaient la même rue ; à Paris les baigneurs peuplaient la rue des Vieilles-Etuves ; on trouvait tous les orfèvres rassemblés sur le quai de ce nom ; la rue Saint-André-des-Arcs était remplie des boutiques des marchands de flèches et de carquois : aujourd'hui encore les noms de rues de la Tixéranderie, de la Verrerie, des Boucheries, des Lavandières, témoignent de leur ancienne destination. On ne voyait à l'extérieur des boutiques ni enseignes, ni étalages ; les marchands, sur le seuil de leur porte, indiquaient aux passants la nature des denrées qu'ils débitaient.

Ce qu'il y a de plus singulier encore, c'est que les mires ou médecins s'annonçaient eux-mêmes par des cris ; et comme les ventouses étaient l'un des remèdes les plus généralement répandus à cette époque, on les reconnaissait au cri : ventouses à ventouser. Ils portaient toujours sur eux un coffret renfermant leurs remèdes, leurs instruments, et surtout de la charpie, et ils amenaient à leur suite des femmes chargées des accouchements et des saignées : ces femmes s'appelaient indistinctement saigneresses, ventrières ou matrones.

Les marchands formaient comme aujourd'hui des confréries liées par des statuts ou réglements : chacune de ces confréries ou communautés se distinguait des autres, aux jours de réjouissances publiques, par un costume particulier ; chacune portait, dans les grandes processions, la bannière et la châsse de son patron : les membres de ces corps commerciaux assistaient de temps en temps, à des époques périodiquement réglées, à des repas communs où ils renouvelaient, en se touchant la main et mangeant fraternellement aux mêmes plats, le pacte de la loyauté et de la bonne foi. le roi honorait souvent ces assemblées de sa présence. A sept heures du soir en hiver, et à huit heures en été, on sonnait de toutes parts dans la ville la cloche du couvre-feu : à ce signal, chacun devait rentrer chez soi, éteindre la flamme de son foyer, faire les prières de l'Angélus et se coucher. On veillait rigoureusement à l'exécution de l'ordonnance du couvre-feu pour prévenir les incendies encore plus fréquents et plus contagieux que partout ailleurs dans les villes construites en bois, comme l'étaient alors toutes les villes de France.

Les dimanches et les jours de fêtes, un morne silence régnait dans toutes les cités : les ordonnances royales ou seigneuriales prescrivaient, ces jours-là, la cessation absolue de toutes les œuvres serviles : nul marchand ne pouvait ni vendre, ni travailler, sous peine d'encourir les châtiments les plus sévères. Il était même défendu de s'arrêter sur les places publiques, et de perdre en promenades, en récréations frivoles et mondaines un temps que réclamaient les devoirs de la religion.

L'absence d'une sage police rendait le séjour des villes insalubre à l'excès : l'air fétide qu'on respirait partout allumait dans le sang des maladies affreuses et souvent incurables connues sous les dénominations diverses de pourpre, de feu sacré, de mal des ardents, mais la lèpre fut de toutes ces maladies celle qui exerça le plus de ravages : elle provoqua plusieurs ordonnances et réglements de la part des rois et des seigneurs. Tout le monde fuyait avec horreur le malheureux infecté de la lèpre. Au dixième siècle, un parlement assemblé à Compiègne jugea que cette maladie était une cause suffisante de divorce. Le lépreux était mort civilement et incapable de succéder ; on exigeait de lui les droits auxquels son décès eût donné ouverture, et on célébrait ses funérailles. S'il était étranger à la localité, les sergents lui donnaient, sur les deniers de l'aumône, un chapeau, un manteau gris, une besace, et le faisaient traîner de vive force hors de leur juridiction. Si le lépreux appartenait à la ville qu'il habitait, on lui donnait un abri construit sur quatre pieux dans un quartier éloigné, en dehors de toute communication; quand il était mort, on brûlait son toit et tout ce qui lui avait appartenu.

Vers le dixième siècle, on fonda cependant à Paris quelques maladreries où l'on donnait asile à ces infortunés; mais l'insuffisance des soins qu'on leur y accordait les forçait le plus souvent à s'échapper de ces maisons trop peu hospitalières; aussi les habitants de cette capitale rencontraient-ils fréquemment de pauvres lépreux qu'ils reconnaissaient aisément à leur pâleur et à leurs ulcères hideux que cachait mal leur esclavine (manteau d'étoffe grossière qu'on leur donnait par charité). Aussitôt qu'on les avait vus, où qu'on avait appris leur évasion, on sonnait de toutes parts le tocsin d'alarme, et tous les habitants de la ville se rassemblaient en armes pour les traquer comme des bêtes fauves.

Il n'était permis à personne d'avoir plus d'une porte à sa maison, et de la laisser inhabitée : le magistrat imposait un gardien aux domiciles où les propriétaires absents n'en avaient pas laissé ; les habitants de toutes les maisons faisaient tour à tour la police de la rue, en veillant pendant la nuit derrière une fenêtre d'où ils regardaient et écoutaient attentivement tout ce qui se passait dans le quartier; et au premier cri, au premier bruit qui frappait leurs oreilles, ces sentinelles nocturnes ouvraient leurs fenêtres et sonnaient leur clochette jusqu'à ce que celles des maisons voisines leur eussent répondu; bientôt, comme un tocsin d'alarme, toutes les clochettes de Paris retentissaient à la fois ; les fenêtres s'illuminaient ; tout le monde sortait en armes ; on fermait toutes les issues ; de sorte que les malfaiteurs, bloqués de toutes parts, reconnus, arrêtés, tombaient presque toujours entre les mains de la justice.

A cette époque aussi, on ne sortait pendant la nuit qu'avec une lanterne à la main, et même pendant certains mois de l'année, il était enjoint à tout propriétaire de suspendre à la porte de sa maison une lanterne allumée.

La milice du guet se composait de la garde soldée et de la garde non soldée : la première ne comptait guère que trois cents hommes d'armes, cent vingt archers, soixante arbalétriers de Charles VI, et cent arquebusiers de Charles IX. Les corps de métiers formaient la garde non soldée ; mais ce qu'il y avait de singulier, c'est que les corps dispensés du service du guet se trouvaient plus nombreux que ceux qui y étaient assujettis.

Prague.

HISTOIRE

DES

CAPITALES ET DES VILLES

LES PLUS REMARQUABLES.

PARIS

ET SES ENVIRONS.

Paris, à son origine, ne fut qu'une réunion de quelques huttes de pêcheurs, dans une petite île de la Seine, aujourd'hui la Cité. Sa position fit toute son importance; les Romains la trouvèrent déjà grande ville et l'agrandirent encore. Plus tard, quand le christianisme eut affaibli leur domination, Paris devint l'une des résidences des rois de la France naissante. Sous chacune de ces races princières, Paris reçut de notables accroissements. Le Paris de Louis XIV ne ressemblait guère au Paris des premiers monarques capétiens : déjà il prenait cet aspect de grandeur qui convient si bien à cette tête de la civilisation moderne ; ses portes se changèrent en arcs de triomphe, les magnifiques places Vendôme et des Victoires, la superbe colonnade du Louvre, les Champs-Elysées, le jardin des Tuileries, le pont Royal, l'Hôtel des Invalides, l'Hospice des Enfants-Trouvés, l'Observatoire, la manufacture des Gobelins, celle des glaces, l'éclairage des rues, sont des créations ou des améliorations de ce règne, qui a donné son nom au siècle. Sous Louis XVI, Paris reçut d'autres embellissements et quelques établissements d'utilité publique; de ce nombre furent les barrières, au nombre de cinquante-huit, et le nouveau mur d'enceinte.

D'immenses travaux, ordonnés par Napoléon, imprimèrent de plus en plus à Paris ce caractère grandiose qui manquait à ses splendeurs. C'est lui qui débarassa complètement les bords de la Seine des maisons qui obstruaient encore les quais et les ponts; il fit élever de longues lignes de quais et quatre nouveaux ponts : celui d'Austerlitz, le petit pont de l'île Saint-Louis à la Cité, le pont des Arts et le pont d'Iéna. Des rues nouvelles furent ouvertes de toutes parts, et particulièrement la rue de Rivoli, dont un côté fut formé par une belle grille du jardin des Tuileries et l'autre par une ligne majestueuse de maisons avec galeries, uniformément bâties ; la rue Castiglione fut établie sur la même architecture, venant aboutir à la place Vendôme, où on éleva cette immense et superbe colonne triomphale de bronze conquis sur les nations ennemies. L'eau de la rivière d'Ourcq fut amenée de quinze lieues, par un canal, jusqu'à la Villette ; un grand nombre de fontaines jaillirent dans tous les quartiers; des halles et marchés furent construits pour la vente de toutes les denrées. L'établissement d'abattoirs aux extrémités des faubourgs, délivra l'intérieur du danger et du spectacle révoltant des tueries d'animaux de boucherie. Le Louvre fut construit, et ses galeries reçurent ces précieux musées qui font l'admiration du monde. La place du Carrousel fut débarrassée des masures qui l'encombraient, une grille y fut posée, et une nouvelle galerie commença à s'élever du côté de la rue Saint-Honoré pour joindre le Louvre. Les fondements de la Bourse furent jetés, ainsi que ceux de l'arc de triomphe de l'Etoile, du palais du quai d'Orsay et de plusieurs autres monuments, et les églises furent réparées. La plus riche institution, la Banque de France, fut établie. Un arc de triomphe orna la place du Carrousel, un portique le palais du Corps-Législatif. Le Luxembourg fut entièrement restauré, son jardin agrandi. Sous Louis XVIII, Paris ne reçut aucun embellissement. Sous Charles X, on s'occupa particulièrement des églises; aussi, plusieurs d'entre elles furent rebâties, restaurées ou embellies. C'est alors que l'on vit s'élever ces nombreuses galeries ou passages, superbes bazars où le commerce s'établit aussitôt. De charmants villages s'élevèrent aux portes de la ville. Les quartiers de la Chaussée-d'Antin prirent un accroissement considérable ; les Batignolles allaient devenir une ville.

Sous le règne actuel, toutes les grandes conceptions napoléoniennes ont été reprises ou poursuivies. C'est ainsi qu'a été achevé le majestueux arc de triomphe de l'Etoile et le palais du quai d'Orsay. Une galerie nouvelle a été ajoutée à la façade des Tuileries, l'intérieur du palais, ainsi que le jardin, ont subi diverses modifications. La place de la Concorde est devenue la plus belle de l'Europe ; ses fossés ont été plantés d'élégants jardins, ses pavillons ont été surmontés de colossales statues, emblèmes des principales villes du royaume ; des dallages ont couvert ses terrasses, des colonnes lampadaires, alimentées de gaz, ont éclairé ses chaussées ; deux bassins, élégantes fontaines, ont versé leurs eaux jaillissantes. La Madeleine s'est élevée et achevée, avec toute la majesté d'un temple antique et toute la splendeur d'un palais. Le Palais-Bourbon a offert aux députés de la nation une superbe tribune, le Luxembourg s'est accru de nouveaux bâtiments pour recevoir plus grandement la Chambre des Pairs. L'édifice consacré aux Beaux-Arts est devenu digne d'eux. Notre-Dame-de-Lorette a ouvert son élégante basilique.

La plupart des églises ont été restaurées, même dans leurs anciennes structures, et particulièrement Saint-Germain-l'Auxerrois. Notre-Dame s'est trouvée assise au milieu d'une place, plantée d'arbres, formée sur l'emplacement de l'ancien archevêché. D'importants travaux d'assainissement, cette partie si utile, ont surtout été exécutés dans tous les quartiers. Ce qu'il y a de remarquable, sans doute, c'est la reconstruction et l'élargissement des quais, qui forment une immense et magnifique ligne plantée d'arbres depuis les Tuileleries jusqu'à l'île Louviers. L'Hôtel-de-Ville a été accru de deux pavillons latéraux, d'une structure calquée sur l'ancien édifice, de deux ailes et d'une façade parallèle. De nouveaux et nombreux ponts ont donné passage sur tous les points de la Seine, celui du Carrousel est particulièrement remarquable. Le Panthéon a été achevé et son fronton a été décoré de superbes sculptures. De magnifiques galeries ont été ouvertes au Jardin-des-Plantes, pour le Muséum d'histoire naturelle. Une colonne de bronze est élevée sur la place de la Bastille ; les boulevarts ont été dallés, nivelés, embellis. La Cité, qui était un hideux repaire, est maintenant bien aérée, et des rues propres et bien alignées ont pris la place des bouges. Les abords de l'Hôtel-de-Ville sont débarrassés de leurs rues pestilentielles. La rue Rambuteau est une des plus belles de Paris. Des magasins qui sont de véritables cités s'élèvent de toutes parts. D'immenses embarcadères forment la tête de chemins de fer destinés à devenir les grandes lignes de viabilité dont le réseau va sillonner la France. Des fossés et de formidables remparts marquent aujourd'hui une plus vaste enceinte, conçue dans la prévision d'un accroissement de population. Des forts nombreux menacent et défendent la capitale, dont la transformation s'opère avec une prodigieuse activité.

Paris est aujourd'hui tout un monde, jamais on n'y vit autant d'hommes ni autant de mouvement. Après Londres, c'est la cité la plus populeuse de l'Europe. Comme centre commercial, elle est loin d'avoir la même importance que la capitale des Iles Britanniques. Mais elle est la vraie patrie des lumières, le foyer des arts, du goût et de la civilisation.

Paris, dont le dernier recensement porte la population à près d'un million d'habitants, sans compter la population flottante, possède dix-sept bibliothèques, qui présentent un total de plus de 1,267,000 volumes et de 95,000 manuscrits, des collections pour toutes les sciences et les arts, 33 sociétés académiques ou savantes, 260 de secours mutuels pour les ouvriers, 16 sociétés philanthropiques, 33,000 maisons, 1,280 rues, 59 places publiques, 32 passages, 58 impasses, 10 ports, 32 quais, 6 halles, 40 marchés, 40 églises, dont 3 sont consacrées au culte réformé, une synagogue, 12 hôpitaux civils, 13 hospices, 5 hôpitaux militaires, 27 théâtres, 13 prisons et 42 casernes. On entre dans cette ville par 58 barrières, toutes construites sur des modèles différents, mais presque toutes massives et sans élégance. Les boulevarts qui s'étendent depuis le pont d'Austerlitz jusqu'au temple de la Madeleine, sont remarquables par l'élégance et la variété des habitations qui les bordent, et font l'admiration des étrangers. La Seine, qui, traversant la ville d'orient en occident, la partage en deux portions inégales, est traversée par 22 ponts, dont l'un des plus remarquables par sa légèreté est celui du Carrousel, entre le pont des Arts et le pont Royal ; il est construit en fonte, et sa chaussée, ainsi que ses trottoirs, sont revêtus en un béton bitumineux qui n'offre point les inconvénients du pavage.

On prend une idée plus ou moins favorable de Paris selon le côté par lequel on y entre. Si c'est par la route de Neuilly, le magnifique et gigantesque arc de triomphe, élevé à la gloire des armées françaises, la belle avenue qui traverse la superbe promenade des Champs-Elysées jusqu'à la place de la Concorde, les beaux édifices qui garnissent le côté septentrional de cette place, les colonnes en fonte dorée et les statues, représentant les principales villes de France, qui en décorent le pourtour, l'obélisque de Louqsor et les deux fontaines qui en ornent le centre, la vue du jardin des Tuileries, celle de la belle rue Royale, d'un côté, et du pont de la Concorde, de l'autre, la première laissant voir le beau portail de l'église de la Madeleine, et l'autre le fronton de la Chambre des Députés ; la magnifique rue de Rivoli, que l'on suit ; celle de Castiglione, devant laquelle on passe ; la perspective qu'offre la place Vendôme, au milieu de laquelle s'élève la colonne de la Grande-Armée, surmontée de l'effigie de Napoléon ; tout, dans cette traversée, qui conduit jusqu'à la belle rue de Richelieu, donne la plus haute idée de la capitale de la France. Si l'on arrive par la barrière Saint-Martin, la belle rotonde qui fait partie de cette barrière, le large bassin qui reçoit les eaux du canal de l'Ourcq, la largeur de la rue du Faubourg-St-Martin, que l'on suit dans toute sa longueur jusqu'au boulevard, où elle se termine par l'arc de triomphe de la porte St-Martin, tout y annonce encore une belle cité ; il en est de même lorsque l'on entre par la barrière de Vincennes: les deux grandes colonnes qui ornent cette barrière, la vaste place du Trône, celle de la Bastille, à laquelle aboutit la rue du Faubourg-St-Antoine, et sur laquelle s'élève la colonne monumentale érigée à la révolution de 1789 et à celle de 1830; les boulevarts qui se prolongent à droite et à gauche, sont des objets qui s'accordent avec l'idée qu'on doit se faire de cette noble cité ; mais la plupart des entrées qui regardent le sud-est n'offrent que des rues étroites, sales et tortueuses.

Les places publiques qui méritent d'être citées sont : la place de la Concorde, que l'administration municipale a embellie de statues, de trottoirs, de candelabres et de fontaines; la place Vendôme, avec sa colonne triomphale en bronze; celle des Victoires, avec sa statue équestre en bronze de Louis XIV, vêtu en empereur romain, bien qu'il soit coiffé de la grande perruque ; la place Royale, où s'élève une statue équestre de Louis XIII en marbre blanc ; celle du Carrousel, formée par les Tuileries et le Louvre, et que décore un arc de triomphe construit sur le modèle de celui de Septime Sévère à Rome, et orné de bas-reliefs qui représentent quelques-unes des victoires de Napoléon ; la place du Châtelet, avec une fontaine surmontée d'une colonne en forme de palmier, portant une Victoire en bronze doré ; la place de la Bourse, où s'élève, consacré à l'agiotage et au commerce, l'un des plus beaux monuments de Paris; celle de Richelieu, que décore une fontaine dans le goût de la renaissance, à la place du monument expiatoire érigé au duc de Berry sur l'emplacement de la salle de l'Opéra, où il fut assassiné ; celle de l'Hôtel-de-Ville, dont une partie forme l'ancienne place de Grève, et où l'on voit s'élever l'hôtel-de-ville, ou plutôt la préfecture de la Seine, vaste édifice que l'on peut regarder comme l'un des plus beaux de Paris, enfin celle du Panthéon, sur laquelle s'élèvent un magnifique temple et l'École de Droit.

Parmi les principaux monuments de Paris sont le palais du Louvre et celui des Tuileries ; dans la rue de Rivoli, l'immense hôtel du Ministère des Finances ; près de la promenade des Champs-Elysées, l'Elysée-Bourbon ; sur la rive gauche de la

Seine, le palais de justice, l'hôtel des Monnaies, le palais de l'Institut, celui des Beaux-Arts, dans le goût de la Renaissance, celui du conseil d'Etat, celui de la Légion-d'Honneur, les palais de la Chambre des Pairs et de la Chambre des Députés, l'hôtel des Invalides, où reposent les restes de Napoléon, l'École Militaire, l'une des plus belles casernes de Paris.

Au nombre des églises les plus belles, il faut citer la Madeleine, Notre-Dame de Lorette, Saint-Roch, remarquable par son portail élevé, Saint-Germain-l'Auxerrois, monument dans le style ogival, et qui vient d'être complétement restauré; Saint-Eustache, dont on admire la hardiesse et la légèreté, mais dont le style, du commencement de la renaissance, contraste avec le style grec de son portail; la cathédrale, bel édifice du douzième siècle; Saint-Sulpice, avec son superbe portique, chef-d'œuvre de Servandoni; le Val-de-Grâce, avec sa coupole peinte à fresque par Mignard; enfin St-Germain des Prés, où l'on remarque quelques parties dans le style roman ou du onzième siècle.

Paris a donné le jour à un grand nombre de savants et de personnages célèbres. Nous citerons Molière, d'Alembert, Lavoisier, Quinault, Regnard, J.-B. Rousseau, Lemierre, Mercier, Picard, Richelieu, Condé.

Les rues de Paris, autrefois étroites, tortueuses et sales, changent chaque jour d'aspect. De nouvelles rues sont percées et les plus modernes sont pourvues de trottoirs. Quatre-vingt-trois fontaines publiques répandent dans tous les quartiers les eaux de la Seine, de l'Ourcq, d'Arcueil, des sources des prés St-Gervais, Belleville et Ménilmontant. Trois cent quarante bornes fontaines sont répandues dans la capitale pour le nettoiement et la salubrité.

Des voitures, sous le nom d'omnibus, facilitent les relations entre particuliers; il existait, en 1815, 15,000 voitures, aujourd'hui on en compte plus de 61,000.

Des chemins de fer ont été construits, afin de rendre les communications plus faciles.

On remarque particulièrement, à Paris, les boulevarts plantés de chaque côté de deux rangs d'arbres, le Champ-de-Mars, les Champs-Elysées, le Jardin-des-Plantes, ceux des Tuileries et du Luxembourg, la rue de Rivoli, l'une des plus belles de l'Europe, formée d'un côté par le jardin des Tuileries, et de l'autre par une suite de belles maisons à portiques et uniformément bâties; la rue Royale, celles de la Paix, de la Chaussée d'Antin, Vivienne, Richelieu, etc. Paris ne le cède qu'à Rome pour le nombre et la beauté de ses édifices et de ses monuments publics.

Ses principales écoles sont celles de Médecine, de Droit, de Pharmacie, de Musique (Conservatoire), des Beaux-Arts, l'Ecole Polytechnique et l'Ecole normale, l'Ecole des Chartes, celle des langues orientales et celle des Ponts-et-Chaussées, celle des Mines, celle de l'Etat-Major, celle des Sourds-et-Muets et celle des Aveugles, le collége de France, les colléges royaux de Bourbon, Henri IV, Charlemagne, St-Louis, etc. Les théâtres les plus fréquentés sont le Grand-Opéra, l'Opéra-Comique, le Théâtre-Français, l'Odéon, les Italiens, le Gymnase, etc.

Les cimetières relégués hors des murs de Paris, sont ceux de Montmartre, du Mont-Parnasse et du Père-la-Chaise. Il existe aussi hors de Paris, dans sa partie méridionale, des Catacombes, immenses carrières où l'on a déposé, dans le dix-huitième siècle, les ossements provenant des cimetières de l'intérieur. L'Hôtel-Dieu, la Pitié, la Charité, les hôpitaux Saint-Antoine, Saint-Louis, du Midi, de la Maternité, des Enfants-Trouvés, des Orphelins, de la Salpétrière, du Val-de-Grâce; les hospices des Quinze-Vingts, Necker, Cochin, Beaujon, des Enfants malades, etc., sont les principaux établissements de bienfaisance. Une Université célèbre, qui comprend cinq facultés : une de théologie, une de droit, une de médecine, une des sciences physiques et mathématiques et une des lettres; un Institut royal divisé en quatre académies; une Académie royale de médecine, un Observatoire, un Bureau des Longitudes; des Musées de peinture, de sculpture, d'architecture, d'antiquités et d'artillerie; des sociétés d'encouragement pour l'industrie nationale, l'enseignement mutuel, les sociétés littéraires dites philotechnique, philarmonique et artistique ; celles de géographie, des antiquaires, etc. Un magnifique Jardin botanique, un Musée d'histoire naturelle, un Conservatoire des arts et métiers. Paris est divisé en 12 mairies ou arrondissements, administrés chacun par un maire et deux adjoints, et où l'on trouve un tribunal de paix et un bureau de bienfaisance. Ces douze arrondissements sont en outre subdivisés en quarante-huit quartiers, ayant chacun un commissaire de police, des écoles gratuites en tous genres.

Le nombre des manufactures et fabriques y est aujourd'hui considérable. La manufacture de tapisseries des Gobelins, celles des draps écarlates de Julienne, des tapis de la Savonnerie, des glaces de la rue Saint-Denis, et enfin celle des mosaïques, occupent entre elles le premier rang. Viennent ensuite les fabriques de gaze, de rubans, de fleurs artificielles, de bonneterie, de porcelaines, de couleurs, d'acides minéraux, d'acier poli, d'ouvrages d'ébénisterie et de meubles, de papiers de tenture et d'armes, d'instruments à cordes et à vent, d'optique, de mathématiques et d'astronomie, de bijouterie, d'orfévrerie et d'horlogerie, de carrosserie, de chapellerie, de coutellerie et autres dont les produits sont l'objet d'un commerce considérable; des fonderies en caractères, des imprimeries typographiques et lithographiques qui alimentent ses nombreuses librairies.

Paris forme la presque totalité du département de la Seine, qui se compose d'une partie de la ci-devant province de l'Ile-de-France, et est entièrement enclavé dans celui de Seine-et-Oise; il a environ 34 kilomètres du nord au sud, sur une largeur moyenne de 25 kilomètres et 155 kilomètres carrés (47,298 hect. car. de superficie). Il est divisé en trois arrondissements : Paris, Saint-Denis et Sceaux, lesquels sont subdivisés en vingt cantons qui comprennent soixante-dix-neuf communes. Sa surface est entrecoupée de collines et de plaines, et en général bien boisée. La Seine qui le traverse, reçoit la Marne, la Bièvre, les canaux de l'Ourcq et de Saint-Denis. Les environs de Paris doivent être considérés comme des accessoires de cette capitale.

Des sites enchanteurs embellissent les bords de la Seine : ici, Meudon est dominé par la belle terrasse de son château, monument du cardinal de Lorraine ; là, Saint-Cloud, charmante résidence royale, rappelle l'ermitage qui servit d'asile à Clodoald, fils de Clodomir, fuyant le poignard de son oncle Clotaire; l'assassinat de Henri III, et la fameuse journée à la suite de laquelle Bonaparte s'empara des rênes du gouvernement.

VERSAILLES,

SEINE-ET-OISE.

A cinq lieues de Paris, Versailles étale la splendeur de son palais bâti par Louis XIV. Sa magnifique orangerie, et les châteaux des deux Trianons lui attirent une foule innombrable de curieux. C'est la patrie de Louis XVI, de l'abbé de l'Epée, de Ducis, du général Hoche et du maréchal Berthier; ses environs offrent des promenades délicieuses. Cette ville possède un bel hôpital, un vaste collége royal, une école normale primaire, un beau jardin botanique et trois sociétés savantes. Son immense palais vient d'être transformé, par la munificence

Vue de Corbeil.

éclairée de Louis-Philippe, en un magnifique musée national, où plus de quatre mille tableaux et un nombre considérable de statues sont destinés à rappeler tous les genres de gloire qui ont illustré les diverses époques de l'histoire de France ; tous nos grands hommes, tous nos grands événements, y sont représentés. La cour même du château est devenue le vestibule d'un musée historique : au milieu s'élève une belle statue équestre en bronze, représentant Louis XIV dans le costume du temps ; autour de cette cour, on a placé les douze statues des grands hommes de la monarchie française qui décoraient le pont de la Concorde, à Paris, où leurs grandes proportions juraient avec les édifices environnants ; sur un second plan s'élèvent les statues de quatre maréchaux de l'Empire. L'administration municipale de Versailles, s'associant aux grandes idées d'un prince ami des arts, a fait construire un abattoir dans un style monumental, et qui a coûté plus de 600,000 fr. ; et sur l'ancienne place Dauphine, qui porte aujourd'hui le nom de Hoche, elle a érigé une statue en bronze à cet illustre enfant de Versailles.

CORBEIL.

SEINE—ET—OISE.

Corbeil est situé sur les bords de la Seine, au point où ce fleuve reçoit les eaux de la Juine (rivière d'Essone). Au commencement du neuvième siècle, cette ville n'existait pas. Une première aggrégation d'habitants se forma en 863. Autour du château de Paluau où avaient été apportées les reliques de saint Spire et de saint Loup, que l'on voulait mettre à l'abri des ravages des Normands. Ces reliques contribuèrent dans la suite à l'illustration de Corbeil. Ce lieu, d'abord très obscur reçut, en moins d'un siècle, une consistance qu'il n'avait jamais eue. Sa situation sur la route que suivaient les Normands, y fit établir un château et même un comte pour le défendre. Le premier comte connu s'appelait Haymon ; il fonda l'église de Saint-Spire, où l'on voit encore son tombeau.

En 1357, Corbeil fut pillé par un chef de guerre, appelé le Bègue de Villaines ; et ensuite, en 1358, par les Anglais et les Navarrais. En 1363, des gens d'armes français se jetèrent sur Corbeil, et y commirent des excès tels qu'auraient pu en commettre des soldats ennemis. En 1369, Robert Kanole, capitaine anglais, vint devant Corbeil et en brûla les faubourgs. Sous Charles VI, cette ville ne fut pas plus tranquille. En 1415, le duc de Bourgogne forma le projet de s'en emparer, afin d'affamer Paris; mais un corps de troupes du parti d'Armagnac, commandé par Barbazan, le prévint, occupa la ville et y mit une forte garnison. Le duc de Bourgogne vint l'assiéger, l'attaqua pendant un mois sans succès, et fut obligé de lever le siége. Le château, situé au bout du pont, sur la rive gauche, était vaste et bien fortifié pour le temps. Dans sa grosse tour, fameuse par son élévation, Charles VIII fit enfermer, en 1487, Georges d'Amboise, qui n'était encore qu'évêque de Montauban. A l'époque des guerres religieuses de la Ligue, Henri IV s'était porté avec son armée devant Corbeil, alors au pouvoir des Ligueurs. Le 19 avril 1590, cette ville lui ouvrit ses portes et tous les échevins et les notables vinrent les recevoir dans le faubourg. La ville éprouva encore diverses vicissitudes : Corbeil est aujourd'hui pour les céréales un marché des plus importants.

HONFLEUR.

CALVADOS.

Honfleur, ancienne ville de la Normandie, est comprise dans le département du Calvados. Son nom latin est *Hunoflotum*; elle est située entre la côte Vassal et celle de Grâce, sur la rive gauche de l'embouchure de la Seine, et dans une position extrêmement favorable aux opérations maritimes. Elle occupait, dans les temps moyens de la monarchie, un rang honorable parmi les ports de la province; sous le règne de François Ier, elle était pourvue d'un château, de murailles et de portes défendues par des bastions dont il reste encore des débris. Honfleur présentait alors le seul point d'où l'on pût défendre l'embouchure de la Seine contre les flottes ennemies. Quelques chroniques font remonter son origine au temps de Jules César; d'autres veulent qu'un chef d'aventuriers, dont les soldats rançonnaient les bâtiments qui naviguaient dans ces parages, en ait été le fondateur. Honfleur fut souvent le théâtre d'événements remarquables, tant à l'époque de l'invasion de la Normandie par les Anglais, que lors des guerres civilles soutenues dans ce pays par les Calvinistes. Assiégée en 1440 par les premiers, prise en 1562 par les seconds, reprise la même année par le duc d'Aumale, cette ville était tour à tour la proie des différents partis qui se disputaient sa conquête, lorsque Henri IV s'en empara.

L'intérieur du port de Honfleur renferme deux bassins ; le premier a été commencé en 1684 : mal entretenu, il n'est presque d'aucun usage ; le second, autorisé par lettres patentes du 28 août 1786, rend encore quelques services au moyen d'une écluse de chasse, dont l'action suffit à peine à l'entretien du chenal. L'avant port est assez spacieux ; il peut y entrer des vaisseaux tirant jusqu'à 16 pieds d'eau. Le port de Honfleur est parfois assez fréquenté ; on y voit quelques gros navires qui viennent y déposer les produits de leurs courses lointaines, à côté de petites embarcations consacrées uniquement, soit au cabotage, soit à la pêche. Cette dernière occupation est une branche d'industrie très productive sur ces rivages.

La population, d'environ quinze mille âmes au dix-septième siècle, est à peine aujourd'hui de huit mille individus, employés, les uns à la fabrication de la dentelle, les autres à l'élaboration de quelques produits chimiques, tels que l'alun, l'acide sulfurique, le sulfate de fer, etc., travaux auxquels la ville est en partie redevable du reste d'activité qui l'anime. Le port de Honfleur a fourni d'intrépides navigateurs. C'est de ce lieu que Binot Paulmier de Gonneville, parti pour les Indes, fut jeté sur la côte de Madagascar, qu'il prit pour celle des Terres-Australes. En 1617, le nommé Lelièvre, natif de Honfleur, sortit de Dieppe avec trois vaisseaux pour Java, Achem et Sumatra, et commença des liaisons commerciales avec les souverains de ces contrées. Pierre Berthelot, pilote de Honfleur, se signala dans les Indes par son habileté dans la navigation et par sa bravoure ; il se fit carme déchaussé, continua d'exercer sa profession, et souffrit le martyre en 1639 dans la ville d'Achem. Enfin, Honfleur bâtie en amphithéâtre au pied d'une colline, au sommet de laquelle on parvient par une pente insensible, présente, lorsqu'on arrive par la route de Rouen, un coup-d'œil attrayant. A l'entrée du port, les restes d'un vieux château, appelé la Lieutenance, contribuent à rendre la perspective plus intéressante.

A l'ouest de la ville de Honfleur, on rencontre, au sommet d'une côte escarpée, située sur les bords de la Seine, la chapelle de Notre-Dame-de-Grâce, petit monument remarquable par les visites religieuses dont il est l'objet. Quelques capucins, par l'entremise desquels les pèlerins venaient adresser leurs suppliques à la Vierge, desservaient autrefois cet asile, encore rempli des offrandes et des *ex voto* présentés par la reconnaissance des matelots à leur céleste protectrice.

CAEN.

CALVADOS.

Caen, belle et grande ville, ancienne capitale de la Basse-Normandie, aujourd'hui chef-lieu du département du Calvados. Cette cité située dans une grande et fertile vallée, entre deux belles prairies sur les rivières de l'Orne et l'Odon est remarquable par la régularité de ses rues et la belle construction de ses maisons et de ses monuments. Quoique ceux-ci soient presque gothiques, ils ont cependant une apparence de fraîcheur et de nouveauté qui surprend, quand on songe à l'époque de leur fondation. Cet avantage est dû à la qualité et à la beauté des pierres qui ont servi à leur construction. Toutes ont été tirées des carrières avoisinantes.

Ce n'est qu'à dater de la cession de la Neustrie aux Normands par Charles-le-Simple, en 912, que l'on commence à pouvoir parler de Caen avec quelque certitude historique. Il paraît que cette ville avait déjà une grande importance, puisque, à l'occasion d'une entrevue qui eut lieu trente-trois ans plus tard entre Richard Ier, duc de Normandie, et Louis IV, roi de France, elle est cité dans une ancienne chronique comme une des bonnes villes de la province. Quoi qu'il en soit, son accroissement fut considérable sous les ducs et surtout sous Guillaume-le-Conquérant. C'est à ses soins que sont dûs les deux plus beaux monuments de Caen. l'abbaye de Saint-Etienne, dite l'Abbaye-aux-Hommes, et celle de la Sainte-Trinité, dite l'Abbaye-aux-Dames.

L'abbaye de Saint-Etienne est remarquable par l'élégance de ses doubles clochers. Tout à côté de la porte de l'église est celle des bâtiments qu'occupaient anciennement les moines, et où l'on a placé, depuis la révolution, un collége de l'Université.

Quant à l'Abbaye-aux-Dames, ou de la Trinité, on en a fait un hôpital.

Le port de Caen ne peut être considéré que comme un petit port de cabotage assez insignifiant; il ne reçoit que des bâtiments de 150 à 200 tonneaux, et tout le commerce maritime de cette ville est concentré dans les mains de trois ou quatre armateurs. Les dangers que présente l'entrée de l'Orne, obstruée par des monceaux de sable, et l'impossibilité actuelle de naviguer sur son cours supérieur, laissent végéter Caen au rang des ports les plus secondaires.

On se rappelle encore qu'en 1762, les Anglais surent faire

Saint-Quentin.

Porte à Bordeaux.

Bayonne

tourner contre nous les avantages que présente la rade de Colleville, en y faisant stationner une escadre pendant près de six semaines. Deux détachements tentèrent même une descente sur la côte; mais ils furent repoussés par un sergent garde-côte, nommé Cabieux. A la faveur de la nuit et d'un brouillard fort épais, ce brave résolut de tenir tête à l'ennemi. Quand les Anglais furent à distance, il les arrête par le cri de *Qui vive!* et en lâchant son coup de fusil; puis il se replie, et pendant que l'ennemi avance de nouveau, il charge de nouveau en courant et recommence son ingénieux manége à plusieurs reprises. Arrivé à un pont en bois qu'allaient franchir les Anglais, Cabieux s'empare de la caisse abandonnée par un tambour des garde-côtes, et, jouant dans l'obscurité le double rôle d'un officier et d'un simple tambour, simule le commandement d'un feu de file, bat la charge, en frappant de ses pieds le plancher du pont aussi rapidement que possible, pour imiter les pas d'une troupe. Cette dernière scène acheva d'intimider les Anglais, qui crurent avoir affaire à des soldats nombreux et s'enfuirent à la hâte, laissant sur la côte un officier mortellement blessé.

BESANÇON.

DOUBS.

Besançon (*Vezontio*), ancienne capitale de la Franche-Comté, est aujourd'hui le chef-lieu du département du Doubs et le siége d'un archevêché, qui a pour suffragants les évêques d'Autun, Strasbourg, Dijon, Nancy et Metz. Ses fortifications ont un développement considérable, sa citadelle postée sur un rocher élevé qui commande la ville est, dit-on, antérieure de quatre cent cinquante ans à la fondation de Rome. Besançon est située sur le Doubs. Cette ville était déjà très importante lorsque César entreprit la conquête des Gaules; c'est de là qu'il marcha contre Arioviste qui s'avançait des bords du Rhin avec une armée formidable. Lors de la division de la Gaule en provinces romaines, Besançon devint la capitale de celle qui reçut le nom de *Maxima Sequanorum;* à la chute de l'empire, elle conserva sa prééminence, et fut le siège ordinaire des premiers rois, et ensuite des comtes de Bourgogne. Besançon reçut de Henri l'Oiseleur, avec le titre de ville impériale, des franchises et des priviléges qui l'aidèrent à recouvrer une partie de son antique splendeur. Au onzième siècle elle entra dans la ligue des villes anséatiques, et longtemps elle fut comptée parmi les principales places de change de l'Europe. Charles-Quint lui accorda le droit de battre monnaie, et lui donna ses propres armes. Placée au centre du comté de Bourgogne, cette ville formait avec son territoire assez circonscrit un état indépendant qui avait ses lois et ses coutumes spéciales. Les Suisses, dont elle s'était ménagé l'alliance, et les rois d'Espagne, ses protecteurs naturels comme souverains du comté de Bourgogne, l'aidèrent longtemps à se défendre contre les attaques de la France. Mais elle ne put résister aux armes de Louis XIV.

Besançon est divisée en deux parties, que réunit un pont de fondation romaine. Appuyée à l'est contre le mont Cœlius, elle s'étend dans une plaine baignée de tous côtés par les eaux du Doubs, qui en forme une presqu'île, embellie de part et d'autre des plus riants aspects. Quelques murs élevés au-dessus du mont Cœlius furent longtemps les seules fortifications d'une ville que sa position rendait presque imprenable. Lorsque la poudre et l'artillerie remplacèrent les machines de guerre des anciens, le fort Griffon fut construit à l'extrémité de la ville que le Doubs laisse sans protection, et des remparts garnis de meurtrières s'élevèrent dans les endroits dont la faiblesse pouvait laisser un passage à l'ennemi. Plus tard, entre les deux conquêtes de la Franche-Comté par Louis XIV, les Espagnols commencèrent sur le mont Cœlius une citadelle que la marche rapide des armées de France ne leur laissa pas le temps de terminer; elle fut achevée par Vauban, à qui l'on doit également la restauration du fort Griffon.

Le sol de Besançon est riche en antiquités; dans quelque endroit qu'on le fouille, on en extrait des médailles romaines. Des constructions récentes dans la partie haute de la ville ont découvert des bains publics, des chapiteaux, des colonnes, des fragments d'une statue colossale de marbre. Il n'est pas un seul quartier où l'on n'ait rencontré des pavés de mosaïque; enfin, les ruines de temples ou d'édifices dispersées dans cette enceinte, attestent, comme l'histoire, que cette cité était, sous la domination romaine, une des principales villes des Gaules. Des nombreux monuments anciens qui la décoraient, il ne reste plus que l'aqueduc d'Arcier, construit sous les Antonins et qui a plus de deux lieues d'étendue, et un arc de triomphe que sa teinte sombre a fait appeler; dès le dixième siècle, Porte-Noire, *Porta-Nigra*. Un obstacle presque insurmontable s'opposait à son entrée dans Besançon; un énorme mur de rochers dont la rivière baigne le pied, lui fermait le passage;

la patience des Romains vint à bout de le percer. C'est cette ouverture, agrandie sous Louis XIV, qu'on nomme aujourd'hui la Porte-Taillée.

L'arc de triomphe de Besançon se trouve placé maintenant entre deux lignes de bâtiments, de sorte que l'on ne peut pas l'examiner dans toutes ses faces. On ne sait rien de positif sur l'objet ni sur l'époque de sa construction, il paraît être de l'époque du Bas-Empire.

L'église cathédrale de Saint-Jean, grand bâtiment d'ancienne fondation, fut reconstruite dans le onzième siècle par l'archevêque Hugues Ier ; le style, qui participe du gothique et du sarrasin, est d'un aspect imposant. L'église a trois nefs, divisées par des colonnes ovales, bizarres, mais élégantes ; les vitraux sont peints ; les fenêtres, fort petites, ne laissent pénétrer dans l'église qu'une faible clarté qui ajoute à la majesté de l'édifice. Besançon possède plusieurs autres églises, toutes de construction moderne.

Un autre monument digne d'attention est le palais du cardinal de Grandvelle, fils du chancelier de Charles-Quint. De temps immémorial, Besançon avait possédé des écoles célèbres. A la renaissance des lettres, les magistrats s'empressèrent d'établir des écoles pour l'enseignement des langues anciennes et de la philosophie. Dès le milieu du seizième siècle, les Grandvelle y fondèrent un collége pour les langues orientales et la théologie, et ils dotèrent cette précieuse institution avec une magnificence vraiment royale. Pour compléter le système d'enseignement, alors suivi dans le reste de l'Europe, il ne manquait plus à Besançon que des chaires de droit, de médecine, et le privilége de conférer des grades, réservé aux universités ; secondés par le cardinal de Grandvelle, les magistrats obtinrent du pape une bulle portant érection d'une chaire de droit à Besançon, et ils l'offrirent à Cujas. Aussitôt que Besançon se fut soumise à Louis XIV, l'université de Dôle fut transférée à Besançon, où elle a existé pendant près d'un siècle, avec éclat.

Les habitants de Besançon ont toujours fait preuve de courage, et l'histoire a consigné plusieurs époques glorieuses pour cette ville. En 406, elle résista aux hordes de Vandales, en 413 aux Germains, en 451 aux Huns ; dans le treizième siècle elle repoussa les bandes allemandes, et dans le quinzième, à trois époques différentes, les Bourguignons et les Anglais échouèrent devant ses murs. Enfin, en 1814, Besançon fut assiégée sans succès par les armées des puissances coalisées. L'horlogerie de Besançon est justement renommée.

PÉRONNE.

SOMME.

La ville de Péronne, bâtie sur un monticule, et défendue par des fortifications, serait une des plus fortes places de France, si elle n'était dominée par des hauteurs : toutefois, elle peut se glorifier de n'avoir jamais été prise. Parmi les siéges qu'elle eut à soutenir, on cite celui de 1536; elle se défendit avec le plus héroïque courage contre une armée nombreuse.

La plupart des maisons de cette ville sont construites en briques, de même que ses remparts, qui offrent de jolies promenades, ombragées par de beaux arbres, et embellies encore par le cours de la Somme. Péronne divisée en haute et basse ville, et précédée de deux faubourgs, renferme quelques belles rues, une place assez remarquable, et plusieurs églises curieuses. Sa population s'élève à près de quatre mille habitants, dont le principal commerce consiste dans la fabrication des tissus de fil et de coton.

C'est à Péronne que fut signé entre Charles-le-Téméraire et Louis XI le fameux traité de 1468.

VIVIERS.

ARDÈCHE.

Viviers, ancienne capitale du Bas-Vivarais, est une très petite ville, bâtie sur la rive droite du Rhône, à quatre lieues du pont Saint-Esprit et à neuf de Valence.

Sa situation au milieu des roches calcaires qui hérissent les montagnes de cette rive du Rhône est plus effrayante encore que pittoresque. Viviers fut longtemps une cité triste et mal bâtie; les rues étroites et sales en rendaient le séjour malsain. Depuis un siècle, la ville s'est embellie et aérée; un de ses évêques y fit construire à ses frais, en 1732, un évêché qui est aujourd'hui un des plus beaux de France, par sa position, ses bâtiments et ses jardins. La cathédrale est bâtie sur un rocher qui domine la ville; c'est un vaste et antique monument, le chœur et le cloître appartiennent à l'architecture gothique. La nef est moderne. Au dessous de cette église s'élève un autre rocher taillé à pic et coupé en plate-forme ; vu de loin, on dirait un château-fort ; il porte le nom de *Rocher du Château*. Indépendamment de la tour de Viviers, vieux débris de l'époque féodale, on voit dans cette ville la *Maison des Chevaliers*, édifice de la renaissance, remarquable par la beauté de son architecture et l'élégance des ornements qui la décorent.

Le nom de Viviers est célèbre dans les guerres de religion. Déjà sous Philippe-Auguste, lors de la croisade contre les Albigeois, elle vit l'infortuné Raymond, comte de Toulouse, dépouillé d'une grande partie de ses biens et flagellé sur la place publique devant l'église ; il fit hommage, la chaîne au cou, pour un fief qu'il dût reconnaître tenir du clergé. En 1562, Viviers servit de refuge aux Calvinistes du midi ; ils avaient pour chef ce baron des Adrets, taureau furieux, comme l'appelle un vieux chroniqueur, qui de ses cornes renversait églises et bataillons entiers de catholiques. Lyon, Grenoble, Valence, Orange, Montélimart furent successivement le théâtre des exploits du baron des Adrets. Rien ne lui résistait.

Jusqu'au milieu du dix-huitième siècle, les évêques de Viviers avaient leur résidence à deux lieues de cette ville, à Bourg-Saint-Andéol. C'est là que l'on voit, près de la fontaine de Tournes, un curieux monument consacré au Dieu Mithras, sous la figure d'un jeune homme, coiffé d'un bonnet phrygien, et couvert d'un manteau volant. Il dompte un taureau sur lequel un chien s'élance ; un énorme serpent le seconde dans cette lutte.

METZ.

MOSELLE.

Metz, chef-lieu de département, était autrefois capitale du pays Messin. Cette ville, qui tient le premier rang parmi nos places fortes, est située au confluent de la Moselle et de la Seille. Les Arabes musulmans la ruinèrent de fond en comble en 731. Elle fut la capitale des rois d'Austrasie. Au temps de Charles V elle fut ville impériale ; mais en 1552 Henri II, roi de France, s'en empara ; et bientôt après elle soutint un siége contre 100 mille hommes de l'armée de Charles V, qui fut repoussée par le duc de Guise. La possession de Metz fut confirmée à la France par le traité de Westphalie. Cette ville a donné naissance au maréchal Fabert, à Custine, général en chef de l'armée du Nord en 1792, et au vaillant Lasalle.

Le sas de la Moselle est un beau travail hydraulique. Metz, par sa position, possède tous les éléments propres à obtenir un commerce florissant. Déjà la fabrication des draps, des flanelles, des couvertures de laine, des tricots, des estamettes, occupe une partie de sa population. Ses chapelleries, estimées même avant la révolution, le disputent à celles des Lyonnais. Les tanneries, les fabriques de papiers peints, de toiles de coton, de sucre de betterave, les ateliers de broderie, les brasseries, les distilleries, les fabrique de poterie en terre, en grès, celles de savon, de briques, envoient leurs produits jusqu'à l'étranger. On compte à Metz un grand nombre de juifs et leur culte y a sa synagogue. Metz possède un riche arsenal, une fonderie de canons, un bel hôtel de ville, et une école spéciale d'artillerie et de génie. Sa population est de 44,410 âmes.

ARLES.

BOUCHES-DU-RHONE.

La ville d'Arles faisait partie de la ci-devant Provence. Elle est située un peu au dessous de l'angle du delta que forme le Rhône par sa division en deux branches. Son enceinte, tracée par de vieux remparts, embrasse une surface de soixante-dix-huit hectares. Les rues y sont assez spacieuses ; elles sont pavées en cailloux. Les quais sont pavés en dalles et fort spacieux : les places sont en petit nombre ; ou n'en compte guère que trois ; la place Royale, autour de laquelle sont : l'Hôtel-de-Ville, les prisons, le Musée et la façade de l'église Saint-Trophyme, et ayant pour principal ornement un obélisque antique ; la place du Plan de la Cour, et la place des Hommes. La place Royale sert de marché, de promenade d'hiver et de cirque pour les combats de taureaux.

Ses abords et ses promenades sont des plus agréables. Un des plus curieux monuments d'Arles est l'aqueduc dans lequel est reçu le canal de Craponne. Cet aqueduc, long de six cent soixante-deux mètres, est formé par quatre-vingt-quatorze arcades et soutenu lui-même par le pont de Crau, qui consiste en cinquante-sept arcades plus grandes que celles de l'aqueduc et séparées par des massifs de maçonnerie. L'amphithéâtre d'Arles, monument de la magnificence romaine, domine la ville et étonne par son immensité : la longueur du grand axe est de cent-quarante mètres, et sa largeur ou l'étendue de son petit axe est de cent trois mètres ; il a dû avoir quarante-trois rangs de gradins et contenir vingt-quatre mille spectateurs.

L'obélisque d'Arles, en granit de l'Esterel, est le seul monolithe de granit exécuté hors de l'Egypte. Ce fut en 1389 qu'on en fit la découverte, mais il ne fut retiré de terre que sous le règne de Charles IX. En 1676, on l'érigea sur la place Royale ; un globe fleurdelisé fut placé à sa cime, et des inscriptions gravées sur son piédestal le dédièrent à Louis XIV, alors régnant. L'obélique a quarante-sept pieds de long, cinq pieds trois pouces de largeur à sa base, et porte sur quatre lions ; le piédestal a quatorze pieds de hauteur ; ainsi, le monument entier a soixante-deux pieds d'élévation. Arles est séparé de Trinquetaille, qui en était le faubourg, par un joli pont de bateaux.

REIMS.

MARNE.

Reims est située dans une plaine crayeuse et nue. Cette ville est une des plus intéressantes par son ancienneté et ses souvenirs historiques. On sacrait anciennement dans ses murs les rois de France ; le dernier qui soit venu y chercher cette consécration de son pouvoir est Charles X. Reims possède un grand nombre de monuments romains et d'édifices du moyen âge. On voit dans l'église Saint-Remy le tombeau de cet évêque, surmonté d'un groupe représentant le baptême de Clovis. L'hôtel-de-ville nous présente son portique au dessus duquel se trouve la statue équestre de Louis XIII ; son intérieur renferme une belle bibliothèque, composée de vingt-cinq mille volumes et de mille manuscrits. La réputation de son pain d'épice, de ses draps, de ses châles et de ses autres tissus, la placent au rang de nos villes les plus commerçantes. Colbert, l'abbé Pluche et le littérateur Linguet naquirent dans ses murs. A ses produits fabriqués elle joint la vente des vins de Champagne de ses environs.

La population de Reims est de trente-cinq mille neuf cent soixante-onze habitants.

TROYES.

AUBE.

Cette ville de la Champagne se présente entourée d'une foule de souvenirs : importante sous Auguste, qui lui donna le nom d'*Augustobona*; délivrée des Allemands par Julien, épargnée par Attila, ruinée par les Normands, embellie par Thibaud IV, comte de Champagne, remise par Jeanne d'Arc au pouvoir de Charles VII; elle conserve quelques édifices de ces dernières époques. Au nombre des hommes célèbres qu'elle a vus naître, on cite le pape Urbain IV, le sculpteur Girardin, le peintre Mignard, le littérateur Passerat, et Juvénal des Ursins, historiens et magistrats. Cette ville est assez mal bâtie, elle renferme cependant plusieurs édifices remarquables, tels que la cathédrale, l'église Saint-Urbain, celle de la Madeleine et l'Hôtel-de-Ville. Elle possède une bibliothèque publique de quarante-cinq mille volumes et de quatre mille manuscrits. Troyes est entourée de très belles promenades. Sa population est de vingt-neuf mille cent quarante-trois habitants

---

DIEPPE.

SEINE-INFÉRIEURE.

Située à l'embouchure de la Béthune, Dieppe est une des plus agréables villes de la Normandie. Sa principale industrie consiste dans la pêche et la salaison du hareng, du maquereau et de la morue, sa fabrique de dentelles et tisserie, Dieppe fut la patrie du célèbre marin Duquesne. On y compte seize mille habitants. Cette ville jouit de sa plus grande prospérité, sous la restauration, qui avait mis à la mode ses bains d'eau de mer. Là, toutes les conditions du confortable avaient été réunies.

Les anciens bains de Dieppe étaient très incomplets, ou plutôt il n'en existait pas. Un établissement des bains à la lame fut donc construit sur le rivage de la mer. Le terrain libre qui défend la ville de Dieppe contre les flots offre une ligne très étendue, circonscrite à l'est par la jetée du port, et à l'ouest par la longue chaîne de falaises, qui s'étend au loin pour donner naissance à un des plus beaux bassins de l'Océan

C'est dans ce lieu agréable qu'on a fondé, au milieu du galet et à peu de distance du Château-Fort, le nouvel établissement.

Il se compose d'une galerie couverte de cent-vingt pieds de long, interrompue à sa partie moyenne par un arc de triomphe, et de deux pavillons aux extrémités. Le premier, situé à l'ouest, est réservé aux dames ; le second, à l'est, est consacré aux hommes. Chacun, dans la face correspondante à la mer, offre un avant-corps, orné de quatre colonnes formant péristyle. Le pavillon des dames renferme un magnique salon, meublé avec goût et servant de lieu de réunion avant et après le bain. Ce salon communique à la fois à deux pavillons de repos pour les baigneurs. Un autre salon circulaire sert de vestibule à ces diverses pièces.

L'intérieur du pavillon destiné aux hommes offre des dispositions semblables ; mais la pièce principale est convertie en une grande salle de billard.

Ces deux pavillons communiquent entre eux par une galerie qui s'étend sur une ligne parallèle à la mer et au mur de la ville.

La voûte de l'arc de triomphe, formant portique, est revêtue de caissons et de rosaces dans toute son étendue : au dehors, des niches grecques, pratiquées dans les angles, renferment quatre statues représentant les principales mers. Un escalier demi-circulaire conduit de l'une de ces salles à une vaste plate-forme, couronnant le portique, et où des lunettes d'approche, disposées à cet effet, permettent de découvrir au loin les bâtiments et les côtes de Normandie, dans un espace de plus de dix lieues.

En face du pavillon et de l'arc de triomphe que nous décrivons, sont placés les *pontons* à balustrades, que les baigneurs ont à parcourir pour se rendre à la mer. Au bas de ces pontons ils trouveront des tentes où ils pourront s'habiller et se déshabiller à l'abri des injures de l'air. Des *guides jurés*, intrépides nageurs, d'une moralité éprouvée, et capables du plus grand dévoûment, accompagnent les baigneurs à la mer, les surveillent pendant le bain, et doivent les protéger contre la violence des vagues, si l'on pouvait craindre les suites d'une percussion trop vive ou trop longtemps prolongée. Cette méthode prévient jusqu'aux moindres accidents.

CALAIS.

PAS-DE-CALAIS.

Le joli port de Calais, aujourd'hui si fréquenté par les étrangers et peuplé d'environ neuf milles âmes, n'était qu'un village au treizième siècle. Philippe de France, comte de Boulogne, la fit entourer de fortifications considérables. Ces moyens de défense, ne l'empêchèrent pas d'être prise en 1347 ; mais ce fut par la famine plutôt que par la force des armes, que le roi d'Angleterre, Édouard III, parvint à s'en rendre maître. Il eut à lutter, pendant un siége de treize mois, contre l'habileté et le courage héroïque de Jean de Vienne, amiral de France, qui se couvrit de gloire.

Calais n'échappa au courroux du vainqueur, irrité par une résistance aussi opiniâtre, que par le dévoûment patriotique de six de ses habitans les plus notables, à la tête desquels était Eustache de Saint-Pierre.

Les Anglais gardèrent Calais plus de deux cents ans, et ce ne fut qu'en 1558 que le duc de Guise leur reprit cette ville. A la fin du seizième siècle, assiégée par l'archiduc Albert d'Autriche, cette ville retomba de nouveau au pouvoir de l'étranger; mais, à la paix suivante, elle fut définitivement rendue à la France. Calais est actuellement une place de guerre de première classe. Sa situation sur la Manche et à la jonction de plusieurs canaux, en fait le centre d'un commerce actif. Les rues sont en général larges, bien alignées, et bordées d'élégantes habitations, bâties en briques. Les remparts, plantés d'arbres, offrent de jolies promenades. Le port est commode, mais il a l'inconvénient de s'encombrer de sables. Deux môles, de cinq cents toises environ de longueur, en forment et en protégent l'entrée. D'une des jetées, fréquentée par les promeneurs qui viennent y contempler le spectacle imposant de l'Océan, on distingue, quand le temps est clair, les côtes de l'Angleterre et le château de Douvres, qu'une distance de sept lieues sépare de Calais. Parmi les monuments les plus curieux de la ville on admire, sur la place d'armes et près de l'hôtel-de-ville, la tour de l'horloge ou beffroi.

Calais doit à sa proximité de l'Angleterre, sa grande activité. A chaque instant, ce sont des paquebots qui partent ou qui arrivent, et l'on dirait que la moitié de la population se renouvelle du jour au lendemain.

BORDEAUX.

GIRONDE.

L'époque de la fondation de Bordeaux se perd dans la nuit des siècles. Cette ville devint, sous les Romains, la capitale de la seconde Aquitaine ; ils la firent entièrement démolir pour la reconstruire (an 260 de notre ère) d'après les dessins et l'architecture des cités d'Italie, et l'embellirent de plusieurs beaux édifices. La splendeur antique de Bordeaux disparut avec la présence et par l'invasion des barbares. Vers 911, les ducs de Gascogne étant devenus paisibles possesseurs d'un des plus beaux pays, que leur enviaient les autres grands vassaux de la couronne, leurs rivaux, la firent rebâtir, et y appelèrent de nouveaux habitants.

En 1152, Bordeaux passa sous la domination anglaise par le mariage d'Eléonore de Guyenne avec Henri, duc de Normandie, depuis roi d'Angleterre. Son enceinte s'agrandit sous Henri II et sous Edouard III. Cette ville s'accrut et s'embellit sensiblement, après avoir été entièrement affranchie du joug étranger sous le règne de Charles VII, en 1451. Toutefois, la véritable splendeur de Bordeaux ne remonte guère au delà du règne de Louis XVI, époque où M. de Tourny, intendant de la province de Guyenne, étendit immensément son enceinte, et traça le plan des embellissements qu'on y admire.

La ville de Bordeaux est dans une situation magnifique et très avantageuse pour le commerce, sur la rive gauche de la Garonne, qui y forme un vaste port. Cette ville présente, à partir du magasin des vivres de la marine aux chantiers de construction, c'est-à-dire en suivant la courbure de la Garonne, qui a plus d'une lieue de développement, un croissant dont la partie orientale comprend la ville, et la partie occidentale le faubourg des Chartrons (remarquable par son étendue, par la beauté de ses édifices et par la richesse de ses habitants, presque tous adonnés au commerce). Quand on y arrive par eau du côté de Blaye, la largeur excessive de la Garonne, les vaisseaux de tant de pays différents et en aussi grand nombre, fixés au port, les édifices modernes qui s'élèvent sur les quais, et forment avec le fleuve un arc parfait, présentent le point de vue le plus varié et le plus admirable. L'arrivée à Bordeaux par Saint-André-de-Cubzac et Libourne offre encore un spectacle plus magnifique et plus grand. Bordeaux se divise en ville ancienne et en quartiers neufs. L'ancienne ville ne présente que des rues généralement étroites et tortueuses, des places irrégulières et resserrées, des maisons assez laides, presque toutes cependant en pierres de taille; mais les quartiers neufs sont d'une grande magnificence. La rue du Chapeau-Rouge, la plus grande et la plus belle rue de Bordeaux, dont la largeur forme une belle place oblongue depuis le port jusqu'au grand théâtre, s'étend jusqu'à l'extrémité de la ville, qu'elle divise en deux parties égales, l'ancienne au sud, et la nouvelle au nord. Les allées de Tourny, les différentes cours, l'hôtel de la préfecture, la salle de spectacle, le plus bel édifice en ce genre que possède la France, la bourse, le palais royal, la douane, le jardin public, et surtout le beau pont nouvellement construit sur la Garonne, sont des objets dignes d'admiration.

Le port embrasse presque toute l'étendue demi-circulaire de la rivière, et peut contenir plus de mille navires; il est sûr, commode, et offre un coup-d'œil imposant par la quantité de vaisseaux de toutes les grandeurs et de toutes les nations qui y sont continuellement mouillés. En tout temps, des navires de cinq à six cents tonneaux peuvent y arriver; ceux d'un tonnage plus élevé sont souvent obligés de laisser une partie de leur cargaison à Blaye ou à Pauillac. A l'une des extrémités du port se présente le superbe quartier des Chartrons; au centre est la place royale qui règne en fer-à-cheval sur la Garonne, et l'emplacement du château Trompette, maintenant remplacé par un quartier neuf et par de belles promenades; à l'autre extrémité sont les chantiers de construction.

La Garonne est bordée de quais larges, sans parapets, qui descendent par une pente douce jusqu'au bord du fleuve. Le quai des Chartrons est une des belles chaussées qui existent en France; il est bordé de maisons qui n'ont entre elles aucune uniformité, mais qui n'en présentent pas moins un ensemble aussi agréable qu'imposant par leur élévation et la beauté de leur architecture; on en compte près de trois cents, habitées par de riches négociants, ce qui rend ce faubourg l'un des plus beaux de l'Europe. Des chais ou celliers occupent une grande partie des Chartrons; il en est qui contiennent cinq ou six cents, et même jusqu'à mille tonneaux de vins. A l'extrémité inférieure du quai est l'ancien bâtiment du moulin des Chartrons, vaste établissement construit pour moudre mille quintaux de grains en vingt-quatre heures, au moyen de vingt-quatre paires de meules mues sans interruption par le flux et le reflux de la Garonne; mais le dépôt journalier des vases ayant obstrué les canaux, il sert aujourd'hui

Châlons-sur-Saône.

Beaugency.

Vue de Gien.

de magasin pour les tabacs et d'entrepôt pour les denrées coloniales.

Le pont de Bordeaux sur la Garonne est, sans contredit, le plus beau pont de l'Europe; décrété par Napoléon en 1810, il fut achevé le 1er octobre 1821. Il se compose de dix-sept arches; les sept du milieu ont plus de quatre-vingts pieds d'ouverture, et la première de chaque extrémité plus de soixante-trois pieds.

SAINT-QUENTIN.

AISNE

Saint-Quentin, dont l'antiquité est incontestable et l'origine très obscure, se nommait, du temps de l'occupation romaine, *Augusta Viromanduorum*. C'est le nom qu'elle reçut de l'empereur Auguste, qui y plaça une colonie et en fit la capitale de la Gaule Belgique. Après la chute de l'empire, les Vandales, les Huns et les Francs l'envahirent tour à tour. Ouverte à toutes les incursions, elle cède aux Barbares, qui ne lui laissent pas pierre sur pierre. Sous la première race des rois de France, le Vermandois, dont Saint-Quentin était la capitale, reçut un comte qui y fit sa résidence. Sous Philippe-Auguste, elle arma de bonnes batailles de lances qui se distinguèrent auprès du preux monarque, à Bovines : un habitant de Saint-Quentin, Wallon de Montigny, portait l'oriflamme, et Philippe VI adopta, en 1330, pour garder sa personne royale, *les arbalétriers et pavésiens* de ladite ville. Vers la fin du quinzième siècle, l'empereur Maximilien la fit surprendre par un millier d'hommes bien armés, mais la population les repoussa ; la plupart d'entre eux périrent, les autres prirent la fuite. Cependant Saint-Quentin fut prise en 1557, sous le règne de Henri II. Soixante mille Espagnols, Flamands, Allemands, Anglais et Écossais, ayant pour chef le duc de Savoie, représentant le roi d'Espagne Philippe II, s'en emparèrent après vingt-cinq jours de tranchée ouverte. La malheureuse cité éprouva tous les désastres ; elle fut pillée, ravagée, saccagée comme au temps des invasions du cinquième siècle. Les Anglais enlevèrent tous les ornements et les vases sacrés de la grande église ; les Espagnols prirent les tapisseries d'or qui reproduisaient l'histoire du martyre de saint Quentin : Philippe II en orna les vastes galeries de l'Escurial, somptueux monastère qu'il élevait à sa victoire. La ville fut dépeuplée à ce point qu'il n'y resta que deux habitants; l'histoire a conservé leur nom : l'un, simple ouvrier s'appelait Penquoy; l'autre, clerc bien famé, se nommait Simon.

Dans les longues guerres de religion sous François II et Charles IX, Saint-Quentin resta fidèle à la dynastie des Valois; en vain Jean de Montluc chercha à s'en emparer : il échoua. Après la mort de Henri III, Saint-Quentin ouvrit ses portes à Henri IV.

La ville de Saint-Quentin est bâtie au sommet et sur le penchant d'une vaste colline, au bas de laquelle coule la Somme. Depuis 1732, le canal de Picardie l'environne d'une demi-ceinture plantée de beaux arbres, dans toute la partie de l'est; elle est ouverte par trois faubourgs qui conduisent à Cambrai et au Cateau, à Guise et à La Fère, à Ham et à Péronne. Naguère un rempart de 1500 toises de circonférence entourait la cité; six bastions, ouvrages des règnes de Louis XIII et de Louis XIV, la protégeaient; la démolition s'est emparée de tous ces vieux débris : à peine quelques fragments sont debout. La cathédrale, si ancienne, où se conservent les reliques du martyr qui a donné son nom à la ville; l'église Saint-Jacques et l'Hôtel-de-Ville, sont les seuls édifices épargnés par la destruction. Quoique irrégulières, les rues principales de Saint-Quentin sont larges et bien percées. Le dernier siècle y a mis de beaux édifices; le siècle actuel des maisons de quelque magnificence. La grande place, presque au centre, peut passer pour un monument; au milieu d'une des quatre façades, un Hôtel-de-Ville, porté sur huit colonnes de grès formant arcades et galeries, surmonté d'une lanterne circulaire et à jour, avec un carillon et une horloge, déploie des formes singulièrement antiques; il fut construit en 1509. En face et au milieu de la place, un puits, remarquable par sa vaste circonférence et par sa construction légère, appelle l'attention. Derrière la place, mais à une très petite distance, et également en regard de l'Hôtel-de-Ville, s'élève, attachée à l'ancienne église paroissiale de Saint-Jacques, une tour carrée, lourde bien que moderne, avec un petit donjon octogone que la ville a fait placer sur son couronnement pour servir de beffroi.

Déjà au douzième siècle, Saint-Quentin avait adopté une branche spéciale d'industrie; on fabriquait, dans les corporations, le drap et la *sayette*. Philippe-le-Long institua une foire franche, et, par lettres patentes, la fixa au jour de saint Denis. Toutefois, pendant plus de trois cents ans, Saint-Quentin resta dans sa laborieuse obscurité industrielle. Dans le seizième siècle, des fabriques de toile de lin, descendues de la Hollande en Belgique, et de la Belgique à Valenciennes et à Cambrai, arrivèrent à Saint-Quentin avec une famille flamande. Des établissements se formèrent bientôt, et, en 1595, époque de leur naissance, ils brillaient d'un vif éclat et d'une merveilleuse prospérité. Aujourd'hui, Saint-Quentin met en œuvre, au moyen d'environ six mille ouvriers, un quart en hommes, la moitié en femmes et un quart en enfants, le quarantième des cotons que la France reçoit chaque année. Les filatures de Paris, de Lille et de Roubaix fournissent aussi une quantité considérable de leurs produits aux fabriques de Saint-Quentin, et près de quinze cents personnes sont employées au blanchiment des toiles et aux apprêts des étoffes de coton.

Saint-Quentin communique par un canal avec l'Oise, de cette rivière avec la Seine, et de la Seine, par le canal de Briare, avec la Loire; un autre canal la met en communication avec la Belgique et la mer d'Allemagne.

BAYONNE.

BASSES-PYRÉNÉES.

Bayonne était habitée dès le troisième siècle de notre ère; elle fut lente à prendre de l'accroissement, et on la voit peu figurer dans les premiers siècles de la monarchie; il paraît, par le silence des historiens et par son enceinte, qu'elle n'était pas très considérable. Tout le pays devait alors n'offrir qu'une vaste solitude; le passages des Goths et des Wisigoths des Gaules en Espagne exposait les habitants aux ravages de ces hordes de barbares. Ce n'était pas le seul fléau dont ces terres étaient frappées; les Gascons, qui n'étaient point encore établis en deçà des Pyrénées, descendaient des montagnes, et comme la guerre était leur unique métier, le pillage leur unique ressource, ils s'en retournaient chargés de butin. Un pays perpétuellement dévasté par le fer et les flammes devait être sans commerce et sans industrie; voilà sans doute la cause de la longue obscurité où Bayonne est restée.

Vers le milieu du sixième siècle, l'empereur Julien fit une guerre opiniâtre aux Maures et aux Sarrasins; il les poursuivit jusqu'au delà des Pyrénées, et pénétra même dans le royaume de Castille. Au retour de ses conquêtes, il s'arrêta longtemps à Bayonne, qu'il choisit pour chef-lieu du pays de Labour, en latin *Lapurdum*. Cette ville était alors moins connue sous ce nom, que par celui de *Baia-Ona*, qui, dans l'idiome basque, signifie bonne baie ; ce ne fut que dans le huitième siècle qu'elle reçut celui de Bayonne, nom qu'elle a conservé.

Située dans un charmant vallon formé par les trois côteaux de Saint-Etienne au nord, de Saint-Léon au midi, et de Mousserolles vers l'est, Bayonne est la seule ville de France qui jouisse de l'avantage inappréciable de voir une rivière et un fleuve lui apporter le tribut de leurs eaux, et par leur jonction y former un port d'une vaste étendue, à une lieue de distance de l'Océan. La Nive, tranquille, traverse paisiblement son enceinte, tandis que l'Adour, superbe et tumultueux, roule son onde rapide autour de ses murs extérieurs. La situation pittoresque de cette ville offre des points de vue nombreux et variés ; des ruines de l'ancien château de Mars, par exemple, on a devant soi la Nive qui partage la cité en deux parties inégales, dites le *grand* et le *petit Bayonne,* et l'on distingue les deux ponts qui réunissent les deux quartiers. Au dessus de celui qui est le plus éloigné, et qu'on nomme le *pont Mayour*, on aperçoit la grande porte d'entrée de la citadelle, ses bastions, ses remparts et tout l'ensemble des bâtiments qu'ils renferment. L'Adour coule au bas du quartier du petit Bayonne, et ce fleuve, après avoir reçu les eaux de la Nive, forme, du côté occidental de la citadelle, le port spacieux, près duquel se trouve ce large quai ombragé d'arbres magnifiques, si connu sous le nom d'*allées Marines* Enfin la cathédrale, commencée dans le temps où Bayonne était sous la domination de l'Angleterre, et achevée depuis la réunion de la Guienne à la France, en 1451, se présente ici sous son plus bel aspect. Cet édifice est un des plus beaux monuments du moyen-âge ; mais c'est le seul que possède cette ville. Bayonne doit sa grande célébrité à son ancienneté, aux événements historiques dont elle a été le théâtre, à son importance comme place forte du royaume, qui exerce une haute influence sur le sort des pays circonvoisins, tels que la Basse-Navarre, l'Armagnac, la Chalosse, le Béarn et même le Bigorre. La richesse de ces provinces diminue ou augmente, selon que le commerce de Bayonne dépérit ou prospère ; c'est le résultat des moyens de communication que présente la réunion de la Nive et de l'Adour. Les habitants de Bayonne jaloux de mériter la devise *numquam polluta* que portent les armes de leur ville, depuis l'époque où, seuls, ils la reprirent sur les troupes d'Edouard II, roi d'Angleterre, l'ont toujours défendue contre les forces ou la ruse des étrangers. Les Bayonnais ont été les premiers à entreprendre des courses lointaines sur les mers polaires, pour faire la pêche de la baleine; ils sont excellents marins et habiles constructeurs de vaisseaux.

La citadelle et la ville de Saint-Esprit, presque entièrement habitée par quatre à cinq mille Juifs, peuvent être considérées comme parties intégrantes de cette cité.

Bayonne est à jamais célèbre, dans les fastes sanglants de la guerre, par l'invention de la baïonnette, dont les Basques savent faire un usage terrible.

La population de Bayonne est de 15,700 âmes.

LIMOUX,

AUDE.

Limoux était autrefois la capitale du comté du Razès, dans le Languedoc. On prétend qu'elle existait du temps de Jules César, et était défendue alors par un château appelé *Rheda*. Le Razès, dont Limoux était la capitale, fut autrefois l'apanage des cadets de la maison de Carcassonne. En 1209, Limoux se soumit à Simon de Monfort qui en fit raser les murs, et le pape Jean XXII, l'érigea en évêché; mais à la sollicitation de l'évêque de Narbonne, le siége fut transféré à Alet. Les habitants de Limoux se déclarèrent d'abord contre les Albigeois; plus tard, ils se joignirent à eux et les favorisèrent de tous leurs moyens; conduite qui les fit excommunier, lors du concile tenu à Narbonne, en 1226. Par suite des troubles de religion et des guerres du comte de Toulouse, la ville de Limoux, primitivement bâtie sur une colline, fut détruite par ordre du roi de France, et rebâtie dans la plaine. Elle prit part, en 1305, au complot qu'avaient formé les consuls de Carcassonne, pour livrer ces deux villes à l'infant de Majorque; quarante de ses habitants furent pendus. En 1347, Limoux obtint la permission de rétablir ses fortifications pour se défendre contre les Anglais. Dans le seizième siècle, Limoux, longtemps au pouvoir des calvinistes, fut assiégée par le maréchal de Mirepoix qui s'en rendit maître au nom de la sainte Ligue; mais, à l'avénement de Henri IV, elle ouvrit ses portes à l'armée royale.

Limoux est située au milieu d'un vallon, sur la rive gauche de l'Aude; deux petites rivières, le Congain et la Corneilla, l'arrosent à ses extrémités; les côteaux qui l'environnent sont entièrement couverts de vignobles qui produisent le vin blanc si connu sous le nom de *blanquette de Limoux*. Vue du côté de la hauteur où était, dit-on, anciennement bâtie la ville de Rhéda, l'aspect de Limoux est des plus gracieux. A peu de distance de la ville, s'élève la chapelle si célèbre, connue sous le nom de Notre-Dame de Limoux, joli édifice, orné de tableaux et d'une grande fresque bien conservée. L'arrondissement de Limoux est en partie composé de montagnes qui appartiennent, soit aux Pyrénées, soit aux Corbières ; il offre par conséquent un ensemble de communes pauvres ; cependant l'industrie prospère dans plusieurs localités ; il y a de nombreuses forges, une grande quantité de fabriques de drap et de filatures de laine, qui occupent des milliers d'ouvriers.

ARRAS,

PAS-DE-CALAIS.

Arras, ancienne capitale de l'Artois, est aujourd'hui le chef-lieu du département du Pas-de-Calais. Cette ville, fort ancienne, est située sur la Scarpe. Louis XIII prit cette ville en 1640. Les habitants avaient placé sur une des portes cette inscription :

> Quand les Français prendront Arras,
> Les souris mangeront les chats.

Un Français fit ôter le *p* du mot *prendront*. Le prince de Condé, qui tenait le parti des Espagnols, fut obligé d'en lever le siége en 1654. L'Hôtel-de-Ville d'Arras est son monument le plus remarquable, sa construction remonte au seizième siècle. Jusqu'à la fin du quinzième siècle, l'ancienne maison de ville (Halle échevinale) était située sur une petite place, près de l'ancienne église Saint-Géry ; mais le bâtiment se trouvait dans un tel état de dégradation et de vétusté, qu'alors les magistrats et les bourgeois d'Arras formèrent le projet d'élever un édifice plus digne de la capitale d'une province. On s'arrêta à l'idée d'un bâtiment spacieux, commode et surmonté d'un beffroi qui dominerait toute la ville.

La partie de la place qui se trouve sur le prolongement de la rue Saint-Géry, fut l'emplacement choisi, et la construction fut terminée en 1508.

La tour de son beffroi, travaillée avec beaucoup de hardiesse et de délicatesse, est conçue aussi dans le style de l'architecture gothique; elle est carrée à sa base, s'arrondit en s'élevant avec élégance et est terminée par une couronne en pierre de taille, comme le reste de l'édifice, supportant les armes de la ville, représentées par un lion dressé sur ses deux pattes et tenant une girouette à l'extrémité de laquelle se trouvent les insignes du gouvernement. Les fondements du beffroi furent assis par les Français, en 1492; il fut achevé par les Espagnols, en 1554, démoli en partie en 1836. Par crainte d'accident, on s'occupe à le relever de ses ruines.

Le 3 octobre 1541, on convint avec Jacques Halot, habile horloger d'Arras, d'ajouter une horloge, carillon neuf, à ce beffroi, avec des touches pour y jouer des airs de musique à plusieurs parties.

On y plaça plus tard la belle et grosse cloche connue sous le nom de *Joyeuse;* elle était auparavant dans le clocher de l'église Saint-Géry, et portait le nom de *Ban-Clocque*, ou *Clocque-à-Ban;* elle pesait environ 18,000 livres. Fêlée en 1464, durant le séjour de Louis XI à Arras elle fut refondue peu de temps après.

Le beffroi et l'Hôtel-de-Ville d'Arras, ont perdu une partie de leurs ornements. La tribune (*la Brétêque*) où se faisaient les proclamations publiques, et d'où les chartes et ordonnances étaient lues au peuple, et la triple rangée de fenêtres qui coupait la monotonie du toit, ont été détruites ou maladroitement refaites.

Une seconde façade à l'Hôtel-de-Ville tient à celle que nous venons de faire connaître et la prolonge vers la rue Saint-Géry. Postérieure à la première (1576), elle est revêtue de cette forme architecturale qu'on a nommée, à juste titre, style de la renaissance.

Arras est la patrie de Maximilien Robespierre.

COLLIOURE,

PYRÉNÉES-ORIENTALES.

Collioure, petit port du Roussillon, est situé au pied des montagnes; c'est un des endroits les plus pittoresques de la côte que baigne la Méditerranée. Son port, bien moins sûr et plus petit que celui de Port-Vendres, ne peut guère contenir que des tartanes, dont se servent les habitants pour leur commerce avec l'Espagne, commerce qui ne consiste que dans l'échange des productions des deux pays. On y voit aussi une multitude de barques de pêcheurs. Collioure n'a point de monuments. Les Français l'assiégèrent en 1643, les Espagnols la prirent en 1793, et les Français la reprirent le 27 mai 1794.

GAP,

HAUTES-ALPES.

Gap, autrefois capitale du Gapençois, division du Dauphiné, est aujourd'hui chef-lieu du département des Hautes-Alpes. Son nom latin est *Vapincum*. Cette ville est située dans un vaste bassin qui paraît avoir été un lac à une époque reculée. Elle fut comptée au nombre des cités de la Gaule lorsqu'on la divisa en dix-sept provinces. Démétrius, disciple de Saint-Jean l'évangéliste, avait commencé à y prêcher la foi, dans la sixième année du règne de Domitien; le siége épiscopal y fut établi au commencement du quatrième siècle, et cent ans après il fut occupé par Constantin. L'un de ses successeurs, en 970, obtint la moitié des droits de suzeraineté à Gap, par la munificence de Guillaume Ier, comte de Provence. En 1184, l'évêque se qualifiait seigneur et comte de Gap. A la fin du douzième siècle, Gap jouissait de moulins, de fours banaux, du consulat et de priviléges particuliers. L'évêque et le dauphin firent, en 1256, un traité pour se partager tous ces droits; le premier avait les clefs de la ville, il faisait les proclamations, et rendait, en commun avec le second, la justice seigneuriale.

Les comtes de Provence, prétendant la haute souveraineté sur cette ville, y firent arborer, en divers temps, leurs armes et bannières. Les évêques de Gap perdirent leur titre de prince sous François Ier.

Gap, pris, repris et dévasté par vingt peuples barbares, eut beaucoup à souffrir des guerres de religion; sur la fin du règne des Valois, le curé de Freissinières prit les armes pour chasser les calvinistes; mais lui-même fut contraint à la fuite. Lesdiguières s'empara de Gap; il passa au fil de l'épée la jeunesse que commandait le chanoine Lapalu; il y entra une seconde fois, la nuit, par escalade, au milieu du désordre d'une fête, et, pour s'y maintenir, il rétablit en treize jours, sur la hauteur de Puymore, la forteresse des Sarrasins; Lesdiguières résida à Gap, ne relevant que de Henri IV, alors seulement roi de Navarre. La révocation de l'édit de Nantes fut fatale à l'industrie des Hautes-Alpes : Gap y perdit son commerce ; Orpierre vit s'éloigner les deux tiers de ses habitants, et les maisons de Saint-André de Rosans n'offrirent plus que les cintres des boutiques murées. Au commencement du dix-septième siècle, la population de Gap s'élevait à seize mille âmes; maintenant, tout son territoire n'en contient guère que la moitié ; vingt ans après la révocation de l'édit de Nantes et le sac de la ville, en 1692, Gap ne comptait plus que quatre mille âmes.

Il ne reste dans cette ville que très peu de traces d'antiquité, des débris de colonnes, et autour de son enceinte, à une profondeur considérable, des tombeaux en pierre de mosaïque. A une lieue de Gap, sur une hauteur, se trouve la Tour-Ronde où l'on avait élevé un fanal qui correspondait avec ceux de Montrond, Montmaur, Malmort, ainsi qu'avec les tours et les forteresses assises dans le Champ-Saur, et dont les vestiges sont venus jusqu'à nous, accompagnés de merveilleuses histoires. Ces tours, la plupart en ruines, sont probablement l'ouvrage des Sarrasins. Dans une chapelle de la cathédrale, on admire le mausolée du connétable Lesdiguières ; la masse de son sarcophage est en marbre noir, les bas-reliefs qui retracent ses nombreux exploits sont en albâtre. Le guerrier est représenté avec son armure, couché et appuyé sur le coude ; ses traits ont quelque ressemblance avec ceux de Henri IV. On rapporte qu'il tint en charte privée Jacob Richier, son sculpteur, jusqu'à ce qu'il eût fini ce bel ouvrage.

LE HAVRE.

SEINE-INFÉRIEURE.

Le Havre, grande et belle ville du département de la Seine-Inférieure (Normandie). Le Havre est situé à l'embouchure de la Seine, où il a un port qui est très fréquenté. Louis XII en jeta les fondements en 1509, sur un sol qu'il fallut conquérir sur les eaux. François Ier fit fortifier cette ville, et le cardinal de Richelieu y fit construire une citadelle pour arrêter les Anglais ; ceux-ci bombardèrent le Havre en 1694 et 1759. Le Havre est une des places les plus commerçantes de la France, par sa proximité de la capitale, et par la facilité que lui donne la Seine de communiquer avec les départements de l'intérieur.

Le Havre fut créé pour remplacer Honfleur, dont le port était ensablé. Après avoir arrêté un moment son attention sur le populeux faubourg d'Ingouville, on pénètre dans le Havre, dont le port est des plus remarquables ; la jetée du nord, qui sert de lieu de promenade, est défendue, du côté de la ville, par une tour connue sous le nom de Tour de François Ier, et qui, dit-on, a été bâtie par ce prince. Aujourd'hui, la tour de François Ier ne sert plus que d'ornement ; le vaste espace qu'on découvre de son sommet y attire les amateurs de points de vue.

Le Havre possède de belles et riches parties qui rappellent tout à fait Paris. Ce qui ajoute à l'illusion, ce sont ces côteaux d'Ingouville, qui s'offrent en perspective à peu près comme les hauteurs de Montmartre.

Là où s'élève aujourd'hui la puissante ville du Havre, on ne voyait qu'une langue de terre abandonnée par les eaux et mobile encore, où quelques misérables pêcheurs avaient bâti à la hâte de pauvres cahutes. Ce point de la côte offrait à ces braves gens une grande crique où leurs barques étaient en sûreté ; ce fut là l'emplacement que l'on choisit pour y établir le Havre-de-Grâce. Il fallut des travaux immenses pour disputer à l'Océan le sol d'alluvion sur lequel les nouvelles constructions furent assises, et deux fois une mer furieuse menaça de faire disparaître jusqu'aux dernières traces de la cité naissante.

Dès l'année 1544, le Havre pouvait recevoir dans sa rade des flottes considérables, et ce fut à cette époque que l'Angleterre en vit sortir les forces imposantes qui la contraignirent à la paix. Les rois successeurs de François Ier accrurent considérablement la ville du Havre, qui devint ainsi l'une des places importantes du royaume ; et lorsque la reine Elisabeth prêta secours aux protestants persécutés par la cour de France, ce fut le port de cette ville qu'elle demanda, comme la garantie la plus sûre et le gage le plus précieux. Le fameux Warwick s'y installa avec six mille hommes de troupes choisies ; mais l'armée royale le força à capituler après une sanglante résistance.

Plus tard, le Havre vit s'élever une citadelle qui devait mettre cette place à l'abri d'un coup de main, soit de la part des étrangers, soit même de celle des partis qui agitaient la France à cette époque de troubles, où la royauté n'était pas encore dans la plénitude de sa force. Le cardinal de Richelieu trouva cette citadelle encore trop peu sûre ; il la fit raser et en rebâtit une autre à ses propres dépens.

Le Havre est aujourd'hui un port des plus fréquentés. Sa population est de 21,019 âmes.

TRÉVOUX,

AIN.

Trévoux, capitale, parlement et châtellenie de l'ancienne principauté de Dombes, est bâtie sur le penchant d'une colline entre le Mâconnais et le Lyonnais. La Saône baigne, sur toute cette rive, les plaines fertiles de la Bresse, de ce département de l'Ain qui défend à la fois ses limites contre Lyon et contre Genève.

La ville de Trévoux est ancienne; c'est devant ses murs que Septime-Sévère remporta, contre son compétiteur Albinus, qu'il tua, la grande bataille de Trévoux, qui le fit plus réellement empereur que ses droits et le titre dont il était revêtu depuis quatre ans. Bâtie à l'endroit même où l'un des grands chemins qu'Agrippa avait fait établir dans les Gaules se partageait en trois voies, la ville fut d'abord nommée *Trivium* ou *Triviæ*, puis, par corruption, on a dit et nous répétons encore aujourd'hui Trévoux. Onze châtellenies se développaient autour de cette châtellenie principale, et résumaient toute la puissance du pays. De la domination romaine, la principauté de Dombes passa sous la domination des Bourguignons, et fit partie de leur royaume. Elle fut reconnue absolument indépendante dès le temps du roi Philippe-Auguste; François Ier la confisqua pour la réunir à la couronne, et, dans la suite, Charles IX, l'abandonnant à Louis de Bourbon, ne voulut en retenir autre chose que *la bouche et les mains,* c'est-à-dire le respect par la parole et le secours par les armes. Ainsi, sujets seulement d'hommage, ses princes, en véritables rois, établirent à Trévoux un parlement qui y rendait la justice sans appel; ils anoblirent et imposèrent les taxes à leur gré, et frappèrent monnaie à leur effigie. Ce dernier droit leur valut d'immenses richesses pendant tout le temps que dura le commerce des pièces de cinq sous et des sequins d'or avec le Levant. Les Vénitiens voulurent se plaindre de la fabrication des sequins au coin de saint Marc; mais il leur fut répondu que saint Marc était et demeurerait le patron de la ville libre de Trévoux, aussi bien qu'il l'était de Venise. Le roi

Louis XIV consacra de nouveau l'indépendance et les droits de Trévoux, par des lettres patentes qui déclarent que « son souverain n'est point à son égard comme un vassal à l'égard de son seigneur, mais simplement comme un souverain à l'égard d'un plus puissant. »

Trévoux est située au milieu de l'un des plus magnifiques et des meilleurs pays. A voir les bords de la Saône et la riche apparence des vastes vignobles qui s'étendent au delà de Mâcon, à cette végétation puissante baignée par les flots purs d'un si beau fleuve, à tout ce littoral qui semble avoir été enlevé au paradis de nos premiers pères, qui pourrait reconnaître le théâtre de tant de misères et de tant de douleurs? Depuis l'époque de la construction de Trévoux et du pont de Mâcon jusqu'aux guerres religieuses du seizième siècle, ces populations devinrent tour à tour la proie des conquérants de la Bourgogne; la peste les assaillit trois fois et trois fois les décima. Et, vers le milieu du treizième siècle, saint Louis, partant pour la Palestine, et croyant faire une œuvre pie, acheta de ses deniers le comté de Mâcon, et lui laissa son étendard pour protecteur; mais le saint roi, en y faisant broder la double croix qui ornait son justaucorps, voua toute cette contrée et la principauté de Dombes aux luttes incessantes et aux haines vivaces de religion.

L'ancienne Trévoux, la ville primitive, avait été bâtie presque au sommet de la colline, et domine entièrement la cité moderne, sur laquelle, s'il faut en croire une légende, elle laisse méchamment rouler une pierre chaque fois qu'on y parle mal de ses ruines. Les druides rendaient des oracles dans la forêt qui l'avoisinait, sorte de succursale de la célèbre forêt druidique qui couvrait la partie de la Côte-d'Or où s'élève aujourd'hui Saulieu, la ville incrédule, trois fois rebelle à Louis XI et toujours fidèle à Henri IV. Trévoux n'a rien de remarquable dans ses monuments; l'habitation seule des jésuites porte leur écusson : c'est une épée en sautoir, comme pour rappeler que saint Ignace de Loyola, blessé à la prise de Pampelune, fut obligé de renoncer à porter les armes, et, embrassant l'état ecclésiastique, devint le fondateur de cet ordre. Les terres qui s'étendent derrière Trévoux, coupées de plaines et de collines, sont arrosées par des étangs poissonneux et les trois petites rivières de Chalaronne, de la Veille et du Forment. Les forêts et les bois offrent la chasse la plus abondante, et presque toute la population de ce pays est une population de chasseurs.

GIEN,

LOIRET.

Gien, petite ville du département du Loiret, avait anciennement le titre de comté ; la première charte où il en est fait mention est un acte de Pépin-le-Bref; en 760. Vers la fin du huitième siècle, Charlemagne y fit bâtir un château qui devint la propriété d'Etienne de Vermandois ; ce beau château existe encore de nos jours ; il est devenu le siége de tous les établissements publics de l'arrondissement, de la mairie, du tribunal de première instance et de la sous-préfecture dont Gien est le chef-lieu. C'est dans ce château que furent célébrées, en 1410, les noces de la fille de Jean-sans-Peur, duc de Bourgogne, avec le comte de Guise; dix ans plus tard, on y signait le traité, connu sous le nom de *Ligue de Gien*, contre le duc de Bourgogne, qui avait fait assassiner le duc d'Orléans. Charles VII, François Ier, Louis XIV, ont tour à tour habité le château de Gien. La ville s'élève sur la rive droite de la Loire, et le seul monument un peu remarquable après son château, c'est le pont sur lequel on passe pour se rendre dans ses murs. En 1494, l'enceinte de la ville de Gien fut réparée et agrandie par Anne de France, régente du royaume.

Le duc d'Orléans, le futur Louis XII, ayant pris les armes pour réclamer dans les affaires la part qu'il croyait due à son rang, fut vaincu et fait prisonnier. La régente Anne de France le retint captif, pendant plus de deux ans, dans la grosse tour de Bourges et à Gien ; elle refusa constamment sa liberté aux sollicitations des grands de l'Etat ; ce fut Charles VIII qui alla lui-même le tirer de prison, et qui n'eut jamais à se repentir de cet acte de générosité. Depuis cette époque, Anne perdit le crédit qu'elle avait à la cour; elle se retira à Gien et y vécut sans éprouver aucune violence.

BEAUGENCY,

LOIRET.

Beaugency (*Balgentiacum* et *Bugentiacum*) est une ancienne ville sur la rive droite de la Loire, à six lieues d'Orléans. Son antiquité est constatée par des médailles d'empereurs romains trouvées dans différents lieux de son enceinte. Elle a été successivement prise par les Huns, en 451, par les Saxons, en 480, par les Normands, en 854, et trois fois par les Anglais, en 1367, 1411 et 1428. Jeanne d'Arc la reprit en 1429. Les guerres religieuses du seizième siècle lui portèrent un coup funeste, et, depuis cette époque, elle n'a jamais pu recouvrer sa puissance primitive. Elle était anciennement défendue par un château-fort, qui passait pour être l'ouvrage des Gaulois; plus tard, sur ses ruines, fut construit celui dont on voit encore les restes. Ce château relevait en partie de l'église d'Amiens, et en partie du comte de Blois.

Beaugency était autrefois entourée de murs flanqués de tours et de bastions; une partie de cette enceinte est encore debout; une autre partie a été détruite, et a fait place à des promenades. Les fortifications du château s'étendaient jusqu'à ce magnifique pont de trente-neuf arches jeté sur la Loire; elles ont été rasées en 1667. Le seul débris de l'ancien château de Beaugency est une tour massive; sa longueur est de 72 pieds, sur 62 de large; elle était autrefois environnée de murailles; sa couverture en plomb fut brûlée dans le seizième siècle; son élévation était de 125 pieds; mais, en 1767, on a été forcé d'en démolir environ 10 pieds qui menaçaient ruine. La tour de Beaugency, adossée à un monticule d'environ 30 pieds de hauteur sur 100 pieds de surface, offre encore aujourd'hui une masse imposante, qui fait apercevoir la ville de très loin. L'hôtel-de-ville de Beaugency est un des édifices les plus remarquables de la cité; sa façade est sculptée avec goût, ornée de bas-reliefs, de portraits et d'une salamandre, emblème du règne de François Ier.

LAROCHELLE. - ROCHEFORT.

CHARENTE-INFÉRIEURE.

La Rochelle est le chef-lieu du département de la Charente-Inférieure. La Rochelle ne fut d'abord qu'un château appartenant aux seigneurs de Mauléon, en Poitou, sur qui Guillaume, dernier comte de Poitiers, l'usurpa. Ce fut lui qui fonda, en cet endroit, le bourg qui allait devenir la ville de La Rochelle. Cette place fut cédée aux Anglais par le traité de Brétigny, en 1368, et 12 ans après elle se donna au roi Charles V. Les calvinistes s'en emparèrent en 1537 et s'y maintinrent pendant longtemps. Enfin Louis XIII la prit par famine en 1628, après un siége de trois mois. La Rochelle n'en garda pas moins sa vieille opulence; fortifiée de nouveau par Vauban, elle prit rang, grâce à sa position, parmi les premiers ports de France; après, toutefois, l'émancipation de l'Amérique, la dépossession de nos colonies de la Louisiane et du Canada, elle déchut rapidement. Flottes et armements, tout fut délaissé. Sa rade est maintenant déserte, son bassin vide; quelques expéditions pour la pêche de la morue, un faible commerce de bois du Nord, voilà toute sa vie commerciale. Aussi, ne trouve-t-on dans les rues nulle activité, nul mouvement; la vieille tour du port va crouler, et les vieux navires au radoub pourrissent dans leur chantier. De lourdes arcades pèsent sur les boutiques de ses maisons; les rues sont étroites, tortueuses, mal pavées; point de monuments qu'un lourd hôtel-de-ville, souvenir glorieux d'une autre époque, avec son escalier, d'où le brave maire Guiton haranguait la multitude, et l'encourageait à la résistance pendant le mémorable siége.

En face du port de La Rochelle, les deux îles de Ré et d'Oléron forment une immense rade, dont l'entrée est le pertuis d'Antioche.

Rochefort est un peu moins déchu que La Rochelle; on trouve dans cette ville des rues larges, bien alignées et plantées d'arbres; une belle place au centre, avec une fontaine et son inévitable naïade, couronnée de roseaux. Ses maisons basses, même avec leurs contrevents peints, lui donnent un air de village enrichi.

On sait que c'est le génie de Colbert qui fit sortir ce port des marais de la Charente; mais Rochefort a beaucoup perdu de son ancienne splendeur; la construction languit comparativement aux temps de guerre; on laisse tomber en pièces sur les chantiers ces énormes masses, vaisseaux de haut bord, *l'Ulm, le Duguesclin, le Comte d'Artois*, qui ont déjà trois fois changé de nom et subi trois baptêmes politiques. Rochefort n'a guère de remarquable que son port et son hôpital. C'est à Rochefort que Napoléon tombé trouva un dernier asile, un dernier cri d'enthousiasme. C'est sur la grève de l'île d'Aix qu'il brisa son épée, et que vint mourir sa dernière espérance.

Cette île d'Aix, située entre la terre ferme et l'île d'Oléron, importante par sa position pour la défense du port de Rochefort, a été jadis vraisemblablement unie au continent.

Elle a environ un quart de lieue de long, sur, à peu près, un demi-quart de lieue de large. On y trouve un village dont la population est d'environ deux cent quarante habitants, pour la plupart occupés à la pêche. La population de l'île ne dépasse pas quatre cent cinquante personnes.

L'île d'Aix est bien fortifiée et défendue par un château; les Anglais s'en emparèrent en 1757 et l'abandonnèrent après en avoir fait sauter les fortifications; des batteries formidables la mettent aujourd'hui à l'abri de toute nouvelle tentative.

MARSEILLE,

BOUCHES-DU-RHONE.

Cette ville fut fondée par une colonie de Phocéens, sous la conduite de Simos et Protis, près de six cents ans avant l'ère chrétienne. Le premier soin des Phocéens, en mettant le pied sur la côte de Provence, fut de se placer sous la protection du peuple le plus voisin; c'était la tribu des Celto-Lygiens, et Nannus en était le chef. Il accueillit amicalement la peuplade grecque, et lui permit de se fixer sur ses terres; dès lors, les Phocéens jetèrent les fondements d'une ville qu'ils nommèrent *Massilia*; ils la bâtirent dans l'endroit où elle est encore aujourd'hui. Par la constante protection de Nannus, la colonie naissante eut un accroissement rapide. Comanus, fils et successeur de ce chef, n'hérita pas de ses sentiments d'amitié pour les Marseillais; ces étrangers lui parurent de dangereux voisins; un de ses serviteurs redoubla ses alarmes par l'apologue suivant: « Une chienne pleine vint demander à un berger un lieu pour mettre bas. Elle l'obtint. Sommée bientôt de rendre la place, elle sollicita la permission d'y nourrir ses petits. Sa prière fut encore accueillie: mais quand les

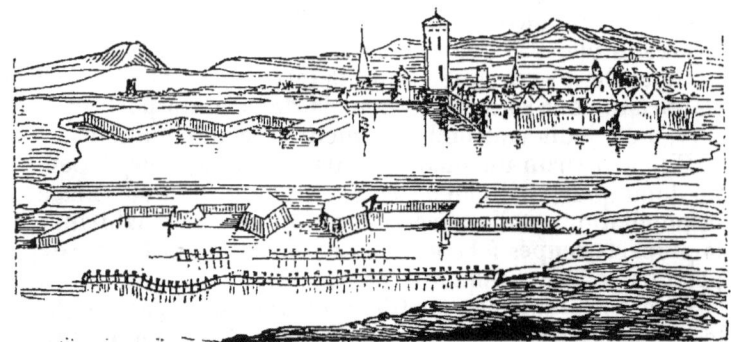

La Rochelle, en 1629.

Vue de Marseille.

chiens eurent grandi, la mère, aidée de leur secours, s'attribua la propriété du lieu. Ainsi, ajouta-t-il, les Marseillais, qui n'occupent aujourd'hui qu'un terrain emprunté, se rendront maîtres un jour de toute la contrée. » Comanus forma le projet de s'emparer de leur colonie. Il employa, pour y parvenir, un odieux stratagème; mais son projet ayant été éventé, son armée fut taillée en pièces, lui-même périt dans le combat.

Dès les premiers jours de leur existence politique, les Marseillais s'appliquèrent à profiter de leur position pour le négoce et la navigation. La pêche devint pour eux un objet important; ils cultivèrent la vigne avec succès; ils implantèrent l'olivier dans les Gaules, avant même qu'on le connût en Italie. Tous les ports de la Grèce et de la péninsule italique leur étaient ouverts. Tout faisait de Marseille une ville maritime et commerciale. Les Carthaginois, jaloux de sa puissance, l'attaquèrent, et pendant cette longue guerre, l'importance de Marseille, loin de déchoir, augmenta. Deux de ses citoyens, Pythéas et Eutymène, accrurent sa réputation par leurs voyages de découvertes. Au troisième siècle avant Jésus-Christ, Marseille était l'Athènes des Gaules. Elle s'allia avec Rome, et s'opposa en vain à l'invasion d'Annibal. Marseille embrassa la cause de Pompée contre César; celui-ci vainqueur, punit sévèrement la cité; il détruisit les fortifications, les machines de guerre, se fit livrer les armes, les vaisseaux, le trésor public et la citadelle où il caserna deux légions. Marseille, privée de sa puissance, forma une république marchande, indépendante, sous la protection romaine. Au sixième siècle, les Bourguignons, les Ostrogoths et les Francs ravagèrent Marseille; en 752, les Sarrasins la bouleversèrent de fond en comble; tout ce qui lui restait de monuments antiques disparut.

L'an 1257, la république de Marseille dut se soumettre à l'autorité des comtes de Provence jusqu'à la mort du dernier de ces princes, Charles III, en 1481, époque où Louis XI se mit en possession de cette province; Marseille et son territoire furent ainsi réunis à la couronne.

Les jardins, les vignobles, les maisons de campagne ou bastides, qui couvrent les environs de Marseille; les manufactures que l'on aperçoit çà et là, annoncent l'approche d'une cité riche, populeuse et commerçante. Marseille est située au fond d'un golfe et au pied d'une colline; son port, qui a près de 600 toises de longueur sur 160 de largeur, est un des plus importants du royaume : il peut contenir 1,200 vaisseaux. Les divers quartiers de la ville ne répondent point également à sa richesse : la partie haute, au nord du port, est mal bâtie;

mais celle qui s'étend à l'est et au sud, est d'une grande beauté. On remarque, à Marseille, le grand théâtre, la bourse, l'arsenal, la nouvelle halle soutenue par 32 colonnes, l'hôtel-de-ville, construit par Pujet, la colonne érigée en mémoire des secours obtenus du pape pendant la peste de 1720, le cabinet d'histoire naturelle, l'hôtel des monnaies, la belle place Royale, la rue de la Cannebière et le Cours. Elle a des écoles de dessin, de musique, d'hydrographie et de médecine; des amphithéâtres, où l'on enseigne gratuitement la chimie, la mécanique appliquée aux arts et la géométrie; une institution des sourds-muets; cinq hôpitaux; des associations philanthropiques, un bel observatoire, un jardin botanique de naturalisation, un musée de tableaux et d'antiquités, une bibliothèque publique, et plusieurs sociétés savantes. Elle a donné le jour au navigateur Pythéas, au poète Pétrone, au prédicateur Mascaron et au grammairien Dumarsais. Les plus belles rues sont celles d'Aix et celle de Rome; cette dernière est celle que l'on suit pour se rendre à Toulon.

NARBONNE.

AUDE.

Narbonne, situé au bord du canal de la Robine, qui, par l'étang de Sigean, communique avec la Méditerranée, est le *Narbo* des Romains : plusieurs monuments l'attestent. Dans l'antiquité, elle était connue, comme aujourd'hui, par son excellent miel; elle a donné le jour à Varron, à Fronton et au savant bénédictin Moritauron. On peut seulement juger de son ancienne splendeur par l'immensité de tronçons de colonnes, de statues, d'inscriptions, de marbres de toute espèce qu'on y a trouvés. Ces débris réunis, il y a trois siècles, ont été placés autour des murs de la ville. Les inscriptions sont placées sur les murs, les bas-reliefs auprès des portes et sous leurs voûtes. Un nombre considérable de morceaux sont tellement brisés qu'ils n'offrent plus qu'un amas de jambes, de têtes, de mains et des mots sans aucun sens; cependant il reste encore divers fragments assez grands pour être dessinés et étudiés, et à peu près mille inscriptions assez bien conservées pour être lues avec intérêt. Narbonne est la seule ville au monde dont l'enceinte offre une aussi riche décoration. On y voit des bacchantes, des génies, des trophées, des chapiteaux et divers objets inconnus. On remarque sur la porte de la confrérie des pénitents, un entablement de marbre, enrichi d'une très belle sculpture; deux aigles tiennent à leur bec un rameau de chêne, au milieu est la foudre couverte de la dépouille d'une victime. Cette pierre faisait partie de la frise d'un temple élevé par Auguste à Jupiter tonnant, pour remercier ce dieu de l'avoir préservé de la foudre qui tua, près de la litière de l'empereur, le chef de ses gardes.

Le commerce de Narbonne était autrefois très florissant; son port, le plus ancien du Languedoc, était, au temps de Strabon, l'arsenal maritime des *Arecomici*; et devint, au cinquième siècle, le rendez-vous des marchands de l'Egypte et de l'Afrique; le commerce s'y soutint sous la domination des Wisigoths, des Sarrasins, et sous les rois de France, jusqu'au treizième siècle. Vers la fin de ce siècle, le commerce de Narbonne commence à décliner, et l'antique métropole de la Narbonnaise n'a plus qu'un pâle reflet de sa vieille prospérité commerciale.

La ville de Narbonne est située à deux lieues de la mer, dans une plaine entourée de montagnes, sur la route de Paris en Espagne, et à l'embranchement de Montpellier à Toulouse. L'intérieur est peu considérable, les maisons mal bâties, les rues disposées sans ordre, sans grâce, et mal percées. Le canal de la Robine divise la ville en deux parties, désignées sous le nom de Cité et de Bourg. L'esplanade, ou Plan-des-Barques, placée au centre, offre une promenade agréable.

La cathédrale de Narbonne est un monument très remarquable par la pureté du style, la richesse, la profusion des ornements, la multiplicité et le luxe des vitraux; le chœur surtout est justement admiré, à cause de la hardiesse des voûtes qui ont plus de 120 pieds d'élévation. Cette église fut incendiée au commencement du cinquième siècle; un évêque, nommé Rustique, la fit rebâtir en 441. Charlemagne ordonna sa reconstruction sur un plan plus vaste, mais moins solide, puisqu'elle tomba en ruines du temps de saint Louis. Le pape Clément IV, qui avait été archevêque de Narbonne, jeta les fondements d'une nouvelle basilique, le 3 avril 1272; la première pierre fut envoyée de Rome, toute bénite. La construction du chœur, celle des chapelles, et les deux grandes tours ne furent achevées qu'en 1332; la nef ne fut point bâtie. L'édifice resta ainsi imparfait jusqu'au commencement du dix-septième siècle, époque où l'archevêque résolut de le continuer; l'argent manqua, et les travaux n'ont jamais été repris. L'intérieur renferme de précieux tombeaux.

Le palais de l'archevêché à Narbonne, ressemble à une forteresse; il est appuyé sur une grande tour de forme carrée, construite dans le moyen-âge; bâtie au centre de la ville, cette tour domine tous les autres édifices. C'est dans ce palais que Louis XIII signa l'ordre de livrer Cinq-Mars et de Thou au jugement d'une commission.

Narbonne est, après Carcassonne, la ville la plus peuplée du département de l'Aude : elle renferme 10,246 habitants.

MACON.

SAONE — ET — LOIRE.

Mâcon, chef-lieu de département, est située sur la rive droite de la Saône dans une position des plus avantageuses pour le commerce de ses vins. Cette ville, que César appela dans ses Commentaires *Matisco œduorum*, offre quelques vestiges de la domination romaine.

Lorsqu'en 1758 on creusa les fondations du grand hospice, on déterra des vases, des statues de bronze et d'argent et divers autres objets précieux qui attestent que, sur cet emplacement, exista autrefois un temple d'une grande magnificence. On a également découvert, dans les fouilles des fondations de l'église Saint-Vincent, en 1810, un fragment d'un autel élevé à *Jupiter-Tonnant* et à Auguste, et une pierre sépulcrale portant une inscription en l'honneur de Gallus. Des monnaies romaines y furent aussi trouvées. Mâcon, sous les Romains, était bâti sur la hauteur dans l'emplacement des Jacobins; plusieurs chartes des septième et neuvième siècles attestent que l'ancienne église Saint-Vincent était construite hors des murs. En 451, Mâcon fut saccagée et réduite en cendres par les Huns, sous la conduite d'Attila; à peine rebâtie, les Sarrasins la ravagèrent de nouveau. Dans le neuvième siècle, Lothaire voulant se venger des comtes Bernard et Guérin qui avaient contribué à rendre la liberté à son père, prit Mâcon, qu'il brûla en partie. Une charte de Louis-le-Jeune apprend que, sous son règne, la ville de Mâcon fut détruite probablement par les mêmes Brabançons, qui, conduits par Guillaume, comte de Châlons, pillèrent Cluny. Les Mâconnais ne réédifièrent leur ville que sous la fin du règne de Philippe-Auguste, elle fut de nouveau close de murs, et y furent faites six portes desquelles la première, qui était celle du Pont, appartenait à l'évêque, qui y députait des portiers; les portes de Bourgneuf et de la Barre étaient en la garde des hommes de l'évêque. La porte de la citadelle et la porte Guichard-Vigier (depuis murée) furent en la garde du comte; enfin la sixième, la porte Saint-Antoine, était commise à un prud'homme agréé par le comte et le chapitre.

Quelques années après les églises et monastères de Mâcon furent brûlés et saccagés. Et sous Louis XI, les chanoines de Saint-Pierre firent ceindre leur monastère de forts murs, quatre grosses tours aux quatre coins et quatre autres sur les flancs, lesquelles, avec les tours de deux superbes portails à ponts-levis, faisaient une forteresse de furieux aspect. Mais, voici ce qu'il advint : les Mâconnais craignant d'être assiégés par les gens de Louis XI, un chanoine de Saint-Pierre, qui avait la conduite de l'horloge, monta de nuit au clocher pour y rhabiller quelque chose; mais comme il portait une lanterne, les Mâconnais se dirent qu'il avait intelligence avec les ennemis, et qu'il leur était allé donner signal avec son feu. Ce bruit de ville échauffa si fort les esprits des soldats et de la populace, que d'une fureur (à laquelle l'autorité du gouverneur ne put résister) ils envahirent ce monastère, et y exercèrent leur rage avec une si grande animosité, que tous les meubles furent pris et enlevés, les bâtiments ruinés et abattus en trois jours, tellement que ce beau et somptueux monastère fut réduit en ruines, l'an 1470. Les chanoines furent contraints de se retirer séparément chez leurs parents.

Pendant les guerres de religion, au seizième siècle, la ville de Mâcon fut prise et reprise plusieurs fois par les troupes des deux partis. Le siége le plus remarquable qu'elle ait soutenu est en 1567, contre les troupes royales. Après plusieurs jours de famine, les habitants demandèrent à capituler. Le duc de Nevers, chef de l'armée, assembla un conseil de guerre, dans lequel furent admis les gentilshommes mâconnais qui servaient dans son armée; presque tous opinèrent pour que les évangélistes fussent passés au fil de l'épée; mais le duc de Nevers repoussa ce moyen extrême, et on accepta la capitulation, qui fut signée le 4 décembre; la garnison déposa les armes et se retira à Genève. Au milieu de ces calamités, toutes les églises de Mâcon et notamment la cathédrale furent encore dévastées; celle-ci fut reconstruite et éprouva le même sort en 1793.

Mâcon est bâtie sur le penchant et au pied d'un coteau; ses rues sont étroites, mal percées, pavées de cailloux roulés qui rendent la marche pénible; les places sont propres, mais petites, les constructions modernes y sont grandes et de bon goût. Depuis la démolition de ses remparts, elle est entourée de boulevarts, d'où la vue se repose avec plaisir sur les jardins et les maisons de campagne qui l'environnent. Le quai qui longe le cours de la Saône est large, élevé, d'une vaste étendue, bordé de jolis hôtels et de cafés élégants; il offre une promenade très fréquentée, formée de belles allées d'arbres qui se prolongent au dessus et au dessous de la ville. Les principaux édifices de Mâcon sont l'hôpital, commencé en 1758, et achevé douze ans plus tard sur les plans du célèbre Soufflot; la maison de la Charité dont l'établissement date de 1680, et l'hôtel de la préfecture, bâti en 1618, par Gaspard Dinet, évêque de Mâcon, sur l'emplacement de l'ancienne citadelle, et qui était, avant la révolution, la résidence de l'évêque. Un pont de douze arches, au dessous duquel la Saône forme une île d'un gracieux aspect, réunit la ville au bourg de Saint-Laurent qui appartient au département de l'Ain. On voit au milieu la colonne qui limite les deux départements. Dès le règne de Charles-le-Chauve, les Juifs avaient été reçus à Mâcon; on leur traça une enceinte dans laquelle ils durent demeurer, et qui prit le nom de *Sabbat*. Ils construisirent, au nord de la ville, un pont qui a retenu le nom de Pont-Jud, *Pons Judæorum*, et qui vient d'être démoli.

Mâcon n'a été définitivement incorporé à la monarchie française qu'à partir de 1544.

LILLE.

NORD.

Selon certains écrivains, Lille aurait la gloire d'avoir eu pour premier fondateur Jules-César, qui jeta, dit-on, les fondements de cette ville en faisant élever un château dans une île formée par la Deule, d'où le nom d'*Insula*, puis celui d'*Isla*, et enfin celui de l'*Isle* ou de *Lille*.

D'autres assignent pour auteur à ce château un Lyderic de Buc, forestier de Flandre, qui vécut dans la première moitié du septième siècle, et sur lequel on raconte une véritable légende historique Lyderic ayant à venger la mort de son père et la captivité de sa mère sur un gouverneur de la Flandre, nommé Phinar, le provoqua en combat singulier Ce combat eut pour théâtre cette même île embrassée par les replis de la Deule, et se passa en présence de Clotaire II, accompagné de ses hommes d'armes. Lyderic, après une lutte longue et opiniâtre, ayant donné la mort à son adversaire, consacra le lieu de sa victoire en y bâtissant un château, qui s'appela le château de Buc, de son propre nom; et, chargé par le roi du gouvernement de la Flandre, avec le titre de grand-forestier, il attira autour de la forteresse une foule de paysans et de mariniers, qui vinrent participer à ses priviléges et se mettre sous sa protection. Tout cela, comme on peut le penser, n'a aucune base historique vraiment solide, et la seule chose qu'il soit permis d'affirmer, c'est que, environnée à son origine de marais que l'industrie des habitants a desséchés, et de plusieurs bras de la Deule, Lille s'est élevée peu à peu autour de quelque château fort, et a véritablement tiré son nom de sa position insulaire.

Ceux qui ne veulent pas à toute force entourer de merveilleux le berceau des nations et des villes, se contentent de faire dater Lille de l'année 1007, époque où le comte de Flandre, Baudoin IV, l'agrandit considérablement et commença à l'enceindre de murailles, que son fils Baudoin V, dit *de Lille*, en raison de ce qu'il y faisait son séjour, continua et acheva en 1030. Située au milieu d'une contrée qui a été de temps immémorial le théâtre des guerres allumées dans le nord des Gaules et sur les frontières de la Germanie, Lille devait naturellement être une place forte, et l'on apprend sans étonnement qu'elle n'a pas eu moins de six siéges à soutenir.

Louis-le-Gros ayant porté la guerre en Flandre, après en avoir adjugé la souveraineté à Guillaume de Normandie, que les habitants refusaient de reconnaître, fut le premier qui assiégea Lille, en 1128. Cette ville, défendue par Thierry d'Alsace, que les Flamands opposaient à Guillaume, repoussa vivement les assaillants et lassa la constance du roi, qui abandonna son protégé et se retira. En 1213, Lille céda aux armes de Philippe-Auguste, qui pour châtier le refus que Ferrand de Portugal, alors comte de Flandre et son vassal, faisait de lui prêter foi et hommage, était venu mettre le siége devant sa capitale. Mais bientôt, excités par leur comte, les habitants se révoltèrent, et chassèrent les troupes que Philippe, en partant, avait laissées dans la ville. Cette révolte irrita tellement le roi, qu'étant revenu sur ses pas, il s'empara une seconde fois de Lille, la livra à la fureur du soldat, qui y mit le feu et la détruisit entièrement. Ferrand fut entraîné captif à Paris et enfermé durant presque toute sa vie dans le donjon de Vincennes. C'est à ce désastre que Lille dut son premier agrandissement ; elle fut rebâtie et augmentée de la paroisse Saint-Sauveur. Elle eut alors six portes.

Le treizième siècle ne s'écoula pas sans que Philippe-le-Bel n'obligeât de nouveau cette ville à capituler après une longue résistance, et, en 1296, la Flandre fut réunie à la couronne. Les Flamands ayant repris les armes en 1302, les Français perdirent, le 11 juillet, la bataille de Courtray, et Lille, Gand et Cassel retournèrent aux comtes de Flandre ; mais les Flamands furent battus à leur tour à Mons-en-Puelle, le 18 août 1304, et Philippe-le-Bel vint encore assiéger Lille, qu'il prit le 1er octobre. Cette bataille fut suivie d'un traité de paix conclu dans cette ville la même année, par lequel Lille et sa châtellenie restèrent au roi de France.

Elle appartenait comme la Belgique, aux Espagnols, lorsqu'en 1667 Louis XIV, alléguant les droits sur les Pays-Bas que, par la dévolution usitée en Brabant, lui donnait son mariage avec Marie-Thérèse, l'aînée des filles de Philippe IV, roi d'Espagne, marcha à la tête d'une formidable armée pour faire valoir ses droits, investit Lille le 10 août, et la fit capituler après neuf jours de tranchée ouverte. Le traité d'Aix-la-Chapelle confirma la domination française sur la nouvelle conquête, et dès ce moment on travailla à l'embellir et à l'agrandir, comme une possession définitivement acquise à la France.

Les travaux les plus remarquables qui furent alors exécutés sous la direction du maréchal de Vauban, consistent en forts, bastions, ouvrages avancés, et surtout en une citadelle qui est l'une des plus fortes, et, sans aucun doute, la plus belle et la plus régulière de l'Europe. Cette citadelle est le chef-d'œuvre de Vauban, qui en fut le premier gouverneur. Il la construisit dans une position telle, qu'on ne peut l'attaquer qu'après la prise de la ville, ce qui lui donne pour ainsi dire une force indomptable. Vauban la lui a d'ailleurs assurée par toutes sortes de moyens. Elle a la forme d'un pentagone de la plus parfaite régularité, avec beaucoup d'ouvrages sur chaque front. Les fortifications de la ville ne le cèdent point à la citadelle. L'enceinte qu'elles tracent présente une ellipse d'environ 1,200 toises dans sa plus grande longueur, sur 600 de large. Elle est percée de sept portes, dont une, celle que représente notre gravure, est digne d'arrêter les regards sous le rapport monumental.

Cette porte fut élevée par les magistrats de Lille, en 1682, comme un arc triomphal à la gloire de Louis XIV. Elle est d'ordre dorique et terminée par un trophée, sur lequel est assise la Victoire tenant une couronne à la main. C'est une décoration d'un bel effet et d'un aspect imposant. Elle s'appelait d'abord la porte des Malades, parce, non loin de là, avait été fondée dans le treizième siècle, par la comtesse Jeanne de Flandre, une léproserie pour les pèlerins qui revenaient de la Terre-Sainte, attaqués de maladies épidémiques; elle s'appelle aujourd'hui la porte de Paris.

Cependant la guerre de la succession d'Espagne s'était allumée, et, en 1706, la Flandre devint de nouveau le théâtre des hostilités. Après différents succès qu'ils avaient eus, les alliés résolurent le siége de Lille. Le prince Eugène et le duc de Marlborough l'investirent, le 13 août 1708, avec des forces imposantes, et, dans la nuit du 22 au 23, ils ouvrirent la tranchée. La place était défendue par le maréchal de Boufflers, qui, le 22 octobre, fut obligé de capituler, ayant vainement attendu que l'armée française, sous le commandement du duc de Bourgogne et du duc de Vendôme, le délivrât. M. de Boufflers se retira avec cinq mille hommes et toute l'artillerie dans la citadelle, dont il ne sortit que le 8 décembre, avec les honneurs de la guerre, après avoir perdu tout espoir de secours. Lille resta aux alliés jusqu'au traité de paix conclu à Utrecht en 1713, qui la rendit à la France.

Dans les guerres de la révolution française, cette ville eut à subir un sixième siége, le plus terrible de tous par les ravages qu'il causa, et le plus mémorable par la résistance des habitants. Au mois de septembre 1792, le duc Albert de Saxe avança, sans rencontrer d'obstacles, jusque sous les murs de la place avec une armée de vingt-cinq mille hommes. Lille n'avait alors pour toute garnison que des volontaires sans aucune expérience, quelques bataillons de fédérés, les débris de quelques régiments de ligne indisciplinés, 600 cavaliers montés, et cent trente-deux artilleurs; mais le courage que les Lillois déployèrent pour la défense de leurs foyers valait mieux que l'armée la plus nombreuse. Aux insolentes sommations de l'ennemi, les généraux qui commandent la garnison, et la municipalité, répondent qu'ils ont juré à la nation de vivre libres ou de mourir, et qu'ils ne sont pas des parjures. Le peuple appuie ces nobles paroles par mille et mille cris de vive la nation! vive la liberté! Dès qu'elles sont connues d'Albert de Saxe, une grêle de bombes, d'obus et de boulets rouges tombe sur Lille. Ce feu dura, presque avec la même vigueur, depuis le 29 septembre jusqu'au 8 octobre; mais il ne fit pas chanceler un instant la résolution des habitants, bien que l'ennemi dirigeât principalement ses coups sur les quartiers des classes pauvres, qui furent complétement écrasés, dans l'espoir d'exaspérer les ouvriers, et de les porter à exiger des autorités la reddition de la place. Jamais calcul n'avait été plus mal fondé. Enfin, le 8 octobre, Lille fut délivrée ; les Autrichiens battirent en retraite sur Tournay, avec la honte d'avoir échoué dans cette expédition d'une atrocité inutile, et qui leur coûtait au moins deux mille hommes. La France entière applaudit alors à l'héroïsme des Lillois. Des offrandes généreuses, le zèle et la persévérance de ces mêmes citoyens qui venaient de montrer tant de courage, réparèrent promptement les ravages de l'ennemi, et des quartiers neufs sortirent comme par enchantement du milieu des ruines.

Après tant de siéges qui ont forcé plusieurs fois la ville de Lille à se rebâtir en tout ou en partie, il ne faut pas s'attendre à y trouver rien du moyen-âge, à y rencontrer de ces antiquités qui font rêver le poète, penser l'historien et tressaillir l'ami des arts. Lille a, en effet, une physionomie toute moderne; presque toutes ses rues sont larges et fort droites, et dans certains quartiers, exactement tirées au cordeau. La rue tour à tour appelée Nationale, Impériale et Royale, est vraiment digne d'attention par sa longueur, sa largeur, la régularité et la noblesse de ses édifices. Ses maisons ne manquent pas d'élégance, ses places sont grandes et régulières. Au total, il n'est guère de ville qui soit mieux percée.

La plupart des paroisses de Lille possèdent quelque chose digne de remarque. L'église Saint-André est une des plus belles ; elle a été dévastée dans les mauvais jours de la révolution, mais depuis on l'a restaurée avec soin ; sa façade, ornée de colonnes, est d'une élévation imposante. L'architecture de l'église Sainte-Catherine est simple et noble ; comme presque tous les vieux monuments, elle a le défaut d'être encadrée dans de grossières constructions ; il y a dans le chœur un magnifique tableau de Rubens, représentant le martyre de Sainte-Catherine. La haute tour, qui s'élève au-dessus de l'église, porte le télégraphe de Lille. L'église Sainte-Madeleine, couronnée par un gracieux belvédère, se distingue, par sa coupole élégante, des autres édifices religieux de la cité. L'église Saint-Sauveur possédait une belle flèche gothique qui servit de point de mire aux Autrichiens, lors du fameux siége de 1792 ; cette flèche fut renversée par les boulets ennemis. Enfin, l'église Saint-Maurice, vénérable édifice du douzième siècle, est le plus antique, le plus vaste des monuments de la cité, remarquable par l'élévation de ses arceaux et le nombre de ses chapelles. La grosse tour qui menaçait ruine a été abattue depuis plusieurs années.

Par son importance commerciale et industrielle, Lille est au premier rang des villes du royaume. Assise au milieu d'une plaine remarquable autant par sa belle culture que par sa grande fertilité, elle fournit à toute la France et à l'étranger les produits de son sol et celui de ses manufactures. Les fileries, les filatures de coton et les fabriques de toile y sont surtout en grand nombre.

Chef-lieu du département du Nord de la 16ᵉ division militaire, Lille compte 70,000 habitants. Elle a un hôtel des monnaies (lettre W) qui ne ne le cède pour l'activité qu'à celui de Paris ; un tribunal civil, un tribunal de commerce, un collége royal, un musée, où l'on compte quelques bons tableaux de l'école flamande, une bibliothèque publique, des écoles de dessin et d'architecture, une académie royale de musique et plusieurs sociétés savantes.

THANN EN ALSACE.

L'Alsace est une des contrées de la France qui conservent le plus de ces traditions fantastiques que nous a léguées le moyen âge ; chacune de ses collines, chacun de ses vallons a ses ruines pittoresques de castel féodal, et sa légende pleine de merveilles. Lorsqu'on sort de la petite ville de Cernay (département du Haut-Rhin), et qu'on remonte la vallée de la Thurr, sous les regards s'étend une vaste plaine sablonneuse, qui conserve encore, dans son nom de Champ du Mensonge, le souvenir de la trahison qu'elle vit consommer, en 833, contre le malheureux empereur Louis le Débonnaire, par ses fils rebelles. Dans d'immenses souterrains qu'elle recouvre, de nombreuses armées dorment du sommeil enchanté des Mille et une Nuits, et attendent l'heure fixée pour leur réveil, ainsi qu'il fut révélé à un téméraire visiteur qui osa pénétrer dans ces redoutables retraites. A l'extrémité de cette plaine, qui a reçu ainsi une double illustration de l'histoire et de la fable, est assise, au travers de la vallée, et sur les rives de la Thurr, la petite ville de Thann, dont la chronique primitive n'offre pas moins d'intérêt.

Vers le milieu du douzième siècle, la ville de Spolète avait pour évêque saint Thiébaut ou Théobald, dont la bienfaisance envers les pauvres était telle qu'il ne réservait pas même assez d'argent pour payer les gages d'un domestique allemand qui le servait depuis longtemps. Sentant sa fin prochaine, et voulant s'acquitter envers son serviteur, l'évêque l'autorisa à prendre, aussitôt après sa mort, l'anneau d'or qu'il portait à son pouce. Lors donc que saint Théobald eut expiré, le domestique chercha à se mettre en possession du legs; mais, au premier effort qu'il fit pour détacher l'anneau, ce fut le pouce qui se sépara de la main de l'évêque. Frappé de ce fait comme d'une circonstance merveilleuse, le domestique, qui s'apprêtait à retourner en Allemagne, fit creuser la pomme de son bâton de voyage pour y renfermer le pouce et l'anneau, qu'il considérait comme un talisman contre les dangers de la route. Après avoir franchi sans aventure l'Italie, les Alpes et la Suisse, il arriva, le 16 juin 1161, dans la vallée de la Thurr, non loin du hameau appelé aujourd'hui le Vieux Thann. Des forêts de sapins couvraient, à cette époque, toute l'Alsace, et du milieu de leurs cimes se détachaient les tours des châteaux-forts de la noblesse. Le manoir d'Engelbourg, que Turenne fit sauter dans le dix-septième siècle, s'élevait alors dans tout son orgueil sur le haut d'une colline, au pied de laquelle le voyageur, accablé de chaleur, s'arrêta pour dormir. A son réveil il voulut reprendre, pour continuer sa route, son bâton tutélaire qu'il avait appuyé contre un sapin; mais, de même que l'anneau avait adhéré invinciblement au pouce, le bâton s'était fixé à l'arbre de manière à n'en plus pouvoir être détaché. Les efforts réunis de quelques paysans n'ayant pas été efficaces, la foule, accourue de toutes parts, et à laquelle le domestique avait raconté son histoire, cria au miracle et ne permit plus qu'on renouvelât des tentatives sacriléges. Une autre circonstance extraordinaire vint ajouter encore à l'émotion religieuse du peuple : pendant la nuit, le comte de Ferrette, Frédéric le jeune, vit, du haut de son château d'Engelbourg, trois flammes légères voltiger et rayonner en auréole au dessus du sapin contre lequel était appuyé le bâton. Le lendemain, accompagné de tous ses vassaux, il vint en grande pompe se joindre aux prières de la multitude, et après de longues délibérations sur l'événement lui-même et sur les conséquences qu'on en devait tirer, il fut décidé qu'une chappelle serait élevée à saint Théobald, au lieu même que sa volonté semblait désigner. Telle fut l'origine merveilleuse de la ville de Thann, suivant la tradition qu'une cérémonie rappelle encore et ravive, pour ainsi dire, tous les ans.

La chapelle de Saint-Théobald, ainsi qu'il arrivait communément alors, devint le noyau d'une ville, qui se forma peu à peu sous le nom de Nouveau-Thann, au pied de la colline d'Engelbourg. Vers le commencement du quatorzième siècle, époque où elle passa des comtes de Ferrette, châtelains d'Engelbourg, à la maison impériale d'Autriche, elle renfermait déjà une assez nombreuse population ; quelques années après, elle s'était tellement accrue, qu'on pensa devoir l'enceindre de murailles ; enfin, en 1411, les travaux de fortifications furent terminés, et l'on construisit la porte que représente notre gravure. Cette porte, s'ouvrant en ogive entre deux tours massives: armée d'étroites meurtrières, surmontée de créneaux bizarrement dessinés, frappée d'écussons et décorée de quelques sculptures légères, n'est pas sans beauté dans son caractère tout gothique, et forme l'entrée convenable d'une ville, à laquelle ses modernes habitudes d'industrie et de commerce n'ont pu enlever ses allures de moyen-âge. Croissant en prospérité, Thann devint assez considérable, dans le cours des siècles suivants, pour que les empereurs d'Allemagne lui accordassent de nombreux priviléges, entre autre le droit de battre monnaie. Ses médailles portent un sapin, souvenir emblématique de son origine, et sur le revers les armes de la maison d'Autriche. Les annales plus modernes de la ville, bien qu'elle eût acquis de l'importance militaire pendant les guerres religieuses de l'Allemagne et sous le règne de Louis XIV, n'ont qu'un médiocre intérêt, si l'on excepte peut-être quelques nouveaux exemples qu'elles offrent de cette crédulité que nous avons déjà constatée dans ses fondateurs et dans ses habitants. De 1572 à 1620, cent cinquante-deux sorcières y furent brûlées : en 1608, un hiver rigoureux ayant fait mourir les vignes, on rendit les sorcières responsables de ce malheur, et plusieurs vieilles femmes, réputées telles, ayant été livrées aux bourreaux, l'une d'elles avoua, au milieu des tortures, avoir jeté des maléfices sur les vignobles.

L'humble chapelle de Saint-Théobald, pendant que la ville à laquelle elle avait donné naissance atteignait ainsi de brillantes destinées, était naturellement retirée peu à peu de son obscurité architecturale, pour être élevée parmi les monuments de premier ordre. Dès l'année 1275, les habitants de Thann demandèrent à l'habile créateur de la cathédrale de Strasbourg, à Ervin de Steinbach, les plans d'une nouvelle église qu'ils voulaient construire pour leur patron. Les travaux ne furent commencés que longtemps après : plus de deux siècles s'écoulèrent même entre le moment où Ervin de Steinbach traça les dessins, et celui où Henri Walch compléta leur exécution, en lançant dans les airs cette flèche hardie qui semble vouloir atteindre le niveau du sommet des collines voisines. Mais comme les plans donnés par le grand architecte furent scrupuleusement suivis par ses successeurs, l'édifice a conservé, dans l'ensemble de ses formes et de son style, l'empreinte d'une pensée unique et d'une seule époque, quoique le goût particulier de chaque âge se soit manifesté par des différences de détail. La chronique de Thann, qui tient note exacte de tous les incidents de croissance du monument dont s'enorgueillit la ville, rapporte, entre autres anecdotes, le fait suivant, qui nous semble mériter d'être mentionnée. En 1143, année où l'on poussait vivement les travaux de Saint-Théobald, les vendanges furent si abondantes en Alsace, que l'on imagina d'employer du vin au lieu d'eau dans la préparation du ciment, et les ouvriers, remarque le chroniqueur avec une sorte d'étonnement, en firent entrer une quantité considérable dans la maçonnerie. Peut-être l'église ne but-elle pas toutes les barriques portées sur les mémoires.

L'église de Thann, si la cathédrale de Strasbourg n'existait pas, serait, malgré ses petites dimensions, le plus noble et le plus élégant des édifices religieux de l'Alsace, et quelques-unes de ses parties peuvent entrer en parallèle avec les plus beaux monuments qu'a laissés l'architecture gothique; mais le morceau capital, la gloire de Saint-Théobald, c'est la tour. Carrée jusqu'au point où la flèche vient s'appuyer sur elle avec une légèreté qu'on ne saurait dire, cette tour est le plus heureux produit de ces artifices de ciselure par lesquels l'architecture gothique rendait, dans ses œuvres, la force si délicate et la hardiesse si gracieuse. Ses parties massives sont tellement dissimulées par les nervures qui les découpent et les divisent, par les fenêtres qui les percent à jour, que l'on s'étonne presque qu'elles puissent supporter sa tête, quoique cette tête elle-même ne soit qu'une pyramide de dentelles, que le premier souffle de vent semblerait devoir emporter. Lorsque l'on contemple, de quelque distance, cette flèche octogone, dont la hauteur est d'environ trois cents pieds, à peine paraît-elle faire tache sur l'azur du ciel, tant l'air et la lumière circulent à travers ses murailles. Peu de monuments ont plus de charme et de suavité dans leur aspect lointain; mais l'intérieur de l'édifice ne répond en aucune manière à la magnificence extérieure des parties qui viennent d'être décrites.

Comme le vieux Thann n'était point appelé aux grandes destinées de la ville qui lui emprunta son nom, son humble existence de village n'a point trouvé d'historien, et ce n'est qu'incidentellement qu'on en parle dans les annales générales du pays. Son obscurité ne déroba point cependant le vieux Thann aux malheurs de la guerre : au commencement du quinzième siècle, il fut ravagé par les Anglais, qui détruisirent son église. Les finances du village purent à peine, en un siècle, réparer ce désastre, et le chœur ne fut achevé qu'en 1516; ce ne fut même que quelques années après qu'il reçut, pour complément des travaux, une couche de peinture jaune, circonstance qui semblerait avoir produit une grande sensation dans le pays, puisque les chroniqueurs en ont gardé la mémoire. Ce pauvre village n'en possède pas moins le beau morceau de sculpture que retrace ci-après notre gravure, et c'est dans sa chétive église que s'élève un monument à qui les plus pompeuses cathédrales donneraient la place d'honneur.

Ce tombeau, qui montre Jésus-Christ dans sa sépulture, est placé sur un pavé plus élevé que le sol du reste de l'église, et offre une sorte de carré long, dont un des côtés est engagé dans la muraille. Le Christ, représenté dans les formes généralement adoptées pour les crucifix, apparaît couché à travers les ouvertures des arcades : le sang jaillit de la blessure que le coup de lance lui a faite au côté. A sa tête et à ses pieds, sont placées, debout, des statues d'anges ailés dans des attitudes de douleur et d'adoration ; d'autres statues, empreintes du même caractère, se détachent aussi de la muraille contre laquelle s'appuie le monument.

Ce monument, d'un dessin correct et d'une bonne exécution, fut achevé vers la fin du quinzième siècle et placé dans l'église du vieux Thann, dès que les travaux du chœur eurent été terminés. Il s'est conservé jusqu'à nous sans subir de mutilations. Cependant, tous les moyens mis en œuvre pour sa conservation, n'ont pas été également heureux. Ainsi l'on a imaginé, en 1826, de barbouiller le tombeau d'une peinture jaunâtre. Cette couleur, toute moderne et toute vulgaire, appliquée à des traits gothiques, gâte la physionomie du monument et lui donne une apparence équivoque.

BARÈGES.

Les cours d'eau qui descendent des Pyrénées pour alimenter l'Adour portent le nom de *gaves* ; on les distingue ensuite par celui du lieu qu'ils traversent. En s'élevant dans les Hautes-Pyrénées, on remarque plusieurs lieux célèbres par leurs eaux minérales: Bagnères, sur l'Adour, près de la belle vallée de Campan ; Cauterets, entouré de cascades et de sources jaillissantes ; Barèges, dont la chaleur des eaux varie de 32 à 40 degrés, et qui, l'hiver, est enseveli sous les neiges, et, dans les environs, l'une des plus belles cascades de l'Europe, celle de Gavarnie, qui tombe de 1,266 pieds de hauteur. Toute cette contrée a beaucoup de charmes : c'est une nature gracieuse, paisible, idyllique. Le pays est bien cultivé, et riche en belles prairies ; de riantes collines s'entrecoupent dans tous les sens. Les maisons sont propres et d'un aspect agréable ; devant la plupart des habitations s'élèvent des chênes majestueux et des châtaigniers, au milieu desquels paissent de nombreux troupeaux. Dans le fond se dresse le vaste rempart des Pyrénées, que domine le Pic du Midi. Longtemps il a passé pour le sommet le plus élevé des Pyrénées ; les récentes observations barométriques ont prouvé que le Mont-Perdu et le Vignemale le surpassent de quelques centaines de toises.

Autrefois, personne ne restait à Barèges pendant l'hiver ; les habitants se retiraient à Luz ou dans les dix-sept villages qui sont disséminés dans la vallée. Ils ne sortent jamais sans se munir d'un petit bâton de bois résineux allumé, dont la flamme pétillante tient en respect les loups qui descendent en hiver des Pyrénées, en troupes innombrables, et pénètrent dans les habitations des hommes. Quand il s'en rencontre pendant le jour dans les rues, on tire vaillament des coups de fusil. On fait cependant bien de ne pas sortir pendant la nuit, car c'est alors qu'ils viennent en plus grande quantité. Un desservant, qui revenait la nuit d'auprès d'un mourant auquel il avait administré le viatique, fut attaqué par des loups affamés, qui le dévorèrent ainsi que son cheval. Le lendemain, on trouva sur la neige quelques lambeaux de sa soutane, des traces de sang et des os du cheval. Un pauvre ermite des environs fut également la proie de ces terribles animaux.

CHALONS-SUR-SAONE.

Châlons-sur-Saône, au milieu d'une plaine fertile, peut être regardée comme le cœur réel de l'ancienne Bourgogne. Ce fut près de cette ville que Constantin aperçut dans le ciel (quand il allait combattre le tyran Maxence) cette croix lumineuse dont il fit reproduire l'image sur le *Labarum*, et au bas de laquelle étaient écrits ces mots providentiels :

IN HOC SIGNO VINCES.

Le règne politique de Châlons fut de courte durée. Cette petite cité ne dut sa vie qu'à la double influence d'un siége épiscopal et d'un commerce d'entrepôt fort étendu. La foi chrétienne y fut prêchée, dans le deuxième siècle, par saint Marcel, disciple de saint Pothin, évêque de Lyon. Elle fut la patrie des saints Arige et Césaire ; elle eut de saints évêques, des conciles, et fut chérie de l'empereur Charlemagne.

Châlons est essentiellement aujourd'hui une ville de négoce. Ses monuments anciens n'existent plus ou tombent en ruines, ses monuments modernes consistent surtout en boutiques et en auberges. Châlons a deux belles places publiques, un quai assez joli, très propre, très animé surtout ; une fontaine publique, un obélisque, de riches magasins, un pont remarquable par son ordonnance monumentale.

L'église, autrefois cathédrale, aujourd'hui simplement paroissiale de Saint-Vincent-de-Châlons, ressemble à un hangar, n'ayant ni tours à sa face, ni symbole chrétien, ni clocher à son front, et présentant l'aspect le plus confus et le plus insaisissable que l'on puisse imaginer. L'église, autrefois conventuelle, de Saint-Pierre, forme la seconde paroisse de la ville. Elle est toute moderne et noblement décorée, enrichie qu'elle est des dépouilles opimes de l'abbaye de Morizières.

ROUEN.

SEINE-INFÉRIEURE.

Il existe peu de villes en France où les laborieuses générations du moyen-âge aient laissé plus de traces qu'à Rouen ; il n'en est point, peut-être, qui présente une physionomie plus individuelle, plus caractérisée, plus différente de nos cités modernes, plus riche en magnifiques monuments qui attestent la courageuse patience des artistes. Dix siècles ont contribué à ces pieux travaux, et si quelques-uns des précieux anneaux de cette chaîne de chefs-d'œuvre ont cédé aux atteintes des Barbares ou aux ravages du temps, du moins la ville de Rouen la voit avec orgueil se prolonger jusqu'à nos jours, et promettre de signaler encore le dix-neuvième siècle par d'importantes reconstructions. L'aspect de Rouen fait naître l'idée d'une cité gothique qui, récemment dégagée des immenses débri sous lesquels elle avait caché, pendant des siècles, la flèche de ses basiliques et le faîte de ses palais, réunirait tout à coup un peuple de curieux empressés de la contempler, et ne verrait s'élever, dans l'espace qui sépare ses monuments, que l'architecture fragile des hôtelleries et des bazars.

Le palais-de-justice de Rouen que Louis XII fit élever, dans son désir d'asseoir la justice sur des bases stables et aussi pour complaire à son ministre et ami le cardinal Georges d'Amboise, est digne du protecteur des arts, éclairé et libéral, sous les auspices duquel il fut entrepris et achevé, et se place au premier rang des monuments de la ville de Rouen. C'est une des dernières et belles créations que l'art gothique, prêt à disparaître devant le génie de la renaissance, ait laissées dans la France. Hardi dans son plan et délicat dans son travail d'exécution, l'édifice donne particulièrement à admirer ses élégantes fenêtres, dont l'encadrement, sculpté avec goût et recherche, pare la nudité monotone du toit, et sa tour légère que l'on aime à appeler de son nom de *Cabinet doré*. Le monument est d'autant plus précieux qu'il appartient tout entier à une seule et même époque, et qu'il ne se compose point de morceaux successivement rapportés à de longs intervalles. L'œuvre de Louis XII ne reçut aucun accroissement jusqu'au commencement du dix-huitième siècle. On y ajouta alors toute une aile, mais l'architecte ne s'inspira nullement du modèle qu'il avait sous les yeux, et ne chercha en aucune façon à renouer la chaîne rompue du temps, par quelque soudure habilement pratiquée, de manière à ne former qu'un tout homogène. La partie datée du règne de Louis XIV a perdu une décoration qui rachetait la triste aridité de l'ensemble. C'était une fresque magnifique, représentant l'Innocence poursuivie par le Mensonge et se réfugiant dans les bras de la Justice, que couronnait la Religion, et qui terrassait la Fraude et la Chicane : ce bel ouvrage, du Rouennais Jean Jouvenet, l'un des peintres les plus renommés du siècle de Louis XIV, a été détruit par l'écroulement du plafond qu'il ornait.

A l'un des angles de cette place de Rouen où l'héroïne d'Orléans, Jeanne d'Arc, fut brûlée vive (30 mai 1431), pour l'éternel opprobre de l'Angleterre qui commit le crime, et de la France qui le souffrit, une élégante tourelle, tout empreinte de la poésie du moyen-âge, se détache légèrement d'une masse de constructions vulgaires et modernes. D'après les croyances populaires, qui, ne vivant que de sentiment, ne se laissent ramener à l'aride positif ni par l'ordre chronologique, ni par l'exactitude des faits ; qui voudraient que sur cette place, chaque chose fût consacrée par quelque souvenir de Jeanne d'Arc, et racontât quelque fragment de son histoire, cette tourelle serait la prison où la martyre aurait été détenue avant de monter sur le bûcher. Cette opinion, qu'on peut appeler une protestation instinctive du peuple contre l'indifférence avec laquelle tout ce qui parlait de Jeanne d'Arc a été abandonné à la destruction, n'a aucun fondement : depuis un siècle, la bergère de Vaucouleurs avait cessé de faire trembler les Anglais, lorsque la tourelle fut construite.

L'hôtel du Bourg-Théroulde, dont cette tourelle semble l'enseigne extérieure, est, parmi les édifices privés que possède la France, le spécimen le plus curieux, et le plus parfait peut-être, du goût et du talent des architectes et des sculpteurs de l'époque de la renaissance.

On devine, à des indices certains, que le palais fut élevé, ou du moins décoré, entre les années 1530 et 1550, et que François Ier y accepta l'hospitalité pendant l'un des voyages qu'il fit dans la capitale de la Normandie ; on sait seulement que l'œuvre précieuse fut exécutée par les ordres d'un Guillaume-le-Roux, seigneur de Bourg-Théroulde, et de son fils, abbé d'Aumale.

Lorsque les seigneurs du Bourg-Théroulde levaient les yeux sur leur tourelle, les douces et vivantes campagnes de la Normandie étaient rendues à leur pensée : aussi la tradition populaire raconte-t-elle encore que Jeanne d'Arc sentit son noble courage chanceler à l'aspect des murs de cette prison, où tous les souvenirs de son heureuse enfance seraient venus assaillir son cœur.

Soit que des liens particuliers attachassent les seigneurs du Bourg-Théroulde à François Ier, soit qu'ils eussent voulu rendre leur château plus digne de l'hôte royal qu'ils y attendaient, ou rappeler à jamais son séjour, soit enfin qu'ils eussent pensé que, dans ce palais des arts, tout devait rappeler le prince qui les faisait fleurir, l'hôtel du Bourg-Théroulde est, pour ainsi dire, placé sous son invocation. L'image du monarque apparaît taillée dans la pierre ; ses armoiries personnelles et les armes de France sont frappées sur les pans de murailles, et peintes sur les vitraux en losanges des croisées gothiques.

Ces fragments de sculptures ne sont que les moindres souvenirs de François Ier, gravés sur l'hôtel du Bourg-Théroulde : ils servent à préparer seulement à un magnifique bas-relief, qui représente un des événements les plus mémorables des premières années de son règne, la fameuse *entrevue du Camp du drap d'or*, entre François Ier, roi de France, et Henri VIII, roi d'Angleterre.

Toutes les conditions de l'entrevue avaient été minutieusement réglées : les deux princes devaient se rencontrer, pour la première fois, à une distance égale de la petite ville anglaise de Guines, non loin de Calais, et de la petite ville française d'Ardres, mais sur le territoire anglais, ce qui avait été arrêté par esprit de compensation ; parce que Henri VIII, en traversant la mer, semblait faire plus que François, qui n'avait à voyager que par terre. A l'exemple de leurs maîtres, les grands seigneurs de France et d'Angleterre, dans leur émulation patriotique, rivalisèrent si bien de luxe et de pompe, pendant quinze jours de tournois, de fêtes et de festins, qu'ils s'en revinrent ruinés, « plusieurs d'entre eux y ayant apporté, selon Dubellay, leurs moulins, leurs forêts et leurs prés sur leurs épaules. » La rivalité des deux rois ne fut pas moins fastueuse. « Le roi d'Angleterre, dit un contemporain, festoya le roi de France près de Guines, en un logis de bois où il y avait quatre corps de maison, lequel il avait fait construire et charpenter en Angleterre, et amener de çà tout fait. Il était couvert de toiles peintes en forme de pierres de taille, puis tendu, par dedans, des plus riches tapisseries qui se pussent trouver, en sorte qu'on ne l'eût pu juger autre, sinon un des plus beaux bâtiments du monde ; et en avait été pris le dessin, sur la maison des marchands à Calais. Après le festin, il fut désassemblé et envoyé en Angleterre, et n'y perdit-on que la voiture. » François Ier donna ensuite, à son hôte royal, auprès d'Ardres, un repas d'une magnificence inouïe. Cinq pavillons de soixante pieds carrés, couverts de drap d'or frisé, et tapissés en dedans de velours bleu, semé de fleurs de lys d'or, étaient disposés pour le festin, lorsqu'un orage furieux les renversa et les emporta. Il fallut, à la hâte, construire une salle nouvelle sur un lieu qui, planté d'arbres, a pris depuis, en commémoration du fait, le nom de *Boulevart du festin*.

Les deux monarques, devenus frères d'armes, portèrent défi à *tous venants, qui fussent gentilshommes, à joutes, tournois et barrières*, remportèrent, comme bien on pense, le prix du combat. Ils éprouvèrent ensuite, l'un contre l'autre, leur force et leur adresse à la lutte. Trois fois le prince anglais essaya de donner (en termes techniques) un croc-en-jambes au roi de France ; mais François se tenant sur ses gardes, réussit à conserver l'équilibre et jeta bas son adversaire, en lui faisant faire un *saut merveilleux*, d'après l'expression d'un témoin oculaire.

La magnificence presque fabuleuse de cette entrevue, dont les résultats politiques furent nuls, et les incidents qu'elle amena, fournirent longtemps matière aux conversations des châteaux. Les seigneurs du Bourg-Théroulde s'arrêtèrent à l'entrevue du *Camp du drap d'or*, ainsi désigné en souvenir des fameux pavillons détruits par l'orage, comme au sujet le plus digne d'être transmis à la postérité. Les sculpteurs eurent à reproduire le moment où les deux souverains s'étaient rencontrés entre Guines et Ardres, et de larges panneaux d'une galerie latérale furent livrés à leur talent. L'ensemble général du bas-relief, divisé en cinq tableaux, représente deux cavalcades qui, s'avançant en directions contraires, viennent se réunir dans le tableau du milieu. Chacune d'elles occupe ainsi deux tableaux et demi. Dans chaque premier tableau, des groupes de cavaliers sont figurés sortant d'une porte flanquée de tours et garnie de créneaux, de meurtrières et de canons, tandis que sur les remparts se presse une foule avide d'assister au départ. Dans les seconds tableaux, les cavaliers sont en pleine marche, et leur ordre se déploie avec régularité, sans qu'il soit encore facile de déterminer quels sont les Français et les Anglais. Enfin les deux cavalcades se rencontrent dans le tableau du milieu, et là, on reconnaît, aux fleurs de lys de France et aux archers d'Angleterre, que les Français occupent la droite et les Anglais la gauche. La hardiesse et la largeur du plan, la combinaison savante des groupes, la vérité des attitudes, la pureté des figures, la prodigieuse minutie des détails, et l'effrayante patience avec laquelle l'œuvre a été menée à sa dernière fin dans toutes ses parties, étonnent et charment l'imagination. Les armes, les costumes, les housses des chevaux, rendues avec une fidélité consciencieuse, les places assignées aux divers individus, toutes ces réalités sont pleines d'intérêt historique, et font revivre aux yeux les pompes chevaleresques du *Camp du drap d'or*.

ROUFFACH.

HAUT-RHIN.

Si les annales de Rouffach ne sont que d'un médiocre intérêt, les souvenirs des rois mérovingiens lui donnent quelque relief, et le caractère assez original de son architecture la recommande, en outre, à la curiosité. La noblesse, si nombreuse en Alsace, avait groupé ses maisons de ville autour d'Isenburg; et les édifices privés de Rouffach annoncent encore, pour la plupart à des indices certains, la haute condition de ses premiers habitants. Comme les seigneurs et les vilains se faisaient, au moyen-âge, reconnaître à la différence de coupe et d'étoffe de leurs vêtements, de même les manoirs seigneuriaux et les maisons bourgeoises avaient leurs formes distinctes et leurs matériaux particuliers. Les maisons nobles, indépendamment des armoiries frappées sur leurs faces, se décoraient presque exclusivement de pignons travaillés avec recherche et richement sculptés. Les hôtels de Rouffach exerçaient rigoureusement ce privilége architectural, et quelques uns de leurs pignons, entre autres ceux que l'on voit ici, méritent encore d'être examinés comme de précieux objets d'art. Ces palais à physionomie gothique fortement prononcée, qui se pressent dans l'étroite enceinte de la ville, accompagnent bien son église, leur contemporaine. Ce monument, qui, détruit et brûlé par les Colmariens, fut rebâti dans le quatorzième siècle, forme avec les édifices dont il est entouré, un ensemble agréable. Sa tour octogone, percée de croisées d'un joli dessin, supporte une flèche légère, qu'accompagnent à sa base huit frontons pyramidaux délicatement découpés. Les ornements en bas-reliefs, que présentent diverses parties de l'église, sont parfois d'un choix étrange et d'un goût singulier. Ainsi, au milieu des statues de saints personnages, apparaissent des figures d'animaux dans des postures bizarres; un ours qui se joue avec une tête qu'il tient entre ses pattes; une chèvre qui danse debout sur ses pieds de derrière, sont des décorations qu'on ne s'attendait guère à trouver sur les murailles d'une église.

Quoique sa population se soit toujours maintenue beaucoup plutôt au dessous qu'au dessus de 4,000 âmes, Rouffach a largement apporté son contingent au catalogue des hommes illustres de la France; elle a donné aux sciences et aux lettres plusieurs écrivains assez estimés, à la tête desquels il faut placer le docte Pellican, qu'honora l'amitié d'Erasme; dans les beaux-arts, elle a pour représentant le sculpteur Wolvelin (du quatorzième siècle) qui a décoré les églises de Strasbourg de quelques beaux mausolées; sous le rapport de la gloire militaire, enfin, elle peut entrer en parallèle avec les plus fières cités de France : François-Joseph Lefebvre, que son courage, son génie guerrier et ses nobles vertus firent maréchal de France et duc de Dantzick, était enfant de Rouffach.

SAINT-MALO.

ILLE-ET-VILLAINE.

Saint-Malo est bâti sur l'île d'Aron qui ne tient au continent que par une chaussée baignée deux fois le jour par les eaux de la mer.

Le port est vaste, sûr, commode, mais d'un accès difficile, à cause des nombreux récifs qui en défendent l'entrée. Les plus gros vaisseaux peuvent y pénétrer, s'ils sont construits de manière à pouvoir échouer sur le sable, car ils restent à sec dans les basses marées. A l'ouest de Saint-Malo, se trouve la rade, protégée par sept forts dont le plus remarquable est la Conchée, ouvrage du célèbre Vauban. L'île de Césambre est à deux lieues en mer; elle a un petit port formé d'immenses pierres réunies par des moines qui y avaient autrefois un couvent; on voit encore les ruines de leur abbaye ainsi que les débris de l'ancienne chapelle et de la cellule de saint Brandan, qui s'y établit avec saint Malo, dans le septième siècle.

L'histoire de Saint-Malo ne présente, pendant dix siècles, que le spectacle d'une population luttant sans cesse contre les ducs de Bretagne et les rois de France.

Les habitants de l'ancienne d'Aleth, à laquelle Saint-Malo doit son origine, lui avaient donné la seigneurie temporelle et spirituelle de leur ville; depuis ce temps les évêques en étaient seigneurs et comtes; cependant il paraît que le chapitre empiéta sur les droits épiscopaux, et finit par partager la souveraineté. Tous les soirs les clés étaient portées chez son doyen, le gouverneur n'avait pas le droit de les retenir; en revanche, le chapitre était astreint à certaines obligations dont l'une portait que le chapitre devait entretenir, à ses dépens, vingt-quatre chiens, pour garder l'entrée de la ville. Ces chiens, qui étaient un objet de terreur pour les étrangers, et qui ont été chantés dans maints vaudevilles, sont supprimés aujourd'hui; de sorte qu'on peut sans crainte aborder Saint-Malo. Les Malouins sont très braves, et leur marine a rendu de grands services à l'Etat; plusieurs fois leurs corsaires ont ruiné le commerce anglais; en 1662, ils équipèrent à leurs frais une flotte de trente vaisseaux qui contribua à réduire La Rochelle. Dans la même année, sous la conduite de Duguay-Trouin, ils attaquèrent et prirent Rio-Janeiro, brûlèrent dans son port soixante vaisseaux, et firent éprouver aux Portugais une perte de vingt millions. En 1663, les négociants de Saint-Malo, indignés de la demande que les puissances étrangères faisaient à Louis XIV d'employer ses troupes pour forcer Philippe V à abandonner l'Espagne, réunirent les bénéfices qu'ils venaient de réaliser dans le commerce des colonies espagnoles, et ils apportèrent au roi trente-deux millions en or, lorsque les finances étaient épuisées par une longue suite d'événements malheureux. Pour se venger des pertes que les Malouins causaient journellement au commerce d'Angleterre, les Anglais parurent devant ses murailles au mois de novembre 1663, avec une flotte nombreuse, et commencèrent contre la ville un bombardement terrible ; une machine infernale contenant douze tonneaux de poudre, placée sur un vaisseau et à pleines voiles sur la ville, fut détournée par un coup de vent, et jetée sur un rocher où elle échoua ; son explosion fit périr celui qui l'avait inventée, et quarante marins dont il était accompagné ; la terre aux environs en trembla, des cheminées tombèrent à plus de deux lieues de Saint-Malo, les maisons furent découvertes ; mais là se borna l'effet de cette infernale invention.

Saint-Malo, sous Louis XIV, parvint au plus haut point de splendeur ; elle fut le berceau de la compagnie des Indes. Ses murs, d'une extrême force et d'une grande beauté, ont été construits sur les dessins du maréchal de Vauban ; ils forment une vaste promenade d'où l'on jouit d'une vue magnifique qui s'étend jusqu'à Jersey.

Le château fait partie des fortifications ; quoique très ancien, il a mérité d'être conservé dans le nouveau plan ; il fut élevé par les ordres de la reine Anne. On remarque aussi la tour appelée la Générale, par laquelle les Malouins s'introduisirent dans le château pendant la Ligue ; enfin, on montre la tour où le procureur général La Chalotais fut renfermé ainsi que son fils.

Saint-Malo et ses environs ont noblement fourni leur contingent d'illustrations à la France : Duguay-Trouin, Maupertuis, l'abbé de La Mennais, le docteur Broussais ! Et enfin, le plus illustre des écrivains modernes, M. le vicomte de Châteaubriant !

BELGIQUE.

BRUXELLES.

Il n'y a pas une seule ville en Belgique qui ne soit riche en monuments et en magnifiques établissements. Bruxelles, qui est la capitale de ce beau pays, est plus riche encore que les autres villes, car elle réunit dans son enceinte tout ce qui distingue les capitales. Les amis du merveilleux se sont plu à remarquer que le nombre sept avait son importance dans son histoire. Il y avait autrefois sept palais appartenant à sept familles patriciennes qui avaient une grande influence dans l'état : on y compte sept grandes places et trois fois sept fontaines. Il y a sept portes principales; la rivière de Senne prend sa source à sept lieues de la ville ; on fait admirer aux étrangers sept principales églises qui sont autant de paroisses, et enfin on rapporte ce fait singulier que l'ancien palais de la cour a donné asile à la fois à sept têtes couronnées. La liste en est aussi curieuse que le fait lui-même : C'étaient Charles-Quint, son fils Philippe II, alors roi de Naples, Maximilien, roi de Bohême, la reine de Hongrie, le roi de Tunis, le roi de Chypre, et la reine de Jérusalem.

Bruxelles, que sa position et son importance feraient de droit la seconde ville de France, qui a été pendant quinze ans la seconde ville des Pays-Bas, et se trouve pour le moment la capitale d'un nouveau royaume, doit son origine à saint Géri, évêque de Cambrai et d'Arras, qui, au commencement du VIIe siècle, bâtit dans une petite île formée par la Senne une chapelle autour de laquelle vinrent bientôt se grouper des habitations. En 1044, cette ville, déjà grande, fut entourée de murailles, par Lambert Balderic, et, en 1357, elle fut agrandie et munie d'un rempart fort élevé. Elle devint la résidence des ducs de Brabant, et par suite des gouverneurs autrichiens. Elle éprouva deux incendies considérables, l'un en 1326, qui consuma 2,400 maisons, l'autre en 1405, qui en dévora plus de 1,400. En 1695, les Français la bombardèrent et incendièrent en vingt-quatre heures plus de 4,000 maisons. Après la bataille de Ramillies, en 1706, Marlboroug s'en rendit maître. L'électeur de Bavière l'attaqua vainement en 1708. Les Français la prirent, en 1746, sous le maréchal de Saxe, et la rendirent à la paix d'Aix-la-Chapelle. Ils y entrèrent en 1792, après la bataille de Jemmapes. Forcés d'évacuer après le combat de Louvain, ils la reprirent le 10 juillet 1794. Bruxelles était la capitale des Pays-Bas autrichiens, et la résidence d'un gouverneur général. Les Français, qui en avaient fait le chef-lieu du département de la Dyle, la rendirent en 1814, et elle fit partie du royaume des Pays-Bas. Lorsque la dernière révolution sépara la Belgique de la Hollande, Bruxelles devint la capitale du nouveau royaume et la résidence du souverain.

Bruxelles est bâtie sur la Senne et sur un canal qui communique à l'Escaut par le Rupel. Elle est à neuf lieues et demie d'Anvers et à soixante lieues de Paris. Elle a deux lieues et demie de circonférence. Elle avait autrefois des fortifications que Joseph II fit raser, et sur l'emplacement desquelles il fit planter des allées d'arbres qui forment une belle promenade. Bruxelles se divise en ville haute et ville basse, et l'on peut aussi la partager en ville neuve et ville ancienne.

La ville neuve est la plus belle partie de Bruxelles. Les rues en sont larges et bien alignées, les maisons élevées et élégamment bâties. Le Parc, charmante promenade, toute plantée d'arbres, toute peuplée de statues, en est le centre principal. Un petit bassin que renferme le Parc a acquis une grande célébrité : une inscription latine en fait foi. On raconte que Pierre-le-Grand, en 1747, s'y laissa tomber dans un moment d'ivresse. Une superbe rangée de palais et de belles maisons entoure le Parc.

La place Royale est la plus belle des places publiques. Sa position offre cela de favorable que, située sur le point le plus élevé, elle domine toute la ville. Au milieu, et faisant face à une rue qui traverse une grande partie de Bruxelles, on voit une église dont le portail est orné de six colonnes élevées sur un perron qui s'avance en saillie. Sur le côté droit, en face, est l'ancien palais du prince d'Orange, et tous les bâtiments qui entourent sont bâtis sur le même modèle.

En descendant par la grande rue Royale, on arrive sur la grande place. D'un côté se présente la maison du roi, en flamand *brood-huys* (maison du pain). C'est un antique édifice dont l'origine remonte aux premiers agrandissements de la ville. Il servit jadis de maison-de-ville.

L'Hôtel-de-Ville actuel date de 1404 ; sa construction plaît par sa bizarrerie. Il a une galerie ouverte qui règne sur toute sa façade, flanquée de six tourelles, et percée de quarante fenêtres ; puis une tour octogone entièrement à jour, qui ne s'élève pas au milieu de l'édifice. Elle est haute de 364 pieds, et surmontée de la statue dorée de saint Michel terrassant le diable sous la forme d'un dragon. L'architecte se nomme Van Ruys Brock ; il mit à son œuvre quarante et une années de travail. La place de Saint-Michel, et celle du Grand-Sablon, la plus vaste de Bruxelles, méritent d'être vues; celle-ci est destinée aux exécutions judiciaires, à cause de son voisinage de la nouvelle prison.

Les fontaines sont presque toutes embellies de sculptures. La plus connue est celle du Manneken-pist (petit homme qui pisse). Cette figure, qu'on qualifie de plus ancien bourgeois de Bruxelles, a attiré les regards de plus d'un souverain, qui l'ont fait parer d'habillements, de cordons, etc. La fontaine de la rue Haute est un très bel obélisque, dont l'architecte Guimard a donné le plan. Les fontaines de Steen-Poort et de la porte de Staal datent du temps de Charles-Quint. Celle du Regorgeur est du sculpteur Janssens. Toutes ces fontaines sont alimentées par les eaux d'un lac, situé à environ un tiers de lieue à l'est de la ville. Il faut encore mentionner le nouveau palais de justice, où sont réunis tous les tribunaux ; le palais royal, résidence de Léopold ; l'entrepôt, construit par Marie-Thérèse ; les églises Notre-Dame et du Sablon, le jardin botanique, le théâtre, l'Allée-Verte, charmante promenade qui a près d'une demi-lieue, se prolongeant sur le bord du canal, jusqu'au pont de Laeken, et la belle cathédrale de Ste-Gudule. Elle fut commencée sous Lambert, comte de Louvain et de Bruxelles; mais elle ne fut dédiée qu'en 1047, sous l'invocation de Saint-Michel. Elle fut rebâtie en 1226 et 1273, augmentée et restaurée en 1534 ; en 1543, on plaça un carillon, et l'horloge dans une des tours. Le 6 juin 1579, cette église fut saccagée par le peuple, et les reliques des saints dispersées, entre autres celles de la patronne, qu'on n'a plus retrouvées. L'église fut réconciliée en 1585 par l'archevêque de Malines. En 1587, le conseil de Brabant fit restaurer la chapelle du saint Sacrement : chaque conseiller y fit poser un pilier de cuivre avec ses armes.

LOUVAIN.

Louvain, sur la Dyle, fut avant Bruxelles la capitale des Pays-Bas. L'émigration causée par la révolte des Drapiers, du temps de Wenceslas, duc de Brabant (1380), lui porta un coup mortel. Sa population, qui s'élevait à près de deux cent mille habitants, est réduite aujourd'hui à vingt-cinq mille. Son université, fondée en 1426 sous le duc Jean IV, a été longtemps l'une des premières de l'Europe, par ses grands priviléges, ses immenses richesses, ses célèbres professeurs et ses nombreux étudiants. Quand la Belgique fut réunie à l'empire, l'université de Louvain fut supprimée. On créa alors dans cette ville un lycée. Lors de la création du royaume des Pays-Bas, l'université fut rétablie. Six cents étudiants suivent aujourd'hui ses cours; on prétend qu'elle en réunissait jadis six fois autant.

On admire à Louvain les bâtiments affectés primitivement à ses nombreux colléges, tous rebâtis somptueusement vers la fin du siècle dernier. De la réunion de plusieurs de ces bâtiments, on avait fait sous l'empire un magnifique hôtel des invalides. Parmi les constructions remarquables de cette ville, il faut citer les Halles, bâtiment spacieux qu'occupaient anciennement les marchands drapiers, et qu'on a converti depuis en écoles publiques de droit, de médecine et de théologie.

Le monument le plus curieux de Louvain est son hôtel-de-ville, construction gothique ornée d'une infinité de groupes de figures taillées en ronde bosse, qui lui donnent une place à part parmi les édifices du même genre. Commencée en 1448, elle fut achevée en 1463. La décoration intérieure de l'édifice répond à celle de l'extérieur. Les appartements y sont ornés d'un grand nombre de tapis et de tableaux de prix.

En face de cette maison-de-ville, on voit l'église de Saint-Pierre qui possède un très riche carillon. Elle était jadis accompagnée d'une belle tour haute de plus de 500 pieds, qui paraissait très solidement assise, et qui s'écroula subitement en 1606. L'ancienne église des jésuites mérite aussi d'être visitée par les voyageurs.

Le principal commerce de Louvain, depuis la suppression de son université et de son entrepôt pour le commerce, c'est celui de la bière, surtout de la blanche, dont il se fait une consommation énorme dans les Pays-Bas. On en fabrique trois espèces : la forte qu'on appelle petermann, qu'il était autrefois défendu de transporter hors de la ville ; le caniak, que l'on servait à table dans les colléges, et les autres maisons à Louvain même ; et celle qu'on appelle simplement bière de Louvain qu'on exporte en grande quantité.

Le beau canal qui réunit Malines à Louvain rendit à cette dernière ville une grande activité commerciale quand elle fut dotée d'un entrepôt pour le transit. Lors de la suppression de cet entrepôt, sous l'empire, le canal et ses environs devinrent une solitude.

On compte encore à Louvain 25,000 habitants.

BRUGES.

Bruges, ancien chef-lieu du département de la Lys, est une des villes qui ont subi le plus de variations dans leur fortune. Elle renferme encore des monuments qui attestent sa splendeur, à l'époque où, servant de point central entre les comptoirs des villes Anséatiques et ceux de Venise, de Gênes et des autres ports de la Méditerranée, elle était devenue en quelque sorte l'entrepôt de tout le commerce européen. Résidence ordinaire des puissants comtes de Flandre, ce fut sous Philippe-le-Bon qu'elle atteignit son plus haut point de prospérité. Il institua, en 1430, l'ordre de la Toison-d'Or, destiné, dans le principe, à consacrer et honorer la fabrication des lainages; fabrication qui était parvenue, dans ses Etats, à la plus grande perfection; cet ordre fut plus tard la cause ou plutôt le prétexte d'une guerre qui s'engagea entre l'Espagne et l'Autriche, pour savoir, disait-on, qui en nommerait les membres. La querelle ne fut terminée que par les traités d'Utrecht et de Rastadt.

Bruges était anciennement une place de guerre très fortifiée; ce qui ne l'empêcha pas d'être souvent prise et reprise. Au commencement du siècle dernier, dans l'espace seulement de seize années, elle changea cinq fois de maîtres. Elle appartint à la France de 1793 jusqu'en 1814, époque à laquelle elle échut en partage au roi des Pays-Bas; enfin, en 1831, elle est devenue la capitale d'une des provinces du royaume de Belgique.

Bruges ne laisse pas d'être encore aujourd'hui assez commerçante. Sa position, à quatre lieues environ de la mer et à la jonction de plusieurs canaux importants, qui facilitent ses débouchés jusque dans l'intérieur de la France et de l'Allemagne, lui assure à jamais un avenir d'aisance et de prospérité. Ses manufactures de toiles, d'étoffes de laine, de basins, de camelots, de rubans et de dentelles, jouissent d'une réputation méritée, et attirent, aux foires qui se tiennent dans cette ville, une grande affluence de négociants.

Au nombre des beaux monuments de Bruges, nous citerons celui sur lequel s'élève le beffroi. C'est la halle, construite en 1364, sur l'emplacement d'une autre plus ancienne qui avait été incendiée en 1280. L'ensemble de cet édifice est d'une belle construction : la tour surtout est remarquable par les détails de son architecture, non moins que par son élévation: de son sommet, la vue embrasse une étendue de près de quinze lieues. Elle se terminait autrefois par une flèche élégante ; mais frappée et détruite par la foudre, en 1493, elle fut reconstruite, l'année suivante, telle qu'elle est aujourd'hui. Cette tour renferme une horloge et un carillon qui passe pour un des plus harmonieux de tout le pays.

L'Hôtel-de-Ville, bâtiment gothique, peu régulier, était autrefois orné des bustes des anciens comtes de Flandre, qui ont été abattus, il y a une quarantaine d'années. Non loin de là, l'on voit encore les ruines de la chapelle du Saint-Sang, lieu de dévotion très vénéré, où l'on venait en pèlerinage de vingt lieues à la ronde..

L'église de Notre-Dame fut construite vers le milieu du douzième siècle. On y voit deux tombeaux d'une richesse et d'une magnificence vraiment merveilleuses. Le premier de ces tombeaux contient les restes de Charles-le-Téméraire, tué devant Nancy, en 1477. Le second, renferme les cendres de la fille de Charles-Quint, Marie de Bourgogne, épouse de Maximilien, archiduc d'Autriche, morte à l'âge de vingt-cinq ans, le 28 mars 1481.

Le clocher de cette église surpasse de trente pieds environ la tour du beffroi, déjà si élevée : aussi, sert-il de fanal diurne aux bâtiments qui sont en mer et qui naviguent dans ces parages.

Les maisons particulières sont en général d'une bonne construction ; quelques rues sont larges et belles ; en un mot cette ville présente un aspect assez agréable.

Bruges est la patrie de plusieurs personnages marquants dans les arts et les lettres, tels que Raoul, astronome célèbre du douzième siècle ; Hubert Hantschild, et Grégoire de Saint-Vincent, qui découvrit l'art de tailler le diamant ; et Jean Van Eyck, connu généralement sous le nom de Jean de Bruges, regardé comme l'inventeur de la peinture à l'huile.

Au delà de ce canal apparaissent quelques uns de ces édifices, aux toits anguleux, curieux débris des siècles passés, et qui contrastent d'une façon si pittoresque avec les maisons bâties dans le style moderne ; et plus loin encore surgit la tête élevée du beffroi que l'œil du voyageur rencontrera presque toujours, de quelque côté qu'il se place pour examiner la ville.

Pour aller de Gand à Bruges, on a le choix de trois routes différentes, savoir : celle par eau, au moyen du canal ; celle par terre, en côtoyant celui-ci ; et celle par la grande route pavée, qui s'écarte du canal. La seconde n'est guère suivie que par les piétons ou par des cabriolets fort légers. La route par le canal est, sans aucune comparaison, la plus commode et la plus agréable des trois. Aussi est-elle généralement préférée par tous ceux qui ne sont pas embarrassés par une voiture ou par un cheval.

La population de Bruges est de 43,000 âmes.

GAND.

Les habitations de cette ville, dont on dit que les fondements rent jetés par Jules-César, rappellent encore, par leur achitecture, l'époque où elle était la capitale d'une province soumise à la couronne d'Espagne. Les Nerviens choisirent Gand pour leur cité, et, après eux, les Vandales lui donnèrent le nom de *Vanda*, d'où l'on croit que celui de *Ganda* ou *Gandavum* est dérivé.

Plus d'une fois les Gantois se mirent en lutte ouverte avec les comtes de Flandre, et la toute-puissance de l'empereur Charles-Quint lui-même, leur compatriote, ne les empêcha pas d'élever contre lui l'étendard de la rébellion. Rarement ils firent la paix avec leurs princes, sans qu'il en coûtât la tête à quelques uns des magistrats de la ville, des doyens des corps de métiers et des principaux bourgeois, qui avaient dû, préalablement, aller implorer le pardon de leurs concitoyens, pieds nus, en chemise et la corde au cou. Ce châtiment fut si souvent infligé aux Gantois que la corde est devenu l'attribut, le signe qui sert à caractériser leur ville entre les autres de la Belgique.

Cependant toutes ces révoltes ne furent pas sans gloire, et les Gantois se rappellent avec orgueil la guerre qu'ils soutinrent, sous Jacques d'Artevelle et son fils Philippe, contre le comte Louis de Maele leur souverain. Jacques d'Artevelle éleva pendant sept ans sa ville natale à un haut degré de puissance et de prospérité (de 1339 à 1345). L'Angleterre rechercha l'alliance de ce bourgeois de Gand. Orateur distingué, habile politique, guerrier redoutable, simple et populaire avec ses concitoyens, il s'était attiré l'amour des marchands, parce qu'il faisait fleurir le commerce, et l'estime du clergé, qui lui avança souvent de fortes sommes pour subvenir aux frais de son gouvernement. Bien qu'il eût été assassiné à Gand, ses concitoyens prouvèrent ensuite que ce crime leur était étranger, et mettant à leur tête son fils Philippe d'Artevelle, qui, d'abord, continua victorieusement leur résistance et finit par se faire tuer avec vingt mille Flamands, en combattant à Roosebeke contre l'armée française que Charles VI amenait au secours du comte Louis de Maele (1382).

Gand devint peu à peu une riche et puissante ville, dont la fortune ne cessa pas d'aller croissant, à tel point qu'on lui assigna jusqu'à trois cent mille habitants, et qu'au seizième siècle cette ville surpassait la capitale de la France en étendue. C'est du moins ce qu'on peut conclure de ce mot de Charles-Quint : « Je mettrais Paris dans mon Gand. »

Entre les monuments de Gand, on distingue d'abord la cathédrale de Saint-Bavon; on y montre deux raretés précieuses : d'abord le bassin qui servit à baptiser Charles-Quint, vase de pierre commune, fermé d'un couvercle de cuivre, et quatre candélabres en bronze, avec ornements, dans le genre antique, qui ont servi au catafalque du roi d'Angleterre Charles Ier. Une curiosité plus intéressante encore et qui se recommande à l'attention dans cette cathédrale, c'est un crypte ou église souterraine où l'on inhumait jadis les évêques, et qui présente, comme l'église supérieure, quinze chapelles, dont les dimensions et les dispositions sont absolument les mêmes.

Non loin de Saint-Bavon, s'élève la tour du beffroi, que surmonte à une hauteur prodigieuse un immense dragon en cuivre doré, fixé par le ventre à une énorme barre de fer. Ce dragon est illuminé dans les grandes réjouissances publiques, son intérieur peut contenir une table et quelques chaises. La tradition veut que ce dragon ait été envoyé par le comte de Flandre, Baudouin IX, de Constantinople à Bruges, d'où les Gantois, pendant les guerres civiles, l'auraient transporté chez eux, pour le placer sur le beffroi comme un trophée. Quant au beffroi, dont on fait remonter la fondation à l'année 1228, il donne à remarquer son horloge, son carillon, et sa grosse cloche qui pèse, dit-on, 11,000 livres.

Après l'Hôtel-de-Ville, monument à deux façades, commencées l'une en 1481, et l'autre en 1600 ; après le palais de l'université, où l'on distingue surtout la salle des thèses pour le doctorat ; après la bibliothèque et le jardin botanique, le voyageur trouve dans Gand, à partager son admiration entre de vastes et belles places, des promenades charmantes et des quais magnifiques, sur les bords de la Lys et de l'Escaut. Deux autres rivières, la Lièvre et la Moëre, traversent la ville, qui se trouve coupée en vingt-six îles que réunissent trois cents ponts. La gravure que nous mettons ici sous les yeux de nos lecteurs représente un bras de l'Escaut qui est, à proprement parler, le port de Gand. Il coule presque au centre de la ville, non loin du marché aux grains. Dans le fond, on découvre la belle église de Saint-Michel, avec ses deux tours incomplètes, et, de chaque côté du fleuve, s'élèvent des maisons, à cent formes diverses, dont les toits pittoresques conservent à la ville son cachet du moyen-âge.

Gand a quatre lieues de tour et une population disproportionnée à sa grande superficie, bien qu'on y compte quatre-vingt-deux mille âmes et dix mille maisons. Outre son université, son collége et son séminaire, Gand possède encore une académie royale de dessin, sculpture et architecture, plusieurs établissements littéraires importants, une société d'horticulture ; un musée et de nombreuses collections particulières de tableaux et autres objets d'art.

AMSTERDAM.

Amsterdam, que l'on peut considérer comme la capitale du royaume de Hollande, est une ville des plus curieuses. Son nom signifie *digue de l'Amstel* ; elle est bâtie sur pilotis, au bord du bras du Zuiderzée appelé l'*You Wie* ; elle est entourée de fossés et de remparts convertis en boulevarts. Ses environs peuvent être inondés facilement au moyen de ses écluses ; des canaux bordés d'arbres la traversent dans tous les sens et forment quatre-vingt-dix îles qui communiquent entre elles par deux cent quatre-vingts ponts, dont le plus beau est celui de l'Amstel. Il a six cent soixante pieds de longueur, soixante-dix de largeur et trente-cinq arches. On admire parmi ses principaux édifices l'ancien hôtel-de-ville, aujourd'hui le palais du roi, la bourse, bâtie dans le style gothique, les hôtels des deux compagnies des Indes, et l'église Sainte-Catherine, appelée aussi l'Église neuve, qui renferme le tombeau de Ruyter et ceux de plusieurs autres hommes célèbres. Cette ville, dont la population est évaluée à deux cent vingt mille âmes, conserve son ancienne réputation pour l'orfèvrerie et la taille des pierres fines. Il entre annuellement dans son port trois mille navires. Ses rues sont bien pavées, garnies de trottoirs, et la nuit éclairées avec soin : celles que l'on nomme le *Heeren-gracht* et le *Keisers-gracht* sont magnifiques, surtout grâce à la richesse des magasins qu'elles renferment. On trouve à Amsterdam quarante-neuf temples et un nombre considérable d'hôpitaux et d'hospices, trois théâtres, dont un français, plusieurs grands établissements d'instruction, tels que l'athénée royal, l'académie des beaux-arts, l'école de navigation, et toutes les collections utiles à l'avancement des sciences et de l'industrie.

Le port d'Amsterdam est une espèce de golfe à deux entrées, diamétralement opposées, qui est subdivisé en sept ou huit petits ports particuliers, séparés les uns des autres par des estacades, sur lesquelles sont pratiquées des chaussées en planches, jointes les unes aux autres par des ponts-levis.

En se plaçant sur une de ces estacades, on aperçoit un des plus beaux spectacles que puissent offrir les ports de mer. Le spectateur a, devant ses yeux, une multitude de vaisseaux, de navires, d'embarcations, de canots, qui se manifestent par une forêt de mâts qui s'étend à perte de vue. Au loin, et au delà de ces flottes nombreuses, des villages pittoresques; ici une ligne de maisons de bois, construites sur des pieux entre lesquels passe la mer; là des cafés, des lieux publics de récréation, établis sur les estacades; plus loin, une galerie d'arcades et de colonnades ioniques et doriques, dont la fraîche couleur ne laisse pas deviner si elles sont de bois ou de marbre, et dont la base cachée paraît être dans les eaux; en deçà, de vastes édifices, et une masse d'arbres qu'on prendrait pour une forêt.

ROTTERDAM.

Rotterdam est une des cités les plus considérables de la Hollande, et la première pour le commerce, après Amsterdam; elle tire son nom de *la Rotter*, rivière qui se jette dans la Meuse, et la communication de toutes deux avec la mer rend la situation de cette ville très favorable à la navigation. On ne saurait dire à quelle époque Rotterdam fut bâtie; on sait seulement que, vers l'année 1270, on l'entoura de remparts. L'entrée de la ville, près de la rivière, par la porte appelée *De nieuwe Hoofds Poort*, est belle, et d'une construction élégante; le nombre des rues plantées d'arbres, présente un gracieux spectacle. Rotterdam offre un aspect des plus intéressants; on aperçoit un mélange de mâts ornés de longues banderoles : ce sont les *Trechtschuitz*, petits bâtiments légers, avec leurs pavillons flottants; puis de belles avenues d'arbres, des maisons richement dorées, ce sont tout à la fois les traits caractéristiques de la campagne, de la ville et de la mer.

Rotterdam reçoit, au moyen de vastes canaux, des vaisseaux marchands de toutes grandeurs. Ces vaisseaux s'arrêtent devant la porte des boutiques, y débarquent leurs marchandises, en prennent de nouvelles et repartent. Des ponts-levis, mis en mouvement par deux hommes, dont chacun en lève une moitié avec une facilité inouïe, se dressent de chaque côté pour laisser passer les navires, et s'abaissent ensuite pour livrer passage aux gens qui attendent sur les deux rives du canal. Les canaux qui tiennent lieu de rues, les barques qui glissent avec rapidité, qui vont et viennent incessamment, donnent à Rotterdam un aspect qui, seulement sous ce rapport, la rapproche de Venise.

Le Boomquay ou Boompies (quai aux Arbres) est l'endroit le mieux habité de la ville ; il s'étend à peu près un mille le long de la rivière, depuis la nouvelle jusqu'à la vieille tête du quai, deux passages dans lesquels l'eau entre dans Rotterdam, et remplit les canaux ; la perspective de la Meuse et de la rive opposée est d'une grande beauté. Beaucoup de maisons sont bâties en pierres de taille, lesquelles, n'étant pas une production du pays, ont dû être transportées à frais coûteux. On appelle *quai* cette promenade, mais ce n'est à proprement parler qu'une large terrasse plantée d'ormes ; les habitations qui l'entourent peuvent être comparées aux plus beaux hôtels de Paris. Toutes ces habitations présentent un merveilleux ensemble de fraîcheur, d'ordre et de propreté. Sur le Boomquay a résidé le célèbre Bayle, auteur du *Dictionnaire historique et critique*, professeur de philosophie et d'histoire à Rotterdam, exilé de France pour cause de religion. Les habitants de Rotterdam ont consacré le lieu où Bayle a vécu ; son nom y est inscrit en lettres d'or.

On trouve dans plusieurs parties de Rotterdam les traces de l'occupation espagnole. La forme des maisons rappelle la manière de bâtir pratiquée en Espagne ; divers édifices, construits à l'époque de cette domination, portent encore des inscriptions espagnoles. Rotterdam est la ville des institutions philanthropiques ; il y en a pour tous les usages et de tous les noms ; c'est aussi l'une des villes où l'esprit mercantile est le plus actif, la passion du gain la plus effrénée. Rotterdam possède un grand nombre de beaux édifices, dont le principal est la bourse. Parmi les autres, nous citerons l'hôtel-de-ville, les hôtels des compagnies des Indes orientales et occidentales, le palais de l'Amirauté, l'église Saint-Laurent et l'hospice des vieillards. Nous ne devons point oublier non plus la statue en bronze d'Érasme, l'un des hommes célèbres qu'a produits cette ville : elle est sur le grand pont de la Meuse, que l'on nomme la place d'Érasme.

Rotterdam a une *Société batave de philosophie*, qui s'occupe de physique, d'agriculture et d'arts industriels. La population de cette ville est de soixante-six mille âmes.

UTRECHT.

Utrecht, *Ultrajectum*, et plus anciennement *urbs Antonia*, car elle eut les Romains pour fondateurs, est arrosée par le Rhin qui s'y partage en deux bras, auxquels on a donné les noms de Vieux-Fossé et de Fossé-Neuf, qui se réunissent après avoir traversé la ville. Bâtie à l'antique, entourée de remparts et de tours, rien n'égale la beauté de l'aspect de cette cité, surtout du côté d'Amsterdam ; sa forme est presque carrée, ses rues sont larges, coupées par de nombreux canaux. L'édifice le plus remarquable est la vieille cathédrale Saint-Martin, rebâtie au commencement du neuvième siècle, par l'évêque Baldric de Clèves ; une partie tombe en ruines, mais on admire encore sa superbe tour, élevée de près de quatre cents pieds au dessus du niveau du sol. — La province d'Utrecht appartenait autrefois au pays des Bataves ; elle fut comprise ensuite dans celui des Frisons, et convertie à la foi catholique par saint Willibrorde, qui, ayant été ordonné évêque des Frisons, en 696, établit son siége à Utrecht. Charles-Martel, Charlemagne, Othon III, enrichirent successivement les évêques d'Utrecht, devenus souverains temporels. — Utrecht est célèbre par le traité d'union des Provinces-Unies (1579), et par la fameuse paix conclue en 1713, entre Louis XIV et les alliés.

Le Mail, ancienne promenade qui existe encore aujourd'hui à Utrecht, *la ville des Rentiers*, est regardé avec raison, par les habitants, comme une des belles choses de la Hollande. Utrecht possède une université célèbre ; sa cathédrale renferme les cendres de plusieurs empereurs. C'est à Utrecht que naquit le pape Adrien VI. La population de cette ville est de trente-six mille âmes.

ANGLETERRE.

LONDRES.

L'immense ville de Londres (London) se déploie majestueusement sur les deux rives de la Tamise, dont les eaux sont en tout temps couvertes de navires, et dont les bords présentent l'étonnant spectacle d'une population innombrable, sans cesse occupée à charger et à décharger les marchandises. Elle est la ville la plus populeuse de l'Europe, et la plus commerçante de l'univers; sa population dépasse 1,600,000 âmes; le mouvement commercial de son port emploie 3,000 barques, 8,000 mariniers et 4,000 portefaix; sur ses quais, ses bassins et ses canaux, 15,000 bâtiments sont amarrés à la fois; plus de 900 bateaux à vapeur y arrivent et en sortent annuellement. On a calculé que la valeur des marchandises embarquées et débarquées s'élève chaque année à 70 millions de livres sterlings : cette somme comprend principalement le commerce extérieur; quant à celui de l'intérieur, il emploie 4,000 chariots et autres voitures, portant pour environ 50,000,000 de livres sterlings, et, si l'on y ajoute 10,000,000 au moins pour le bétail et pour les marchandises transportées par diverses autres voies, telles que 1,500 voitures par jour partant à heures fixes, sans compter les malles-postes, on aura un total de 130,000,000 de livres sterlings, ou 3,250,000,000 de francs, formant le montant du commerce annuel de cette capitale.

Les successeurs de Guillaume-le-Conquérant accordèrent aux bourgeois de Londres le droit d'élire un schériff et un justicier, en se réservant le choix du *port-reeve* ou du maire; mais, sous le roi Étienne, la cité acheta le droit d'élire tous ses magistrats; dès le règne de Richard Cœur-de-Lion, elle jouissait de presque tous les avantages et de toutes les libertés qu'elle a conservés jusqu'à ce jour; sous Élisabeth, la cité de Westminster passa du gouvernement de son abbé à celui d'officiers civils; enfin, sous Charles Ier et ses successeurs, Londres vit ses franchises assurées et son intérieur s'embellir.

La circonférence irrégulière de Londres est évaluée à onze lieues.

Cette ville est remarquable par la beauté de ses bassins ou *docks*, la régularité de ses places ou *squares*, dont le centre est composé de jardins entourés de grilles; la superficie qu'elle occupe, la multitude de ses rues, dont le nombre s'élève à 9,000, la plupart propres et ornées de trottoirs.

Les rues de Londres sont généralement larges : il y en a très peu où deux voitures ne puissent passer à la fois; dans beaucoup d'autres, cinq ou six pourraient marcher de front; les plus étroites sont dans la Cité, le quartier de Londres le plus central. Les plus belles sont : Oxford-street, Piccadilly, Pall-Mall, Portland-place, Haymarket et Regent-street; cette dernière est sans égale, en Europe, par la magnificence de ses constructions. Les plus étendues sont : le Strand, rue longue de 1,369 mètres; Edgeware-road, de 1,397; City-road, de 1,690; Piccadilly, de 1,694; Regent-street, de 1,732; Oxford-street de 2,304, et Commercial-road, de 5,280 mètres. Toutes ces rues sont, depuis plusieurs années, pavées en cailloux à la Mac-Adam. Edgeware-road, City-road et Commercial-road sont à la fois des rues et des promenades.

Mais les promenades les plus belles et les plus fréquentées sont les quatre suivantes : Saint-James-park, où l'on voit une énorme pièce de canon rapportée d'Alexandrie, ainsi que le mortier-monstre fondu par les Français pour le siége de Cadix, en 1812; Green-park, ou le parc vert, séparé du précédent par une grille; Hyde-park, où l'on a placé une statue colossale du duc de Wellington, représenté sous les traits d'Achille. La belle avenue d'arbres, qui unit ces trois parcs, porte le nom de Constitution-Hill. A l'extrémité et vers le nord-est de Londres se trouve l'immense enclos de Regent's-park, dont l'étendue est de 450 arpents; on y remarque une construction que ses dimensions ont fait nommer le Colosseum : il renferme une promenade couverte et le grand panorama de Londres.

Londres contenait, il y a quelques années, 200,700 maisons, 125 églises paroissiales, 70 squares et 14 marchés. Au nombre des principaux squares, celui de Grosvenor doit être mis au premier rang : sa superficie est de 2 hectares; le centre est occupé par la statue équestre de Georges II; les habitations qui l'entourent sont les plus élégantes de la capitale.

Une petite place mérite d'être citée : c'est celle sur laquelle s'élève le Monument, magnifique colonne de 202 pieds anglais de hauteur, érigée en mémoire du terrible incendie qui, en 1666, consuma la plus grande partie de Londres. La plus vaste place est celle de Smithfield, où l'on vend tous les bestiaux qui se consomment dans cette ville immense. Plus remarquable par sa construction, le marché de Covent-Garden est bâti en granit.

Des sept magnifiques ponts qui traversent la Tamise, large à Londres de 400 mètres, le plus remarquable par sa grandeur et sa beauté est celui du Strand ou de Waterloo, bâti en granit. On admire dans celui de Southwark, construit en fer, l'arche du milieu, qui est une des plus larges que l'on connaisse; le nouveau pont de Londres surpasse, par le développement de ses arches, tous ceux qui existent; mais ce qui excitera l'admiration, c'est le passage souterrain, appelé Tunnel, qui sert à communiquer en voiture et à pied de l'une à l'autre rive de la Tamise.

Parmi les constructions les plus intéressantes nous citerons les suivantes :

La Tour-de-Londres (Tower) et les vastes bâtiments qui en dépendent renferment un arsenal, une ménagerie, une grande collection d'armes antiques, et le trésor des diamants de la couronne; mais dans la soirée du 30 octobre 1841, un terrible incendie détruisit presque complétement le grand magasin et la salle des armures; un grand nombre de drapeaux étrangers et plus de 200,000 fusils ont été la proie des flammes. L'abbaye de Westminster, l'un des plus beaux édifices gothiques de l'Europe, et depuis longtemps réservée à la sépulture des rois et des grands hommes. L'église Saint-Paul est construite sur le modèle de Saint-Pierre de Rome; celle de Saint-Étienne de Walbrook est un monument plein de grâce et d'élégance. On doit citer encore le palais de White-Hall, où l'on montre la fenêtre devant laquelle s'éleva l'échafaud de Charles Ier; l'hôtel de la banque, remarquable par sa façade et son étendue; Mansion-house, ou l'hôtel du lord-maire, orné d'un portique majestueux; le bel hôtel de la compagnie des Indes orientales; la bourse (Royal-Exchange), vaste bâtiment carré, orné de portiques; le nouvel hôtel des monnaies, le bâtiment de la poste (General Post-Office), l'hôtel de la douane, le palais de Saint-James; enfin, Somerset-house, édifice dans lequel la société royale et celle des antiquaires tiennent leurs séances. Le vieux palais de Westminster (Westminster-Hall), auquel se rattachent tant de souvenirs, et dans lequel s'assemblait le parlement, a été détruit par un incendie, le 15 octobre 1834. Mais on a terminé le nouveau palais du roi (King's-palace), dans Saint-James-park : le toit et les colonnes de cet édifice sont en fer de fonte; il est décoré d'un arc de triomphe en marbre, sur lequel s'élève une statue équestre de Georges IV.

On compte à Londres 13 théâtres.

Le musée britannique, construit par Pierre Pujet, de Marseille, sur le plan des Tuileries. Il offre des collections fort intéressantes entre autres, une bibliothèque composée de 322,000 imprimés, de 22,000 volumes de manuscrits, et de 20,000 chartes ou autres documents originaux. La galerie d'antiquités renferme plusieurs objets uniques, tels que les marbres de Rosette, ceux d'Elgin, et la tête colossale dite du jeune Memnon; celles destinées aux objets d'histoire naturelle contiennent aussi des objets précieux.

Outre cet établissement, nous mentionnerons la collection de tableaux appelée galerie nationale ; le musée phelloplastique où l'on voit les modèles en liége des plus célèbres monuments antiques ; les galeries anatomiques du collège royal des chirurgiens, le musée naval et terrestre, et les belles collections de la société zoologique de Londres, dont la ménagerie renfermait, en 1835, 1,034 animaux vivants.

On compte, à Londres, 16 écoles de médecine et autant d'écoles de droit, 5 de théologie, 18 bibliothèques publiques, 300 écoles gratuites élémentaires, dans lesquelles 16 à 18,000 enfants des deux sexes sont instruits et habillés.

Les sociétés savantes sont aussi fort nombreuses : ainsi, nous citerons la société royale de Londres, celle des antiquaires, les Académies royales des arts et de peinture, la société linnéenne, les sociétés phrénologique, géologique, zoologique et antomologique ; celle de mathématiques, celle de minéralogie ; celle des pharmaciens, qui possède un superbe jardin botanique ; celle d'horticulture, celle de statistique, celle de géographie, celle de Palestine, destinée au perfectionnement de la géologie et de l'histoire naturelle en Syrie et en Palestine ; celle pour l'encouragement des arts, des fabriques et du commerce ; la société royale asiatique, la société biblique, celle pour l'encouragement des découvertes dans l'intérieur de l'Afrique.

Pour le soulagement des malheureux, on entretient dans cette ville 147 hôpitaux ou hospices, et 30 dispensaires où l'on donne gratuitement aux pauvres les consultations et les médicaments, et pour la tranquillité des habitants, 14 prisons saines, vastes et tenues, sous les rapports matériels et moraux, avec une supériorité de vues, qui fait honte à la plupart de celles de l'Europe.

Londres offre une foule de refuges aux individus livrés au vol et à la débauche. Suivant le rapport de l'un de ses magistrats, 20,000 individus s'y lèvent chaque jour sans savoir comment ils se procureront leur nourriture et où ils trouveront un gîte. Ce nombre ne comprend encore que ce qu'on pourrait appeler des chevaliers d'industrie : il faut y ajouter 16,000 mendiants et 115,000 voleurs ou filous, enfin, 3,000 recéleurs. La totalité des domestiques des deux sexes, sans place, est de 10,000. On y compte 75,000 filles publiques, 5,000 cabarets suspects et 43 maisons de jeu.

Londres est la patrie d'un grand nombre d'hommes illustres ; il suffit de citer Milton, François Bacon, Thomas Morus, Halley, Pope, Hampden et Temple.

Les quartiers sur la rive gauche de la Tamise appartiennent au comté de Middlesex ; ceux de la rive droite, au comté de Surrey.

Le bourg le plus remarquable de ce dernier comté est Richmond, qui possède un ancien château royal avec un observatoire.

PLYMOUTH.

Plymouth est un des arsenaux maritimes les plus importants de la Grande-Bretagne ; on admire la digue qui abrite sa rade et le phare qui en signale de loin l'approche aux navigateurs. Cette ville s'est formée par la réunion de trois villes : Devonport, Stonehouse et Plymouth ; son port est divisé aussi en trois parties, dont une est réservée à la marine royale, qui y tient toujours à flot une centaine de navires. L'entrée de son triple port est défendue par d'importantes fortifications. Quelques uns des édifices de Plymouth contrastent, par leur élégance et leur beauté, avec ses rues étroites, irrégulières et mal pavées, mais éclairées par le gaz hydrogène. L'arsenal de la marine rivalise avec celui de Portsmouth. Le théâtre est beau ; la bibliothèque est un édifice fort étendu ; le bâtiment de l'Athénée est un des établissements remarquables de cette ville, où l'on ne compte pas moins de 75,534 âmes.

PORTSMOUTH.

Portsmouth se compose de deux villes : *Portsru* et *Portsmouth* ; c'est un des ports les plus importants de la marine royale anglaise ; on en admire les magasins, les arsenaux et les ateliers, dont les mécaniques sont, pour la plupart, mues par la vapeur. Dans ce magnifique arsenal, qui couvre une superficie de plus de 40 hectares, on occupe, en temps de paix, 3,000 à 4,000 ouvriers ; son enceinte comprend le collége royal de marine et l'école d'architecture navale. L'hôpital d'Hosler, où l'on n'admet que des marins, est un des plus vastes de l'Angleterre. Le port renferme 100 vaisseaux de guerre. La ville est peu digne de son importance maritime ; ses rues sont étroites et sombres ; sa population est de 48,000 âmes. L'église Saint-Thomas-Becket, où l'on voit le mausolée du duc de Buckingham, qui fut assassiné dans cette ville, est surmontée d'une tour qui sert de point de reconnaissance aux marins. La rade de Spithead, entre Portsmouth et l'île de Wight, pourrait abriter à la fois mille vaisseaux de premier rang.

MANCHESTER. — LIVERPOOL.

Manchester est, après Londres, la ville la plus manufacturière des trois royaumes. 60 millions de kilogrammes de coton y prennent toutes les couleurs, tous les degrés de finesse et tous les genres de tissus ; on y fabrique aussi des soieries, des chapeaux et divers produits chimiques. En 1757, elle renfermait à peine 20,000 âmes ; en 1824, elle en avait huit fois plus ; aujourd'hui elle compte près de 200,000 habitants. Elle doit cet accroissement prodigieux à sa situation au point de réunion de quatre canaux sur le bord de l'Irwel, dont les eaux sont excellentes ; aux houillères, aux mines de fer, aux forges, aux diverses usines qui l'entourent, et au chemin de fer qui la met en communication continuelle avec Liverpool. Manchester occupe l'emplacement d'une station romaine *Mancunium* ; sa vaste étendue renferme 30,000 maisons formant plus de 600 rues, dont plusieurs sont étroites, mal bâties et mal pavées, mais qui sont éclairées par environ 400 becs de gaz hydrogène. L'Irwel la divise en deux parties inégales, dont la plus considérable s'étend sur la rive gauche ; cinq ponts, dont un très beau, unissent ces deux parties. Les quartiers nouveaux sont bien bâtis : on distingue surtout, pour l'élégance de leurs constructions, Portland-Place et Mosselystreet. Parmi ses 16 églises, celle du Christ et celle de Sainte-Marie se font remarquer. La banque, dont l'architecture est d'ordre dorique, présente une belle et imposante façade ; le Portique, construit aussi dans le style grec, contient un cabinet littéraire et une bibliothèque de 20,000 volumes.

Manchester possède un théâtre, une salle de concert pour 1,200 personnes, et beaucoup d'établissements d'instruction et de bienfaisance.

Liverpool ne le cède aussi qu'à Londres pour l'étendue et la prospérité de son commerce. On y compte plus de 237,000 habitants. L'embouchure du Mersey lui sert de port: elle y reçoit annuellement 30,000 bâtiments. Ses importations en coton seulement sont de 7 à 800,000 balles. Rien de plus magnifique que ses immenses magasins : 3,000 ouvriers y sont employés. Au port sont annexés huit docks ou bassins, dont le plus grand peut contenir jusqu'à 100 navires à flot. La ville s'étend sur le bord oriental de la rivière et se divise en deux quartiers. La vieille ville n'est composée que de rues étroites; la nouvelle offre de belles maisons, à la vérité bâties en briques, mais couvertes d'ardoises; ses rues sont spacieuses, aérées, bien pavées, et le soir éclairées par le gaz. Ses édifices publics sont beaux : l'un des plus remarquables est l'hôtel-de-ville, décoré de colonnes corinthiennes et couronné par une coupole, surmontée d'une statue qui représente la Grande-Bretagne, portant, au haut d'une lance, l'emblème de la liberté. La place sur laquelle s'élève cet édifice, en offre un autre non moins considérable : c'est le palais de la bourse, au centre duquel s'élève un monument à la mémoire de Nelson.

Liverpool possède de belles églises, entre autres celle de Saint-Paul et celle de Saint-Georges : cette dernière est surtout remarquable en ce que les portes, les fenêtres, les toits, les pilastres et plusieurs autres parties sont en fer fondu.

La douane est une des plus magnifiques constructions que l'on puisse voir en ce genre; nous en dirons autant du marché, dont le toit est soutenu par 120 piliers en fonte. Enfin, une construction que nous ne devons point passer sous silence, est le Tunnel ou la route souterraine du chemin de fer qui aboutit au port : il consiste en une magnifique galerie qui traverse toute la ville, à 60 pieds au dessous du sol, sur une longueur de 6,920 pieds, une largeur de 22, et une hauteur de 16; ce souterrain, qui renferme deux routes en fer, est éclairé par le gaz hydrogène.

Les établissements de bienfaisance de Liverpool sont nombreux et bien dotés : le dispensaire est un des plus importants.

GLASCOW.

ÉCOSSE.

Glascow est la ville la plus manufacturière et la plus peuplée de l'Ecosse. On compte dans cette enceinte et dans sa banlieue, 32,000 métiers à travailler le coton, et plus de 300 machines à vapeur employées dans ses forges et dans ses autres établissements. Sa population, qui n'était en 1800 que de 80,000 âmes, est aujourd'hui de 202,000. Des rues larges, pavées avec soin et garnies de trottoirs, trois belles places publiques, une cathédrale gothique de la plus belle conservation, 62 autres églises pour les différents cultes chrétiens, toutes d'une élégante architecture; un hôtel-de-ville orné d'un beau péristyle, une université où l'on compte 1,600 étudiants, un grand nombre d'autres édifices modernes, des hôpitaux, des associations philanthropiques, 3 sociétés académiques, 18 écoles gratuites pour les indigents, des bibliothèques et des collections de tous genres placent cette ville au premier rang dans l'Europe civilisée.

ÉDIMBOURG.

ÉCOSSE.

Edimbourg est bâtie sur trois collines, près du bord méridional du golfe de Forth. Elle se divise en deux quartiers principaux : la vieille et la nouvelle ville. De tous côtés, excepté au nord, elle est dominée par les rochers de Salisbury. Les ruines de la célèbre abbaye d'Holyrood, fondée en 1128, par David Ier; le palais du même nom, bâti sur une partie du terrain qu'occupait cet antique monastère, et qui fut, en 1830, l'asile de Charles X et de sa famille; l'ancien palais du parlement, la bourse; la vieille cathédrale, l'édifice gothique, remarquable par sa légèreté; le bâtiment des archives, celui de l'université; la chapelle construite, sur le modèle du Panthéon d'Athènes, à la mémoire des Écossais morts dans les champs de Waterloo; la tour de style chinois, érigée en l'honneur de l'amiral Nelson, sur la colline de Culton-hill; celle qui, servant de tombeau au savant géologiste Playfair, couronne ce rocher; enfin, le château, ancienne forteresse, sont les principales constructions de cette capitale.

La circonférence d'Edimbourg est de quatre lieues; ses principales rues sont éclairées au gaz, et ses établissements d'instruction ou de bienfaisance très nombreux. Son université compte plus de 2,000 étudiants, qui ont à leur disposition une bibliothèque de 50,000 volumes, un beau musée, un jardin botanique et un amphithéâtre pour suivre les cours.

On y compte 60 églises et chapelles, 14 banques, 2 théâtres, 25 sociétés savantes, un grand nombre d'associations utiles, 11 hôpitaux, 60 maisons de charité, 7 bibliothèques, et l'on y publie 11 journaux.

DUBLIN.

IRLANDE.

Dublin, capitale de l'Irlande, élevée au fond d'une baie magnifique, est une des plus belles villes de l'Europe. La rivière du Liffy, qui la traverse, contribue à sa salubrité. Sa situation a fait comparer son aspect à celui de Naples : la beauté de ses quais lui donne quelque ressemblance avec Paris. Sa partie méridionale est composée de rues tortueuses qui annoncent son ancienneté. Le quartier opposé, ou le plus moderne, renferme ses principaux édifices : on pourrait citer parmi ceux-ci le château où siége le gouvernement, la bourse, l'hôtel de la banque, celui du timbre, et le magnifique collége de la Trinité. L'ancien quartier l'emporte sur le moderne par sa richesse. La douane est un magnifique édifice dont la construction a coûté plus de douze millions de francs; la bourse est remarquable par sa façade ornée d'un péristyle, et devant laquelle s'élève une statue de Georges III, en bronze; le palais-de-justice est un grand bâtiment dont le dôme domine toute la ville; l'ancien couvent de la Trinité, où est établie l'université, a toute la magnificence d'une demeure royale. On voit le tombeau de Swift dans la cathédrale appelée aussi l'église Saint-Patrick. Le Gazon de Saint-Etienne est la plus belle place de Dublin : elle a près d'une demi-lieue de circonférence.

Avec une population d'environ 230,000 âmes, la capitale de l'Irlande possède plus d'établissements de bienfaisance que plusieurs capitales plus peuplées : leur nombre se monte à 250.

Cette ville fabrique des toiles, des cotonnades, des tissus de laine, des tricots et des soieries ; son commerce est considérable.

ITALIE.

ROME.

Rome est située au milieu d'une vaste plaine, jadis fertile, et presque stérile aujourd'hui ; la ville des papes recouvre en quelque sorte la ville des empereurs; le sol moderne est tellement élevé au dessus de l'ancien, que la roche Tarpéienne n'a plus que vingt-cinq ou trente pieds de hauteur, et qu'il a fallu le zèle éclairé de l'administration française pour faire déterrer la colonne Trajane, l'arc de Constantin, celui de Septime-Sévère, et tant d'autres monuments antiques, trop nombreux pour les décrire tous. Le mieux conservé et l'un des plus beaux est le *Panthéon*, élevé par Agrippa et dédié à tous les dieux : c'est aujourd'hui l'église appelée *la Rotonda* ou *Sainte-Marie-de-la-Rotonde*, qu'on a consacrée à tous les saints. Son majestueux et élégant portique, soutenu par seize colonnes colossales, et sa coupole, qui a servi de type à toutes celles qu'on a élevées depuis, lui donnent un air de grandeur qui excite l'admiration. Le monument le plus vaste est le *Colisée*, amphithéâtre gigantesque commencé par Vespasien, et terminé par Titus, pour contenir quarante-quatre mille spectateurs. Le *pont Ælius*, que construisit l'empereur Adrien, porte aujourd'hui le nom de *pont Saint-Ange* : c'est le plus beau de ceux que l'on voit sur le Tibre. Le beau temple rond consacré à Vesta est l'église de *la Madona del Sole*. Le *cirque de Caracalla* est, des dix que Rome possédait, le seul qui ait échappé aux ravages du temps : on le voit au milieu des champs et des vignes; son arène est convertie en jardins et en prés, et l'on a enlevé les belles pierres dont il était construit en grande partie. Les antiquaires admirent encore les restes du *théâtre de Marcellus*, élevé par Auguste. Le plus considérable des anciens égouts, la *Cloaca maxima*, dont la construction remonte au temps des Tarquins, sert encore à sa destination primitive ; c'est une voûte qui étonne par sa hauteur et sa largeur. L'aqueduc de l'*Acqua-Vergine*, ouvrage d'Agrippa, et ceux de l'*Acqua-Paola* et de l'*Acqua-Martia*, fournissent de l'eau en grande abondance comme sous la domination des anciens Romains.

Les ruines des *thermes de Caracalla* et *de Titus* suffisent pour donner une idée de leur magnificence et de leur étendue.

La *colonne Antonine*, le plus bel ornement de la place Colonne, à laquelle elle a donné son nom, est un trophée magnifique que le sénat éleva en l'honneur d'Antonin le Pieux ; les bas-reliefs dont elle est entourée représentent plusieurs événements de l'histoire romaine; elle est surmontée d'une statue de saint Paul. Le plus beau monument de ce genre qui nous reste des Anciens est sans contredit la *colonne Trajane* : des bas-reliefs en spirale offrent les victoires de Trajan. Nous devons citer aussi la *colonne* rostrale *de Duillius*, que le sénat érigea pour perpétuer le souvenir de la victoire navale remportée sur les Carthaginois; on la voit au Capitole. De tous les arcs de triomphe qui ornaient la capitale de l'empire romain, quelques uns seulement existent aujourd'hui : celui de *Titus*, élevé par Trajan au vainqueur des Juifs, est le plus beau sous le rapport de l'architecture ; celui de *Constantin* est le mieux conservé de tous, et celui de *Septime-Sévère* est remarquable par ses bas-reliefs.

Le *Forum romanum*, où l'on voyait autrefois plusieurs temples, de beaux palais, des statues et la tribune aux harangues, est aujourd'hui le *Campo Vaccino*, parce que le marché aux vaches s'y tenait autrefois. Le magnifique palais des Césars, commencé par Auguste sur le mont Palatin, est enseveli sous des jardins, comme tant d'autres édifices dont il ne reste que le nom.

Laissons ces nobles et intéressants débris pour nous occuper de la ville moderne.

Nous donnerons une idée de l'étendue du *Vatican*, bâti, dit-on, sur l'emplacement du palais de Néron, en disant qu'il contient vingt cours, huit grands escaliers, douze mille appartements et onze mille salles. C'est dans la chapelle de ce palais, la fameuse chapelle Sixtine, que l'on voit le célèbre tableau du Jugement dernier, peint à fresque par Michel-Ange. La bibliothèque, qui renferme quatre-vingt mille volumes et vingt-quatre mille manuscrits, est une des principales de l'Italie et une des plus précieuses de l'Europe ; on y voit un Virgile dont les miniatures sont de la fin du quatrième siècle, et les poésies autographes de Térence. Le Vatican renferme aussi le plus beau et le plus riche des musées : on y admire la fameuse statue de l'Apollon du Belvédère, le Laocoon, le Torse et l'Antinoüs.

Sortons de ce palais, le plus grand de l'Europe, où le pape réside pendant l'hiver, et allons visiter le *palais Quirinal*, édifice irrégulier, mais aussi remarquable par la beauté de son intérieur qu'agréable par sa situation et ses vastes jardins. Devant la façade s'élèvent deux groupes en marbre représentant chacun un cheval de proportion colossale, conduit par un jeune homme qui semble le dompter, et dont la taille est de dix-sept pieds de hauteur; entre ces deux groupes s'élance dans les airs un obélisque égyptien en porphyre rouge. Ce beau palais était autrefois pendant l'été la résidence des papes; sous le gouvernement impérial, il avait été destiné au jeune prince qui reçut le titre de *roi de Rome*; et maintenant il est affecté aux conclaves.

Le *Capitole* moderne n'est qu'une petite colline dont les bâtiments sont réservés aux magistrats municipaux et au musée des antiques. Ils ont été construits par Michel-Ange, ainsi que l'escalier qui conduit à la place, dont le milieu est occupé par la figure en bronze de Marc-Aurèle, la plus belle statue équestre antique et la seule qui ait été trouvée à Rome. Du haut de la tour du palais sénatorial on aperçoit le gouffre de Curtius, qui n'est plus qu'une petite mare ; et, sur les bords du Tibre, le tombeau d'Adrien, qui est devenu le château Saint-Ange.

L'église *Saint-Pierre* est le chef-d'œuvre de Rome moderne, et le plus magnifique temple de la chrétienté. La place sur laquelle elle s'élève est environnée de deux portiques demi-circulaires, surmontés de quatre-vingt-douze statues de saints.

Le nombre des autres églises de Rome s'élève à plus de trois cent soixante, toutes remarquables, soit par leur richesse, soit par leur antiquité.

Les nombreux palais, plutôt solides qu'élégants, présentent presque tous, à côté des livrées de l'orgueil, les dehors de la gêne, de la malpropreté, et quelquefois de la misère. Les plus remarquables sont : le palais *Colonna*, dont la galerie est une des premières de Rome; le palais *Ruspoli*, dont l'escalier est composé de cent quinze marches en marbre blanc; le palais *Sciarra*, qui possède une galerie magnifique ; le palais *Chigi*, qui renferme une riche bibliothèque et des tableaux précieux; le palais *Doria*, dont l'étendue et les beaux portiques sont dignes de sa galerie de tableaux, l'une des plus riches de l'Europe; le palais *Corsini*, dans lequel on voit la chambre où mourut la reine Christine; le palais du prince de *Canino*, dont les collections et le musée étrusque méritent de fixer l'attention des antiquaires, et le palais *Farnèse*, que Vignole et Fontana ont contribué à embellir.

Des quarante-six places que renferme Rome, les plus remarquables sont : celle de *Saint-Pierre*, qui passe pour la plus belle du monde; la place *Navone*, qui est une des plus grandes de la partie actuellement habitée de Rome (elle a environ sept cents pieds de longueur), était comprise, aux temps les plus reculés de la ville éternelle, dans le Champ-de-Mars; elle servait alors, sous le nom d'*Equiria*, pour les courses des chevaux. Affectée postérieurement à la célébration des fêtes Agonales, en l'honneur de Janus, elle avait pris le nom de place Agonale. L'empereur Alexandre-Sévère, qui semblait destiné, si la mort ne l'eût frappé avant sa vingt-cinquième année (il fut assassiné en l'année 235), à ramener les beaux jours de Rome impériale, avait fait un cirque de cette place; elle conserve encore la forme qu'elle prit alors, et même, suivant quelques interprètes experts en étymologies, le nom actuel de place Navone n'est qu'une corruption complète, il est vrai, du nom de *Circus Agonalis*.

Plusieurs morceaux remarquables d'architecture et de sculpture contribuent à l'embellissement de la place Navone, que sa grandeur rend imposante. De somptueux hôtels, particulièrement le riche palais Pamfili, en décorent l'enceinte, et sur l'un de ses côtés se détache la belle église de Sainte-Agnès, qui fut élevée par les soins du pape Innocent X, vers le milieu du dix-septième siècle, aux lieux même qu'avaient consacrés l'illustre vierge et martyre. Trois fontaines font l'ornement de l'intérieur de la place.

Etonnés du travail gigantesque des obélisques, les Romains se montrèrent avides de les emporter comme des trophées conquis sur une merveilleuse industrie. Ammien Marcellin en a compté à Rome six grands et quarante-deux petits. Beaucoup figurent encore aujourd'hui parmi les richesses monumentales de la ville éternelle; mais renversés, dégradés dans le tourbillon des révolutions qui ont passé sur Rome, il a fallu recommencer l'œuvre si difficile d'en remettre plusieurs debout. Ce travail mécanique se fit sous la direction de l'architecte Fontana, au temps de Sixte-Quint.

L'obélisque de Saint-Jean-de-Latran est peut-être le plus beau et le plus colossal de tous ceux qui sont connus. L'illustre Thoatmosis II, le même que le roi Mœris, le hardi créateur du lac qui portait son nom, éleva cet obélisque à Thèbes; il fut réparé par Cambyse, qui mutila et renversa tous les autres; puis enlevé par Constantin, et déterré brisé des ruines du cirque Majeur, sous la direction de Fontana.

Celui de la place du Peuple, se dresse à l'extrémité des trois grandes et belles rues que les voyageurs ont en perspective, lorsque, après avoir passé le *pont Milvius,* aujourd'hui *Ponte-Molle,* ils arrivent à Rome par l'ancienne voie *Flaminia.* Il est flanqué à sa base de quatre sphinx modernes qu'un auteur compare à des veaux fort peu énigmatiques; mais cet *ornement* n'empêche pas que l'obélisque ne rivalise par la grandeur, la beauté, la perfection de ses hiéroglyphes et l'éclat de son origine, avec celui de Saint-Jean-de-Latran. Elevé à Héliopolis, par le roi Rhamsès Ier, pour décorer le temple du Soleil, il fut transporté à Rome sous Auguste, et placé dans le grand cirque. L'inscription grecque de ce monolithe a prouvé que les Egyptiens connaissaient la Trinité.

Tels sont les obélisques les plus considérables de Rome; mais cette ville en possède encore plusieurs autres dignes de mention, et entre autres, celui qui provient des jardins de Salluste, et que Pie VI retira de la place de Saint-Jean-de-Latran, où il gisait à terre, négligé, pour l'élever vis-à-vis de la Trinité-du-Mont.

Les environs de Rome rappellent à chaque pas les souvenirs de l'antiquité : ici, la pyramide de Cestius, la grotte et la fontaine de la nymphe Egérie; là, *Frascati,* l'antique *Tusculum,* qui présente les restes de la maison qu'habitait le plus grand des orateurs de l'ancienne Rome; plus loin, les sites délicieux et les cascades de *Tivoli,* où se trouve la *villa d'Este,* seul monument moderne digne de fixer l'attention. On y remarque les ruines du temple de la Sibylle ou de Vesta, et les restes de la *villa Adriana,* où l'on reconnaît le logement des gardes prétoriennes, deux théâtres et plusieurs autres parties de ce magnifique séjour. Le palais où Adrien donnait ses audiences a cent soixante pas de long sur soixante-dix de large. On voit une partie de ce temple ornée de peintures, et d'autres édifices; on reconnaît la place qu'occupaient le Lycée, le Prytanée, l'Académie, le Pœcile d'Athènes et le Canope d'Egypte. Les *marais Pontins* eux-mêmes sont encore traversés par les restes de la voie Appienne, et reportent l'imagination au temps où, desséchés par Auguste, peuplés par Trajan, ils étaient couverts de riantes habitations. L'invasion des Barbares fit disparaître la population; les eaux sans écoulement répandirent dans l'air leurs miasmes pestilentiels, et les travaux entrepris par plusieurs papes n'ont pas été suivis avec assez de constance pour détruire cette insalubrité, dont les funestes effets, auxquels les animaux paraissent seuls insensibles, se lisent sur les visages pâles des chétifs habitants.

A *Rome*, la vie habituelle est presque un long carême, tant on s'y acquitte avec ponctualité des devoirs extérieurs de la religion. Tout y est triste, désert, silencieux, et ce calme ne cesse qu'à l'époque du carnaval : une foule immense inonde alors les rues ; les équipages se pressent au milieu d'une pluie de dragées ; des chevaux en liberté, mais excités par un aiguillon caché, parcourent rapidement les promenades, comme s'ils disputaient le prix de la course, et le soir du mardi gras, les piétons se poursuivent à la clarté des *moccolletti*, petites bougies dont chacun est armé.

Il est peu de villes où la police soit mieux faite : la licence et la débauche y sont à la fois réprimées, mais les sciences, les lettres et les arts y sont moins cultivés que dans le reste de l'Italie.

COME.

Côme, patrie de Pline le jeune, est bâtie sur le lac auquel elle a donné son nom : cette ville dont l'ensemble ne présente aucune régularité, possède une assez belle cathédrale. Elle a tout l'aspect d'une grande cité, mais elle est peu peuplée. Le lac de Côme mérite d'être vu. Sur une agréable hauteur, à la pointe de Torno, on découvre les ruines d'un ancien monastère (car tous les bords du lac de Côme sont couverts de chapelles, d'églises et de couvents). A Gravedona se déploie l'ancien palais des ducs d'Alvitto ; l'effet de ce palais de marbre, de la plus noble architecture, est très beau, vu du lac.

Un peu plus loin, on aperçoit les ruines du château-fort de Musso, vieille fortification creusée à pic dans le roc, par le vaillant Trivulce, et défendue depuis avec une rare audace, par le fameux Médicis, dont le tombeau est à la cathédrale de Milan.

Enfin, au bourg de Vico, en rentrant à Côme, est la villa Odelscachi, la plus vaste des nombreuses villas qui couvrent les bords du lac, demeure presque royale, mais triste, quoique décorée fraîchement et avec magnificence. C'est à Vico, à la maison dite la Gallia, qu'étaient le musée et la galerie de Paul Jove, voluptueux asile de ce prélat courtisan, écrivain vénal, liffamatoire, à la *penna d'oro*, qui passa sa vie près des princes t au sein de son musée.

CAPOUE.

La ville de Capoue, dont le nom prouve la haute antiquité, si on l'empunte au nom de *Capis*, l'un des compagnons d'Énée, ou la grande importance, si on le fait dériver du mot latin *caput* (tête, capitale), est célèbre dans les annales de la vieille Italie. Tous les historiens ont vanté la spendeur et les charmes de cette heureuse cité de la Campanie; jamais son nom ne se trouve dans leurs écrits sans être accompagné d'exclamations laudatives et des épithètes de *belle*, de *riche*, de *voluptueuse*; l'efféminée Sybaris et la molle Agrigente ont à peine autant de renommée. Mais toutes ces formules d'admiration, quelque passionnées qu'elles soient, ne sont que les moindres preuves de la prospérité de Capoue; les faits témoignent plus encore que les paroles : ses délices, devenues proverbiales, ont sauvé Rome et changé, peut-être, les destinées de l'ancienne Italie. Annibal et les Carthaginois, entrés dans Capoue, ne purent résister à ses voluptés; ils aimèrent mieux jouir de la victoire de Cannes que d'en profiter, que d'aller conquérir Rome, dont ils auraient pu se rendre maîtres, s'ils eussent marché immédiatement contre elle. Déjà, lorsqu'elles remportèrent ce triomphe sur la rudesse des Carthaginois et sur la politique de leur chef, les délices de Capoue avaient dompté la discipline romaine; des troupes qui avaient hiverné dans la douce cité, s'étaient mises en pleine révolte pour ne pas la quitter. Les soldats voulaient y fonder une colonie, une patrie; après avoir vécu à Capoue, ils n'admettaient pas qu'on pût vivre ailleurs.

La fertilité des campagnes, la suavité du climat, qui faisaient de cette ville un séjour si heureux, étaient, d'un autre côté, des dons funestes, en la rendant un objet d'envie, et en appelant sur elle l'attention et la convoitise des différents peuples qui dominèrent successivement dans la partie méridionale de l'Italie. Les Samnites en avaient chassé les Thyrrhéniens, qui en avaient été les premiers habitants; les Romains avaient succédé aux Samnites; puis étaient venus les Carthaginois, que les Romains avaient de nouveau remplacés. Tous ces changements de domination furent des époques de calamité pour Capoue; elle eut surtout à subir d'affreux malheurs, lorsque les Romains y rentrèrent après la retraite des Carthaginois. Annibal lui avait promis qu'il la ferait la capitale de l'Italie, quand il aurait détruit Rome; les Romains lui firent expier cruellement l'espérance ambitieuse qu'elle avait conçue : la ville, ravagée et dépouillée, resta un monument de la vengeance romaine. Des siècles ne lui avaient pas suffi pour effacer ses désastres, lorsque Genseric, roi des Vandales, lui porta les derniers coups (455); sa ruine alors fut si complète qu'on n'essaya pas de la réparer. Ses débris furent abandonnés ; ils servirent seulement de matériaux pour construire une cité nouvelle, qui a conservé jusqu'à nos jours le nom illustre de Capoue. Quant à la vieille ville, à la ville des Samnites, des Romains et des Carthaginois, elle avait cessé d'exister pour jamais du jour où la main des Vandales s'était appesantie sur elle; son nom même lui a été ôté, et le lieu qu'elle occupait entre la Vulturne et le Clanius, est appelé aujourd'hui du nom chrétien de Sainte-Marie.

Quatorze siècles de destruction ont donc passé sur la place où fut l'antique Capoue, et cependant, non seulement tout vestige d'elle n'a pas disparu, mais les restes qu'elle a laissés, bien que dégradés et mutilés par une aussi longue action du temps, peuvent attester encore quelle fut sa magnificence. Il est surtout une construction qui, bien conservée dans son ensemble et ses détails, donne une haute idée de la splendeur architecturale de la ville ; ce monument est d'autant plus précieux qu'il caractérise mieux Capoue que n'aurait pu le faire aucun autre. Occupés de plaisirs avant tout, les habitants de cette ville avaient recherché tout ce qui pouvait contribuer à augmenter les jouissances, les amusements de la vie ; et l'honneur, ou plutôt le déshonneur d'avoir inventé les combats de gladiateurs, leur est généralement attribué. Ils furent les maîtres de l'Italie dans l'art de varier les jeux du cirque, de disposer les amphithéâtres ; et ce fut encore à eux que les anciens durent l'idée de tendre des voiles (*velaria*) au dessus des gradins et des tribunes, pour protéger les spectateurs contre les rayons du soleil. Les ruines d'un amphithéâtre convenaient donc mieux, pour ainsi dire, que les vestiges de tout autre monument, pour marquer la place où s'élevait Capoue, et par un hasard assez singulier, un amphithéâtre est le seul de ses édifices qui soit demeuré debout et qui ait conservé ses formes.

Quelques autres débris de l'antique Capoue conservent encore le souvenir de cette cité fameuse : on remarque surtout au milieu d'un amas de restes sans formes et sans noms, des arcades d'aspect imposant, qui dépendaient, suivant la tradition, de la principale porte de la ville. De nombreuses niches, partiquées tant à l'extérieur qu'à l'intérieur de ces arcades, indiquent que rien n'avait été négligé pour que cette entrée de Capoue répondît à la richesse de ses habitants et à la beauté de ses monuments. Ce n'est pas seulement sur le lieu même qu'occupait l'ancienne ville que l'on rencontre des vestiges d'elle : la nouvelle ville, en lui enlevant son nom, s'est aussi enrichie de ses dépouilles, et les modernes constructeurs n'ont pas pris la peine de changer la forme et le caractère des matériaux qu'ils employaient; de vulgaires maisons privées sont incrustées de belles pièces de marbre, quelquefois chargées d'inscriptions qui révèlent leur antiquité et leur spendeur passée; d'ignobles portes sont surmontées de débris d'arcades ornés de sculptures, et les bornes des rues sont formées de magnifiques tronçons de colonnes. L'architecture sacrée elle-même n'a pas dédaigné de faire des emprunts à la vieille Capoue : une église de l'Annonciation s'élève sur la base d'un temple dédié à quelque dieu païen ; et lorsque l'on contemple, dans la cathédrale, les bas-reliefs qui décorent le tombeau d'un saint personnage, on reconnaît bientôt que le sujet, traité par un ciseau antique, est la chasse de Méléagre. On pardonne d'autant moins ces déprédations exercées par la nouvelle ville, qu'elle n'a pas su profiter de ses larcins, et que les richesses étrangères dont elle s'est parée, forment avec elle une entière disprate.

FLORENCE.

Florence, capitale du grand-duché de Toscane. Elle fut longtemps gouvernée par l'illustre maison de Médicis, qui s'attacha à y rassembler tous les trésors de l'art. Cette superbe ville, située au milieu de montagnes couvertes d'oliviers, de vignes, de charmantes maisons de plaisance, et que l'Arno traverse, abonde en merveilles. Le marbre y brille partout; partout l'architecture, la sculpture, la peinture, y étalent leurs chefs-d'œuvre. Le duc Albert de Saxe avait coutume de dire que Florence était une si jolie ville qu'on ne devrait la faire voir aux étrangers que les fêtes et dimanches. Florence a quatre ponts, et se divise en quatre quartiers. Sa cathédrale et la tour qui s'élève auprès sont des modèles d'architecture. Les voyageurs admirent les portes en bronze de l'église du Baptistère. Dans l'église royale, le tombeau de Médicis est une magnifique mosaïque ; l'église Santa-Cruce renferme les tombeaux de Galilée, de l'Arétin, de Michel-Ange, d'Alfieri et de Machiavel. Plus de cent cinquante statues ornent les places. L'église Santa-Maria del Fiore est un des plus beaux monuments de Florence. Elle renferme un grand nombre de bonnes peintures, et contient en outre le tombeau de Brunellesco, et son portrait en bourgeois de Florence. A côté, reposent les cendres de Giotto, le restaurateur de la peinture ; on voit aussi le tombeau de Marsile Ficino, chef de l'académie platonicienne, fondée par Côme de Médicis, et le beau monument élevé à Pierre Farnèse, général florentin.

Dans les douzième et treizième siècles, les églises furent souvent le théâtre de scènes sanglantes. La conjuration des Pazzi est un de ces épisodes qui font naître les réflexions les plus pénibles. On était en 1478, Julien et Laurent de Médicis gouvernaient Florence. François de Pazzi, secondé par quelques autres grandes familles, conçut l'horrible projet de les assassiner, et ne recula point devant le double forfait de meurtre et de sacrilége. Santa-Maria del Fiore fut choisie pour le lieu de l'exécution, et l'on convint d'agir au moment où le prêtre célébrerait la communion. Les conjurés se rendirent en effet à l'église. Le cardinal, leur complice, et Laurent de Médicis y étaient déjà, mais il manquait une victime. François de Pazzi et Bernard Bandini, qui devaient frapper Julien, allèrent le trouver dans son palais, et le déterminèrent à les accompagner au temple. L'instant fixé arrive, François de Pazzi se précipite sur Julien, et le frappe avec tant de fureur et d'aveuglement qu'il se fait lui-même une large blessure à la jambe. Dans le même temps, Laurent est attaqué par deux autres meurtriers ; il se défend avec courage, et parvient à se sauver dans la sacristie. Les conjurés voyant leur coup manqué, cherchent leur salut dans la fuite ; mais leur retraite fut bientôt découverte, et ils périrent d'une mort ignominieuse. Leurs cadavres furent traînés dans les rues de la ville, et le cardinal ne dut son salut qu'à l'empressement que mirent tous les prêtres du temple à le préserver de la fureur populaire. Ils le retinrent au milieu d'eux jusqu'à ce que le tumulte occasionné par ces scènes déplorables fût calmé.

Auprès de Sainte-Marie del Fiore, s'élève une superbe tour carrée, dite le Campanile, de deux cent cinquante-huit pieds de hauteur, tout incrustée de marbres de diverses couleurs et enrichie de statues et de bas-reliefs exécutés par les meilleurs artistes du temps. Elle fut construite en 1334.

C'est sur cette place qu'est le Baptistère ou église Saint-Jean, édifice octogone, d'origine fort ancienne, qu'on pense avoir été autrefois un temple de Mars. En 1293, le corps des marchands le fit incruster de marbre, extérieurement, à ses frais.

L'église est ornée, dans l'intérieur, de seize colonnes de granit, qui soutiennent une terrasse dont les parapets et la voûte sont remplis de mosaïques parfaitement exécutées. Elle renferme en outre un magnifique monument de Balthasar Coscia, où Jean XXIII, souverain pontife, qui, pour rendre la paix à l'Eglise, abdiqua la thiare, et mourut à Florence, où il avait vécu en simple particulier. La ville est remplie de palais : le Palazzo Vecchio, monument gigantesque des Médicis, qui communique par une galerie couverte avec le palais Pitti, demeure habituelle du grand-duc; la Loggia del Lanzi, superbe portique orné de belles statues; le pont de la Santa-Trinita, l'un des plus élégants et des plus légers de l'Europe, suffiraient pour placer Florence au rang des plus remarquables cités de l'Italie. On admire, dans la célèbre galerie de Florence, la Vénus de Médicis, le groupe de Niobé et d'autres statues antiques. La Magglia Becchiana, qui se compose de cent cinquante mille volumes, est la principale bibliothèque de Florence; elle possède, en outre, douze mille manuscrits précieux; celle de Riccardi est aussi digne d'être mentionnée. La bibliothèque Laurentienne, uniquement composée de neuf mille manuscrits, est des plus célèbres. On conserve au milieu de la salle, dans un bocal, un doigt de Galilée. Cette ville possède plusieurs sociétés savantes et plusieurs académies. C'est au Pratelino que se trouvent les fameux jardins de Bianca, Capello, où l'on voit une statue colossale représentant l'Apennin sous la forme d'un géant immense assis à l'extrémité d'un grand bassin; c'est la plus grande statue de l'Europe; si elle était debout elle aurait quatre-vingts pieds d'élévation.

MESSINE.

Messine dispute à Palerme le rang de capitale, comme jadis Athènes et Lacédémone revendiquaient la suprématie politique. Le peuple sicilien a presque la sobriété du Spartiate; chez lui, l'ivrognerie est regardée comme un vice honteux. Dans les mœurs champêtres, on trouve encore quelques traces des usages grecs : les pâtres aiment à disputer le prix du chant, consistant en quelques objets à leur usage, que distribue celui qu'ils choisissent pour juge; les paysannes ont conservé de l'habillement grec le long voile et la large ceinture.

Le principal but des réunions dans les villes et qu'on appelle les *conversazioni*, sont des assemblées chez des particuliers ou dans des lieux ouverts à ceux qui, par une souscription, ont acquis le droit de s'y présenter : on y trouve des salons de jeux et d'autres réservés au seul plaisir de causer. Un usage qui paraîtrait fort singulier en France, c'est qu'une dame en couches ne manque pas de recevoir chez elle la *conversazione* le lendemain même de sa délivrance ; sa chambre devient le salon de réunion de tous ses amis. En Sicile, on ne connaît point les douleurs par lesquelles les femmes achètent le plaisir d'être mères. Cet avantage et la fécondité dont elles jouissent sont de ces bienfaits que le nature répand dans les climats brûlants.

La Sicile a des savants et des écrivains distingués. La littérature est le sujet principal de toutes les conversations ; la poésie est le langage adopté par l'amour et la galanterie : il n'est pas un soupirant qui n'exprime en vers son douloureux martyre. Les intrigues amoureuses sont les passe-temps de toutes les dames. Celles-ci ne sortent jamais à pied ; on ne les voit qu'au spectacle, à la messe ou chez elles. Elles ont un goût prononcé pour la parure, et suivent les modes françaises avec beaucoup de recherche et d'élégance ; elles savent avec art relever la beauté de leurs traits et la vivacité de leurs yeux. Elles sont généralement mieux que les hommes. Quelques villes sont en réputation pour la beauté du sexe : à Messine, les femmes sont plutôt belles que jolies ; à Syracuse, on admire la fraîcheur de leur teint ; à Trapani, on retrouve la régularité des profils grecs.

Veut-on avoir la mesure des mœurs publiques de la Sicile : un dédale inextricable de lois, une nuée d'avocats et de gens de robe, y entretiennent, plus que partout ailleurs, la manie des procès. La justice est vénale, et les magistrats n'en rougissent point ; les agents du gouvernement font la contrebande ; les moines dirigent l'éducation, gouvernent les familles, et ils n ont pas une conduite plus régulière qu'au seizième siècle.

La corruption avait, jusque dans ces dernières années, encouragé le brigandage en Sicile, comme il l'était sur le territoire de Naples, et quelques parties de l'île passaient pour de véritables coupe-gorges. Le gouvernement est enfin parvenu à assurer la sécurité des voyageurs. Dans chaque district, on nomme un capitaine élu parmi les plus riches propriétaires ; on met à sa disposition quatorze cavaliers bien montés, bien payés, et choisis, pour plus de sûreté, parmi les brigands les plus intrépides. Avec ce secours, le capitaine doit pourvoir à la tranquillité publique ; il répond personnellement des vols qui pourraient se commettre. Cette mesure a été couronnée de succès ; trois cents hommes environ protégent la circulation dans l'île.

En Sicile et dans toute l'Italie, excepté à Turin, à Parme et à Florence, la manière de désigner les heures est pour les étrangers difficile à comprendre : on compte une heure jusqu'à vingt-quatre, depuis un soir jusqu'à l'autre, et la vingt-quatrième, que l'on nomme *Ave-Maria*, sonne trente minutes après le coucher du soleil. A l'époque de l'équinoxe, ce qu'on appelle midi dans le reste de l'Europe, est la dix-septième heure pour les Italiens ; à sept heures et demie, ils disent qu'il est une heure. L'un des inconvénients de cet usage, c'est que les horloges des églises se règlent à midi, et qu'il faut les avancer et les retarder selon que les jours croissent ou décroissent.

PADOUE.

Padoue, située sur la Brenta, fut jadis une des villes les plus populeuses et des plus animées de la Lombardie. Aujourd'hui, cet antique berceau des sciences paraît bien déchu de sa splendeur. Les guenilles des habitants pendent aux fenêtres, et la mauvaise santé, comme la mauvaise fortune, sont bien peintes sur tous les visages. Vous verrez, même le dimanche, les femmes de Padoue, établies à leurs portes, s'entr'aider pour une opération qui nous paraîtrait quelque peu dégoûtante, mais qui ne scandaliserait aucunement les Espagnols. Groupées de deux en deux, ces dames se débarrassent, chacune à son tour, de ces animalcules qui pullulent dans leur noire chevelure, et elles ne semblent pas trouver moins de plaisir l'une que l'autre dans cette patiente recherche.

De chaque côté des principales rues de cette ville, règne un portique ouvert, où l'on marche à l'abri des injures du temps, comme cela se voit dans la plupart des villes de Lombardie.

Un des établissements les plus remarquables de Padoue, est le bâtiment de l'Université, dans l'intérieur duquel, règne une fort belle colonnade à deux étages. Jadis l'université de Padoue était fréquentée par des étudiants venus de tous les points de l'Europe ; et l'on voit encore sur les murs de édifice les noms et les armoiries d'un grand nombre de familles illustres dont les héritiers venaient y chercher la science. Le grand Galilée fut pendant longtemps attaché à cette célèbre université; aussi conserve-t-on à Padoue, avec un soin religieux, une partie du corps de ce grand physicien.

On doit aussi citer un bâtiment du douzième siècle, qui servait de cour de justice et qui rappelle les basiliques romaines. Isolés, sans aucun appui extérieur, ses quatre murs sont restés malgré les tremblements de terre, et comme raffermis par l'énorme poids de la lourde toiture qu'ils supportent. Cette construction a cent pieds de haut et trois cents pieds de longueur au moins.

Parmi les beaux édifices qui ornent Padoue, il faut mentionner l'église Sainte-Justine et la cathédrale, toutes deux dues au fameux *Palladio*. Dans la première on remarque un groupe colossal en marbre, représentant la descente de la croix. Ce qui, dans la seconde, frappe le plus, ce sont ses sept dômes, qui lui donnent une ressemblance avec certains monuments asiatiques.

Les environs de la ville de Padoue sont fertiles, mais d'un aspect peu magnifique. On rencontre les gens notables du pays en cabriolets dorés, usés, jamais lavés, et que tire un malheureux cheval attelé de cordes qui lui déchirent les flancs, et que l'on roue à coups de fouet.

Les campagnes de la Lombardie offrent aussi un autre spectacle qui réveille tous les souvenirs de l'antiquité; ce sont ces pesants chars aux roues massives, à la lourde charpente, avec un attirail de chaînes sonores auxquels sont attelés de magnifiques bœufs à la robe d'un gris cendré, aux cornes immenses, dont la pointe est ornée d'une boule d'acier poli, aux pas lents et mesurés. On y voit deux et même trois paires de bœufs, et toute la charge consiste en un seul tonneau de raisin; c'est que le principal travail est le tirage du char; le poids que celui-ci supporte n'est rien en proportion.

POMPÉIA.

Herculanum et Pompéïa ont dans les annales profanes la même célébrité de malheur que Sodome et Gomorrhe dans les saintes Écritures; comme les deux villes maudites de la Palestine, les deux cités romaines descendirent tout entières, toutes vives dans la tombe. Ce fut sous le règne de l'empereur Titus, l'an 79 de l'ère chrétienne que survint cette grande catastrophe, dont fut cause une épouvantable éruption du mont Vésuve. Herculanum et Pompéïa, situées toutes deux sur le rivage de la mer au sud du volcan, dormaient dans une sécurité profonde, lorsque leur dernière heure arriva tout à coup. La première s'abîma engloutie sous des torrents de lave ; la seconde fut ensevelie sous un affreux déluge de cendres et de pluie, qui, lancées du cratère et se combinant dans les airs, retombèrent en boue. Toutes deux disparurent. Le désastre fut si entièrement consommé qu'on ne chercha même pas à débarrasser les deux cités de leur funèbre enveloppe, à les faire sortir de leur tombeau. Le temps s'écoula, la surface du sol s'était aplanie; les vestiges qui marquaient la place où reposaient Herculanum et Pompéïa s'étaient effacés, et le voyageur les put fouler aux pieds sans se douter qu'il marchait sur deux cités romaines. Dix-sept siècles environ avaient ainsi passé, lorsque des paysans, creusant la terre pour faire une plantation d'arbres, découvrirent les ossements d'Herculanum, et bientôt après d'autres fouilles, également faites au hasard, révélèrent l'existence de Pompéïa. Des travaux d'exhumation furent aussitôt commencés, et les deux villes devinrent une mine inépuisable de trésors archéologiques. Dans les livres, dans les monuments, l'antiquité romaine domestique n'avait été vue encore que par fragments, par morceaux détachés. Il y avait des lacunes que l'interprétation la plus ingénieuse, que les suppositions les mieux fondées, ne remplissaient que d'une manière imparfaite et hypothétique; c'était un tableau dégradé, mutilé, dont diverses parties manquaient. A Pompéïa, l'antiquité a été retrouvée entière, intacte, admirablement conservée dans ses moindres détails; la vie romaine est là, surprise, pour ainsi dire, sur le fait; on cherche, on attend les habitants ; car il semblerait presque que pas une journée, que pas une heure ne s'est écoulée depuis le moment où ils se sont éloignés. « Auprès de temple de Jupiter, dit un voyageur, est un autel de marbre blanc fort beau, tout nouvellement sorti des mains du sculpteur; les ouvriers finissaient les murs de clôture; l'un d'eux venait d'appliquer sa truelle de mortier et de l'étendre, il revenait sur la couche pour l'aplanir, lorsque sa main a été soudainement arrêtée. Le travail est encore tout frais (après dix-huit cents ans); vous croiriez volontiers que le maçon est seulement allé dîner, et qu'il va revenir pour l'achever. »

L'illusion qui a suggéré cette dernière réflexion se reproduit de tous côtés dans Pompéïa ; partout on retrouve des travaux interrompus, des occupations inachevées, tant furent grandes la terreur de la population et la précipitation de sa fuite! Ici un boulanger tirait son pain du four au moment où il fallut fuir : la moitié de la fournée est encore au fond du four, mais reduite en charbons ; là, des soldats s'amusaient à crayonner des figures sur les murs du corps-de-garde ; leurs dessins n'ont pas reçu la dernière main, et les artistes épouvantés désertèrent le poste en si grande hâte, qu'ils ne songèrent même pas à ouvrir la porte à des camarades renfermés dans les violons ; ceux-là furent victimes, et on les a retrouvés cramponnés aux barreaux qu'ils s'efforcèrent, sans doute, d'arracher dans leur désespoir. Les magasins d'épiciers garnis de vases attendent les chalands ; les cabarets, dont les comptoirs sont encore souillés de taches de vin et de l'empreinte des coupes, appellent les buveurs ; des affiches provoquent l'attention du public, et Mlle Julia Félice, fille de Spurius, apprend au public, par un écriteau tracé sur le mur de sa maison, qu'elle a à louer 900 boutiques et un établissement de bains. Ces boutiques, extraordinairement multipliées, conservent encore leurs enseignes différentes, qui offrent de singulières analogies avec celles qu'ont adoptées nos marchands : les vendeurs de lait s'annoncent par des images de chèvres et de vaches ; les traiteurs par du gibier, du poisson, des moutons, des sangliers embrochés, et les pharmaciens se reconnaissent à l'effigie du serpent symbolique.

On ne saurait exprimer l'intérêt vif et profond qu'inspire l'aspect de cette cité, dont aucun objet moderne n'altère la pure physionomie antique. La curiosité, tempérée par des impressions sérieuses, ne sait sur quel détail s'arrêter dans cet ensemble, dont chaque partie révèle quelque habitude de la vie romaine. Cependant, la distribution intérieure des maisons privées mérite surtout d'être étudiée en ce qu'elle est beaucoup moins connue que celle des édifices publics. Les maisons de Pompéïa, alignées sur des rues tortueuses, étroites et garnies de trottoirs, sont généralement très basses et n'ont point de fenêtres. Une grande porte donne accès dans l'intérieur ; sous cette porte est placée une loge destinée au portier et flanquée de deux niches, dans lesquelles étaient enchaînés, comme gardiens, un chien et un esclave. Les appartements sont distribués tout autour d'une cour pavée de mosaïques, et entourée d'une galerie ouverte et circulaire que supportent des colonnes ; ils ne recevaient la lumière que par les portes et par le toit, où l'on pratiquait, sans doute, des ouvertures vitrées. Presque toutes ces maisons renfer-

reur Titus, l'an 79 de l'ère chrétienne que survint cette grande catastrophe, dont fut cause une épouvantable éruption du mont Vésuve. Herculanum et Pompéïa, situées toutes deux sur le rivage de la mer au sud du volcan, dormaient dans une sécurité profonde, lorsque leur dernière heure arriva tout à coup. La première s'abîma engloutie sous des torrents de lave ; la seconde fut ensevelie sous un affreux déluge de cendres et de pluie, qui, lancées du cratère et se combinant dans les airs, retombèrent en boue. Toutes deux disparurent. Le désastre fut si entièrement consommé qu'on ne chercha même pas à débarrasser les deux cités de leur funèbre enveloppe, à les faire sortir de leur tombeau. Le temps s'écoula, la surface du sol s'était aplanie; les vestiges qui marquaient la place où reposaient Herculanum et Pompéïa s'étaient effacés, et le voyageur les put fouler aux pieds sans se douter qu'il marchait sur deux cités romaines. Dix-sept siècles environ avaient ainsi passé, lorsque des paysans, creusant la terre pour faire une plantation d'arbres, découvrirent les ossements d'Herculanum, et bientôt après d'autres fouilles, également faites au hasard, révélèrent l'existence de Pompéïa. Des travaux d'exhumation furent aussitôt commencés, et les deux villes devinrent une mine inépuisable de trésors archéologiques. Dans les livres, dans les monuments, l'antiquité romaine domestique n'avait été vue encore que par fragments, par morceaux détachés. Il y avait des lacunes que l'interprétation la plus ingénieuse, que les suppositions les mieux fondées, ne remplissaient que d'une manière imparfaite et hypothétique; c'était un tableau dégradé, mutilé, dont diverses parties manquaient. A Pompéïa, l'antiquité a été retrouvée entière, intacte, admirablement conservée dans ses moindres détails; la vie romaine est là, surprise, pour ainsi dire, sur le fait; on cherche, on attend les habitants; car il semblerait presque que pas une journée, que pas une heure ne s'est écoulée depuis le moment où ils se sont éloignés. « Auprès de temple de Jupiter, dit un voyageur, est un autel de marbre blanc fort beau, tout nouvellement sorti des mains du sculpteur ; les ouvriers finissaient les murs de clôture ; l'un d'eux venait d'appliquer sa truelle de mortier et de l'étendre, il revenait sur la couche pour l'aplanir, lorsque sa main a été soudainement arrêtée. Le travail est encore tout frais (après dix-huit cents ans); vous croiriez volontiers que le maçon est seulement allé dîner, et qu'il va revenir pour l'achever. »

L'illusion qui a suggéré cette dernière réflexion se reproduit de tous côtés dans Pompéïa; partout on retrouve des travaux interrompus, des occupations inachevées, tant furent grandes la terreur de la population et la précipitation de sa fuite! Ici un boulanger tirait son pain du four au moment où il fallut fuir : la moitié de la fournée est encore au fond du four, mais reduite en charbons; là, des soldats s'amusaient à crayonner des figures sur les murs du corps-de-garde; leurs dessins n'ont pas reçu la dernière main, et les artistes épouvantés désertèrent le poste en si grande hâte, qu'ils ne songèrent même pas à ouvrir la porte à des camarades renfermés dans les violons; ceux-là furent victimes, et on les a retrouvés cramponnés aux barreaux qu'ils s'efforcèrent, sans doute, d'arracher dans leur désespoir. Les magasins d'épiciers garnis de vases attendent les chalands; les cabarets, dont les comptoirs sont encore souillés de taches de vin et de l'empreinte des coupes, appellent les buveurs; des affiches provoquent l'attention du public, et Mlle Julia Félice, fille de Spurius, apprend au public, par un écriteau tracé sur le mur de sa maison, qu'elle a à louer 900 boutiques et un établissement de bains. Ces boutiques, extraordinairement multipliées, conservent encore leurs enseignes différentes, qui offrent de singulières analogies avec celles qu'ont adoptées nos marchands : les vendeurs de lait s'annoncent par des images de chèvres et de vaches; les traiteurs par du gibier, du poisson, des moutons, des sangliers embrochés, et les pharmaciens se reconnaissent à l'effigie du serpent symbolique.

On ne saurait exprimer l'intérêt vif et profond qu'inspire l'aspect de cette cité, dont aucun objet moderne n'altère la pure physionomie antique. La curiosité, tempérée par des impressions sérieuses, ne sait sur quel détail s'arrêter dans cet ensemble, dont chaque partie révèle quelque habitude de la vie romaine. Cependant, la distribution intérieure des maisons privées mérite surtout d'être étudiée en ce qu'elle est beaucoup moins connue que celle des édifices publics. Les maisons de Pompéïa, alignées sur des rues tortueuses, étroites et garnies de trottoirs, sont généralement très basses et n'ont point de fenêtres. Une grande porte donne accès dans l'intérieur; sous cette porte est placée une loge destinée au portier et flanquée de deux niches, dans lesquelles étaient enchaînés, comme gardiens, un chien et un esclave. Les appartements sont distribués tout autour d'une cour pavée de mosaïques, et entourée d'une galerie ouverte et circulaire que supportent des colonnes; ils ne recevaient la lumière que par les portes et par le toit, où l'on pratiquait, sans doute, des ouvertures vitrées. Presque toutes ces maisons renfermaient, à la partie située sur la rue, des boutiques qui n'ont pour la plupart aucune communication avec le reste du logis; mais quelques autres, percées de portes ouvrant sur l'intérieur, confirment cette assertion des historiens, que les plus riches propriétaires ne dédaignaient pas de vendre eux-mêmes en détail l'huile et le vin qu'ils recueillaient sur leurs domaines. La disposition des maisons de Pompéïa est aussi un témoignage à l'appui de l'opinion que la vie des Romains se passait presque entièrement en public. Tout est calculé pour l'aisance, pour la splendeur des actes extérieurs, des cérémonies publiques; rien n'est fait pour la commodité, pour l'agrément de la vie privée.

Si ces maisons particulières, dans les cours de quelques unes desquelles on trouve des fontaines et des vestiges de jardins, n'ont pas fléchi à Pompéïa sous le poids de dix-huit cents ans, les édifices publics ont dû naturellement s'y maintenir dans un état de conservation encore plus parfait. C'est en effet, dans cette ville enfouie que l'on trouve les modèles les plus intacts de l'architecture publique, sacrée et profane, des temples, des théâtres et des cirques. Un temple d'Auguste, destiné à servir de salle pour les banquets solennels auxquels était convié le peuple, indique encore cet usage par les peintures et les sculptures dont il est enrichi, et les figures d'oie multipliées annoncent que ce produit des basses-cours était en haute estime auprès des gourmets romains. Au grand théâtre, les places qu'occupaient les spectateurs, selon leur rang, sont encore marquées, et un billet trouvé à la porte prouve que les prix d'entrée étaient peu élevés. Cette contre-marque, délivrée pour la représentation d'une tragédie d'Eschyle, avait coûté quelques sous. Le Forum, où s'agitaient les affaires politiques et commerciales, offre encore les piédestaux qui portent les statues des grands citoyens de Pompéïa, et les débris de la tribune aux harangues; sa vaste enceinte est encore décorée de deux édifices magnifiques, d'un temple à Jupiter où l'on renfermait les deniers publics, et d'un temple à Vénus où siégait le tribunal criminel.

Pompéïa a conservé aussi la dernière demeure de ses habitants, leurs monuments funèbres. Des différents points de vue sous lesquels la ville peut être contemplée, il n'est pas d'aspect plus intéressant peut-être que celui qu'offre la *Voie des Tombeaux*. Pas un cimetière antique n'est aussi intact, aussi complet dans son ensemble, et pas un n'expose avec autant de détails les habitudes romaines relatives aux mausolées et aux lieux de sépulture. Ce cimetière, situé à l'une des portes de la ville, forme une longue et belle avenue; la voie publique, très étroite et pavée de grandes dalles de lave, sur lesquelles on voit encore l'empreinte des roues des voitures, glisse entre deux trottoirs que bordent latéralement deux rangées de tombeaux. Les plus spendides mausolées sont placés en avant, les plus simples sont rejetés en arrière; quelques tombes ne renferment qu'une seule dépouille mortelle, d'autres sont la sépulture commune de toute une famille ; un petit mur mesure l'espace aux morts et marque l'étendue allouée à chacun d'eux. Ces monuments funèbres sont construits, pour la plupart, d'un marbre poli, dont l'éclatante blancheur étonne, et travaillés avec un art et un goût parfaits; uniformes dans leur structure, ils présentent généralement une voûte, dans la face intérieure de laquelle sont creusées des niches qui recevaient les urnes cinéraires; en avant et au dehors se dressent une table et des siéges de pierre : c'était là que les parents et les amis prenaient les repas funéraires. Les bas-reliefs qui décorent quelques uns de ces tombeaux prouvent que chez les Romains, comme parmi les modernes, les sentiments de vanité s'alliaient à la douleur. Les citoyens de haute classe ou de haut mérite jouissaient, au théâtre et au Forum, du droit de s'asseoir sur un siége d'honneur, nommé *bisellium*, et qui était un banc orné de coussins frangés : ce banc pouvait recevoir deux personnes; mais le privilégié devait s'y asseoir seul. Le signe caractéristique de cette distinction consistait, en résumé, à occuper double place. Le *bisellium* d'honneur est pompeusement sculpté sur quelques tombeaux, en guise des armoiries dont nos grandes familles décorent les caveaux où repose leur race. Une inscription gravée sur l'un de ces monuments, fait voir aussi que l'antiquité connaissait, sinon les souscriptions funèbres, du moins l'usage d'honorer les grands citoyens, en mettant les frais de leur sépulture à la charge de la cité. L'inscription porte que le tombeau est élevé par Allya Decimilla, prêtresse de Cérès, à son mari, Marcus Allyus, et à leur fils, sur un terrain concédé par le peuple.

D'autres mausolées de Pompéïa sont encore intéressants en ce que leurs décorations donnent lieu à des rapprochements entre les idées romaines et celles des peuples modernes : on y retrouve l'allégorie si chère aux Orientaux ; ainsi, sur un tombeau qu'elle avait fait élever à sa famille, à ses affranchis et à elle-même, Nivolya Tyche avait voulu qu'on sculptât une barque qui entrait dans le port. Quelques autres tombes, sans avoir de signification précise, sont encore extrêmement remarquables par la délicatesse de leur travail et par la magnificence de leurs sculptures.

Ces tombeaux, composés de matières plus dures, et offrant

moins de prise à la destruction, sont encore mieux conservés que les édifices publics et privés de Pompéïa ; ils sont accumulés à rangs si pressés que la route qui les traverse en a pris le nom de *Voie des Tombeaux*. C'est par là que l'on pénètre dans la ville, en laissant sur la gauche une grande auberge où allaient, sans doute, se restaurer les fossoyeurs et les ouvriers employés aux sépultures. Le spectacle de ce cimetière prépare bien, sans doute, à l'aspect de la cité qu'a frappé un si épouvantable désastre, et cependant, il ajoute encore, peut-être, à l'illusion ; les demeures des trépassés semblent si fraîches et si neuves qu'on ne peut pas croire que ceux-là qui viennent de les élever sont aussi au nombre des morts depuis dix-huit siècles.

VENISE.

Venise dont la population est de cent dix mille âmes, couvre la superficie de quatre-vingts petites îles réunies par quatre cent huit ponts. Un grand canal la coupe en deux parties égales; d'autres canaux bordés de maisons bordent ses rues. Elle s'unit maintenant à la terre ferme par le pont le plus long qu'il y ait au monde. La place de Saint-Marc, qui borde le pont, rappelle l'ancienne splendeur de Venise. L'ancien palais ducal, dont la façade regarde la mer, était la résidence habituelle du doge, et le lieu où siégeaient les redoutables inquisiteurs d'Etat. La basilique de Saint-Marc, ce célèbre monument, est un édifice dont l'ensemble et les détails sont si extraordinaires, et où la vue est tellement éblouie par les immenses richesses qu'elle renferme, que l'observateur ne saurait se reconnaître au milieu de cette profusion.

Le grand canal est la vie de Venise, c'est son *cours* ; c'est là que tout le monde veut avoir une habitation, et c'est là aussi qu'on accourt pour admirer les morceaux d'architecture les plus rares. A gauche de la Piazetta, commence le grand canal, vulgairement appelé *canalazzo*, dans le lieu où s'élève la douane de mer ou de transit, édifice aussi solide que magnifique ; l'architecte qui le construisit en 1682, le couronna par un globe qui supporte le simulacre de la fortune. En tournant sur la gauche, on aperçoit la riche et superbe église *Sancta Maria della Salute*. Elevée à grand frais pour accomplir un vœu fait par la république de Venise, à l'occasion de la peste de 1630 qui fit dans cette ville plus de quarante-quatre mille victimes. L'architecte Balthazar Longhena, inspiré par ce même génie de grandeur qui caractérisait la république, décora extérieurement ce temple d'un ordre composite, d'un majestueux escalier, et couronna l'ensemble par deux hautes coupoles couvertes en plomb. Tout est chargé d'ornements et embelli par cent vingt-cinq statues. L'intérieur présente un octogone circonscrit par un autre. Au sommet du premier, s'élève la principale coupole; le second renferme six autels secondaires et un maître-autel en face duquel s'ouvre la grande porte d'entrée.

A côté de ce temple, on remarque un autre édifice, construit en 1670 sur les dessins de Longhena, et qui, depuis 1818, fut destiné au séminaire patriarchal. Dans l'oratoire de ce séminaire reposent les cendres de Sansovino.

A droite du canal, on rencontre ensuite le palais Fini; puis le palais Corner della Ca Grande. Cet édifice, élégant et superbe, sert aujourd'hui de résidence à la délégation provinciale. Un peu plus avant, s'élève le palais Cavalli. Sur la rive gauche, en face de ces derniers palais, le premier édifice qui appelle les regards, est le palais Dario, incrusté de marbres fins, et construit à la manière des Lombards. Les palais Venier et Augarani nous conduisent ensuite à l'académie des Beaux-Arts. Le bâtiment qui a aujourd'hui cette destination s'appelait autrefois l'école de la Charité.

En continuant à parcourir le grand canal, nous trouverons, un peu au delà de l'académie royale des Beaux-Arts, le palais Justinien Lolin, bâti sur les dessins de Longhena; le palais Contarini Dagli Sgrigni, architecte Scamozzi; le palais Rezzonico, architecte Longhena; le palais Moro Lin, architecte, Sébastien Mazzoni, Florentin; les trois palais de la famille Giustiniani, remarquables par leur architecture qui appartient au moyen-âge; le palais Toscari, édifice grandiose. Il fut élevé vers la fin du seizième siècle, et servait ordinairement de demeure aux souverains qui, du temps de la république, venaient visiter Venise; le palais Balbi, édifice magnifique, mais peu correct dans ses ornements; le palais Contarini; les quatre palais de la famille Moncenigo; le palais Gratiani, construit au commencement du quinzième siècle; le palais Barbarigo; le palais Corner Spinelli, édifice d'un goût exquis; le palais Contarini est d'une architecture du style lombard; le palais Grimani, aujourd'hui siége de la direction des postes, est considéré comme un chef-d'œuvre. La façade se compose de trois ordres corinthiens, dont le dernier présente quelques imperfections. Le palais Farsetti, aujourd'hui hôtel de la Grande-Bretagne; le palais Manin; le palais Mangili, aujourd'hui Valmarana ; le palais Micheli delle Colonne. On y admire encore trois chambres, tendues de tapis, dont les dessins ont été donnés par Raphaël, et un musée d'armes qui contient l'équipement militaire du doge Dominique Micheli, qui marcha à la conquête de la Terre-Sainte ; le palais Sangredo, architecture moyen-âge; l'escalier de cet édifice est un ouvrage très estimé. La Ca Doro, édifice du quatorzième siècle ; il n'est pas complet, et se compose de plusieurs styles parmi lesquels domine l'arabe-sarrasin. Le palais Corner ; le palais Pesaro, est un bâtiment magnifique, tant par son étendue et sa solidité que par sa richesse ; le palais Grimani ; le palais Bataggia, aujourd'hui Capovilla ; le palais Vendramin Calergi ; le palais Correr, où l'on admire une collection de camées, gravures, médailles, peintures, manuscrits, émaux, ivoires, etc. Le palais Labia ; le palais Manfrini qui contient d'excellentes peintures, entre autres, une foule d'ouvrages des anciens peintres qui fleurirent à la renaissance ; la maison Cicognara, dont le propriétaire était intimement lié avec Canova ; le palais Grimani, ouvrage du seizième siècle. La cour de ce bâtiment est admirable ; tout autour on a disposé une riche collection d'anciennes statues, de petits temples, d'urnes, de bas-reliefs, d'inscriptions, etc., et d'autres ouvrages grecs et romains. Parmi ces divers ouvrages, se distingue la statue colossale de Marcus Agrippa, ouvrage enlevé du vestibule du Panthéon de Rome. Enfin, le palais Corniani d'Algarotti. Dans la cour, on remarque une sibylle, ancienne statue grecque, ornée de bas-reliefs.

Il n'existe sur le grand canal que le pont de Rialto, et il est le seul qui serve de communication aux deux groupes principaux d'îles qui composent la ville de Venise. Le pont de Rialto fut élevé en 1588, par l'architecte Antoine da Ponte, sous le doge Pascal Cicogna. Il est bâti en pierre vive, et formé d'une seule arche, dont la hauteur est de plus de dix-huit pieds vénitiens au dessus de l'eau ; il est embelli par deux rangs de boutiques au nombre de douze par chaque rang.

Venise, une des deux capitales du royaume lombardo-vénitien, est située au milieu des lagunes qui portent son nom, au fond du golfe Adriatique, et à deux lieues du continent. Sanazzaro, en comparant Rome et Venise, dit que si la première est l'ouvrage des hommes, la seconde doit être attribuée aux dieux. En effet, elle semble sortir du sein des eaux, et là où jadis on ne voyait que quelques roseaux épars çà et là dans les marais fangeux, s'élèvent aujourd'hui des temples magnifiques, des palais superbes, des coupoles, des colonnes, des arcs et des tours.

NAPLES.

Voyez Naples, puis mourez, fermez les yeux, vous n'avez plus rien à voir dans le monde : tel est le cri d'orgueil qui accueille les voyageurs à leur arrivée dans l'antique Parthénope: voyez Naples et vivez-y, tel fut l'amendement que proposa Dupaty au vaniteux proverbe, et les beautés et les délices de Naples justifient l'une et l'autre exclamations. Nulle ville n'étale aux yeux plus d'enchantements, nulle part ailleurs, la vie ne coule aussi douce! Si quelque fondateur de cité eût parcouru le globe, en quête du site le plus heureux, il n'aurait plus cherché dès qu'il eût vu la baie de Naples. « Je préfère encore la baie de Naples, » s'écriait M. de Châteaubriand, au moment où ses regards embrassaient avec admiration toutes les magnificences du Bosphore.

La mer italienne, qui n'a pas le caractère indompté, la physionomie sauvage et grandiose de l'Océan, avance avec mollesse ses flots bleus dans l'intérieur de la douce Campanie, de manière à former une courbure gracieusement arrondie de cinquante milles d'étendue. Ce n'est point par une force apparente que s'est opérée cette conquête des flots; les rivages ne sont point déchirés, et ne portent point les traces de l'invasion; la terre et l'eau ne semblent pas avoir été, elles ne sont pas en lutte, et la vague ne se brise pas avec fureur au point où elles se touchent. Tout est calme, harmonieux; la rive reçoit la mer avec complaisance, et la mer monte avec ménagement sur la rive. C'est un lac aux ondes pures, dormantes, en paix avec ses bords, dont la vie ne se révèle point par des mouvements violents et passionnés, mais par un gonflement facile, et, pour ainsi dire, par une respiration régulière.

Les côtes qui forment les rives de ce lac opposent à toutes ces beautés des eaux, des accidents terrestres d'un effet non moins séduisant. D'un côté, domine le Vésuve : ses sommets sont presque perpétuellement blanchis par les neiges; ses flancs calcinés, nus et abandonnés aux cendres et aux laves, ont une teinte sombre et mélancolique; les végétations rivales du Midi et du Nord enveloppent son pied d'un immense tapis de verdure, et quelquefois, pour compléter ce tableau de la montagne, une colonne gigantesque de fumée va la réunir au ciel et se replie sur elle-même en chapiteaux et en voûtes, au moment où elle touche aux nuages; ici, la nature se montre toute majestueuse, toute sublime; mais de l'autre côté, elle offre des charmes ineffaçables : c'est là que s'élève ce mont Pausilippe qui porte un défi à la tristesse, ainsi que le constate son nom harmonieux, renommé dans l'antiquité; là, tous les traits du paysage sont doux, moelleux, arrondis ; l'œil se repose sur tout avec sensualité : la nature est toute suave, toute gracieuse. Le ciel, qui forme un dôme à cette terre et à cette mer si belles, déploie aussi des splendeurs inconnues aux autres contrées, et se pare de ces teintes bleues si particulières qui font la gloire des paysages du Midi et le désespoir de la peinture. L'air tiède, chargé de mille parfums, facile et doux à la poitrine, jette sur ces tableaux comme un voile transparent, qui n'altère point la pureté des lignes, la netteté des détails, mais qui enveloppe l'ensemble d'une teinte vaporeuse. C'est au milieu de ces pompes, au sein de ces délices naturelles, entre le mont Vésuve et le promontoire de Pausilippe, qu'est située l'heureuse Naples, au plus profond de la baie.

N'était la date du déluge trop impérieuse pour n'être pas prise en considération, les Napolitains auraient volontiers dit leur ville contemporaine des premiers âges de la création : mais contraints d'en rabattre, ils placent successivement sa fondation dans tous les siècles de l'ère fabuleuse, et lui donnent pour auteurs les héros les plus renommés. Si l'on refuse d'accepter pour fondateur de Naples l'un des Argonautes, ils se rejettent sur la sirène Parthénope, qu'Homère a chantée, et qui vivait au temps du siège de Troye ; après la sirène, ils nomment Hercule, puis Enée, puis Ulysse, et ce n'est que forcés, pour ainsi dire, de position en position, de siècle en siècle, qu'ils consentent, enfin, à admettre que leur cité fut créée à l'époque commune où les Grecs, trop resserrés dans leur patrie, vinrent jeter des colonies en Sicile et sur les rives méridionales de l'Italie. Poussés jusque-là, les Napolitains refusent absolument d'aller plus loin, et il faut reconnaître que toutes les traditions historiques, et les noms de leur ville, Parthénope, Néapolis, justifient assez complétement leurs prétentions à une origine grecque. Cependant, et malgré tous les attraits qui devaient y faire affluer des habitants, Naples demeura longtemps dans une condition obscure : elle ne commença à prendre son essor qu'après l'invasion des Carthaginois en Italie. Naples avait sagement pris parti pour les Romains, et les Romains, vainqueurs, la traitèrent avec une bienveillance marquée. Sous la république, et plus particulièrement encore sous les empereurs, elle fut une des villes dépendantes de Rome les plus favorisées ; son beau ciel, son doux climat y attachèrent, en foule, les Romains, si avides de jouissances, si experts dans l'art de s'en procurer, et les plus riches habitants de la capitale italienne abandonnèrent les rives du Tibre pour les ombrages de Pausilippe. Naples, au siècle où l'empire d'Occident s'écroula, était une des villes les plus fortes et les plus opulentes de l'Italie. Depuis ce moment, ses destinées ont été étrangement bouleversées, et cette cité, faite pour le calme, la mollesse et le bonheur, a été tourmentée par des guerres et des révolutions, plus cruellement, peut-être, que toute autre ville d'Europe.

Les Grecs, les Romains, puis encore les Grecs, les barbares du Nord, les Sarrasins, les Normands, les Français, les Allemands, les Espagnols, l'ont tour à tour foulée en maîtres; néanmoins ils ont tous passé, sans laisser, pour ainsi dire, d'empreintes sur le sol : l'influence des choses, la puissance du climat ont été plus fortes que l'action des hommes; Naples est toute italienne, purement italienne. Si quelques traits isolés rappellent la main des Romains et celle des conquérants du Nord, ces détails exceptionnels disparaissent dans la physionomie de l'ensemble. Naples, considérée dans son intérêt matériel de ville, est une exacte traduction du caractère italien moderne. Des châteaux-forts, des murailles se dressent, des canons menacent, mais ce n'est pas une ville de guerre; on y remarque du mouvement commercial, on y voit des quais animés, un port vivant, mais ce n'est point une ville marchande; vous trouverez des manufactures, certaines industries prospèrent, mais ce n'est point une ville industrieuse; des écoles de tous degrés, de toute nature abondent, mais ce n'est point une ville d'études. Naples n'offre aucun aspect qui annonce un but certain, une vocation déterminée, un travail spécial; c'est une ville créée seulement pour qu'on y vive, pour que la vie s'y écoule à ne rien faire, à ne faire du moins que ce qui est nécessaire; c'est la patrie par excellence du *far niente*. Trois cent et quelques mille individus s'y sont rassemblés, non sous l'impulsion d'une de ces idées, d'un de ces calculs qui font agir ailleurs, mais parce que c'est un bonheur d'exister là : il leur fallait de l'air, de l'espace, ils ont alligné leurs maisons tout le long de la baie sur une étendue de plusieurs milles; ils leur ont donné des toits qui puissent servir de promenades. Impatients de tout voir, de tout entendre, de tout savoir, ils ont établi leur intérieur dans la rue, ou plutôt ils ont fait passer la rue dans leur domicile. Passionnément dévots, ils ont voulu d'innombrables églises; mais, pleins d'un mauvais goût, fastueux et adorateurs du clinquant, ils ont accumulé dans leurs basiliques, avec une profusion ridicule, les marbres, les pierreries, les dorures, les sculptures, les peintures. Aussi avides de spectacles profanes que de pompes religieuses, ils ont multiplié les théâtres comme les églises, et ils montrent leur salle de Saint-Charles avec la même vanité que leur cathédrale. Nés avec l'instinct des arts, ils ont rassemblé en vastes collections de belles statues et de précieux tableaux; cependant, si l'on cherche la pensée qui a présidé à la création de tout cela, on ne trouve que le désir, que la volonté de jouir, qu'une combinaison pour impressionner les sens, pour exciter l'imagination, pour dépenser le temps en agitations, en émotions tumultueuses et récréatives. Pas un résultat n'a pour principe une idée sérieuse, pas un ne constate un effort patient et prolongé, une intervention active des facultés graves et élevées de l'intelligence. Cette ville, sans caractère saillant, sans traits marqués au coin de la puissance, sans destination laborieuse, est d'ailleurs, et par cela même, en entière harmonie avec le site qu'elle anime; elle est aussi la demeure parfaitement convenable de l'innombrable population qui tourbillonne dans ses rues. A voir cette précipitation, ce concours ardent, empressé, à entendre cette permanence de cris, qui a valu aux Napolitains, sous la plume d'Alfieri, la qualification de maîtres en l'art de crier, à contempler les innombrables bateleurs et leurs plus innombrables spectateurs, on dirait un jour de fête populaire : c'est fête, en effet, mais c'était ainsi fête hier, ce sera ainsi fête demain, ainsi fête tous les jours. Toute cette population a pour sérieuse et perpétuelle affaire de s'amuser. Puis à voir cette oisiveté, cette langueur, cette nonchalance, cette somnolence universelle, on dirait un jour de repos, et l'on dirait vrai; mais c'est encore un jour sans veille et sans lendemain. Au surplus, les Napolitains subissent l'influence de leur bienheureux climat; ils s'accommodent aux circonstances physiques de leur patrie. Ils sont ce que les font leur ciel, leur mer, leur Campanie; ils savourent l'existence que la nature leur a donnée si douce, si facile. Qu'est-il besoin que le lazzaronne travaille, lorsque avec 40 centimes par jour, il peut vivre dans l'abondance et le luxe ?

MALTE.

Dans l'ère mythologique, Malte fut, selon les uns, le séjour d'une famille de Titans; et, selon les autres, le royaume de cette Calypso à laquelle Homère et Fénélon ont donné réellement l'immortalité dont ils la disaient douée. Plus tard, à cette époque de fictions et de vérités, qui sert de transition entre la fable et à l'histoire, une colonie de Phéniciens chassa Calypso et les Titans, et fit de Malte un point de ralliement pour les innombrables vaisseaux que ces Anglais de l'antiquité promenaient sur toutes les mers. Plus tard encore, vers ces temps où les annales de l'humanité commencent à prendre un caractère authentique, l'île fut successivement possédée par les Grecs, les Romains et les Carthaginois. Ce fut alors que l'apôtre saint Paul, jeté sur ses côtes par un naufrage dont les Maltais conservent encore la tradition, y introduisit le christianisme. Les Goths l'occupèrent ensuite; enfin, au moyen âge, elle passa des Siciliens aux Arabes, des Arabes aux Français-Normands, rois de Sicile, et des Français aux Espagnols. L'île avait donc déjà, sous les noms d'*Hypéria d'Ogigée*, de *Mélite* et de *Malte*, une vieille et éclatante célébrité, lorsque l'empereur Charles-Quint la céda en 1530 aux chevaliers de Saint-Jean de Jérusalem, qui erraient de rivage en rivage depuis qu'ils avaient été chassés de l'île de Rhodes, *ce nid de vautours*, comme l'appelaient les Turcs. Les chevaliers ne tardèrent pas à faire revivre pour leur nouvelle patrie ce glorieux surnom, et bientôt, les vautours de Malte, c'est-à-dire, en langage moins poétique, ses corsaires, eurent causé tant de ravages dans les flottes musulmanes, que Soliman, jurant par sa tête d'en finir avec ses ennemis opiniâtres, de les écraser dans leur repaire, dirigea contre eux un formidable armement. Défendue par sa population courageuse, par quelques centaines de chevaliers, et surtout par l'héroïque grand-maître de l'Ordre, Jean Parisot de La Valette, Malte opposa une résistance victorieuse. Après quatre mois d'un siège où l'attaque et la défense épuisèrent toutes les ressources de l'art, les Turcs, qui avaient perdu plus de vingt-cinq mille hommes et lancé plus de soixante mille boulets, dont quelques uns pesaient trois cents livres, se rembarquèrent honteusement. La cité La Valette, élevée sur les ruines de l'ancienne ville, est encore un monument de ce triomphe, auquel toute l'Europe chrétienne s'associa par sa joie et son admiration. Ce fut alors aussi que les chevaliers de Saint-Jean de Jérusalem, confondant leur gloire avec celle de leur île, prirent le nom de chevaliers de Malte.

Pendant longtemps encore, ils soutinrent leur réputation et continuèrent à bien mériter des puissances qui naviguaient dans la Méditerranée. Mais lorsque la déchéance de l'empire ottoman et son admission dans le droit commun de l'Europe les eut réduits, en leur enlevant l'ennemi qui stimulait leur courage, à n'avoir plus que des pirates à combattre ; lorsque leurs richesses considérablement augmentées, les eurent amollis, l'ordre se corrompit. Inutile et dégénéré, il n'excitait plus aucune sympathie en Europe, quand Bonaparte, dans sa route vers l'Egypte, le détruisit en passant (1798). Soit que les négociations eussent préparé les voies, soit que l'esprit des d'Aubusson, des Villiers de l'île Adam, des Parisot de La Valette, ne les animât plus, les chevaliers de Malte se laissèrent déposséder presque sans coup férir, Et cependant, leur ville était si forte que le général français Cafarelli-Dufalga s'écria qu'il était heureux qu'on y eût trouvé quelqu'un pour en ouvrir les portes, car autrement on n'y serait jamais entré. La destruction de l'ordre ne fut point fatale à l'île de Malte ; elle acquit, au contraire, une nouvelle importance à la suite de ce changement de maîtres, qui, en la faisant française, au moment où une lutte ardente s'engageait entre la France et l'Angleterre, la devait rendre le théâtre de quelqu'un de ces grands événements, que la Méditerranée et ses rives allaient voir s'accomplir. Le siége que les Français y soutinrent contre les Anglais fut en effet un des plus glorieux épisodes de cette expédition d'Egypte, si riche en beaux faits d'armes, et le nom du général Vaubois, comme celui de Parisot de La Valette, doit occuper une place d'honneur dans les fastes de la guerre. Au siége de 1565 avait éclaté le courage actif qui repousse les assauts; au siége de 1800, se déploya une vertu militaire peut-être plus admirable encore, la constance passive qui résiste à la famine.

Renfermés dans la cité La Valette, bloqués du côté de la terre par les Maltais révoltés, du côté de la mer par une flotte anglaise, voyant successivement tomber au pouvoir de l'ennemi les renforts que leur envoyait la France, décimés par le fer, le feu, la maladie et la faim, quatre mille hommes conservèrent pendant plus de deux années (de mai 1798 en septembre 1800) le poste qui leur était confié. Ils rejetaient si loin dans l'avenir, malgré leur misère présente, la pensée d'une capitulation, qu'ils entreprenaient des travaux dont les fruits devaient se faire longtemps attendre. Ainsi, ils avaient transformé les fossés de la place en jardins, en basses-cours, et Malte se souvient encore avec admiration des machines hydrauliques qu'inventa la garnison pour faire arriver de l'eau dans ses plantations, comme aussi des excursions qu'elle tentait dans l'île, soit pour chercher de la terre végétale, soit pour rapporter des fourrages aux innombrables lapins dont elle avait peuplé la citadelle. En même temps, afin de soutenir et de distraire le moral de ses soldats, le général Vaubois avait organisé une troupe de comédiens et fait disposer une salle de spectacle! Ce fut sur ce théâtre improvisé que Nicolo Isouard révéla pour la première fois ce talent gracieux qui devait plus tard charmer Paris. Malgré tous ces efforts de défense, le moment arriva enfin où une plus longue résistance eût cessé d'être de l'héroïsme pour devenir de la barbarie, et le général Vaubois accéda à une honorable capitulation, qu'il avait déjà plusieurs fois refusée. Plus de la moitié de la garnison avait succombé; le pain, le bois et les médicaments manquaient absolument. Le général, pour ménager ses dernières ressources, ayant fait sortir les habitants de la ville, et l'ennemi les ayant reçus à coups de fusil, la garnison, touchée de pitié, demanda que les portes leur fussent ouvertes, et s'engagea à partager avec eux les chétives provisions qui leur restaient.

Indépendamment de ces illustrations historiques, l'île de Malte se recommande encore à la curiosité par les nombreuses traces qu'y ont laissées après eux les différents peuples par lesquels elle a été possédée tour à tour. Le plus intéressant de ces monuments de l'antiquité est la vieille ville, où se conservent réunis et confondus des débris phéniciens, des vestiges grecs et romains et des édifices arabes.

La Valette est une ville très agréable; la vie y est douce et moins chère qu'en Italie; les amusements y sont variés; on y trouve un club pour les étrangers, l'opéra s'ouvre trois fois la semaine, d'excellents dîners, des parties de campagne à cheval. Si le climat n'est pas agréable, il est salubre.

La prospérité de l'île de Malte, qui a déjà considérablement augmenté depuis qu'elle appartient à l'Angleterre, ne pourra manquer de s'accroître davantage de jour en jour. Elle tend à devenir le centre de la navigation par la vapeur, qui, d'ici à peu d'années, sillonnera la Méditerranée, rattachant la France et l'Italie aux côtes de l'Égypte, de la Turquie et de la Grèce. Déjà l'augmentation des voyageurs donne de l'occupation à cinq ou six hôtels. Quiconque veut parcourir l'Orient doit prendre Malte pour première étape; là on trouve des facilités sans nombre pour se transporter partout où l'on désire, soit au moyen des paquebots, soit par des bâtiments marchands ou des vaisseaux de la marine royale. Un ambassadeur allant à Constantinople ou en Perse, ou qui en revient, s'arrête à Malte.

VÉRONE.

Vérone est traversée par l'Adige, qui la divise en deux parties égales : ses cinq portes magnifiques, ses longues et larges rues, ses palais nombreux annoncent une ville de premier ordre. Son hôtel-de-ville est un des plus beaux que l'on connaisse ; on y voit un amphithéâtre romain d'une étonnante conservation. L'église Saint-Zénon est remarquable par ses portes en bronze richement ciselées, par le tombeau de son patron couvert d'ornements bizarres, et par un mausolée qu'on dit être celui de Pépin, fils de Charlemagne. On voit dans la cathédrale le tombeau de Léon III, et l'assomption du Titien.

A quelque distance de Vérone, on remarque le pont naturel de Véjà, dans les montagnes du Véronais; c'est un des plus curieux phénomènes de l'Italie. Sa rivière, limpide cascade qui ne tarit jamais, coule au milieu du gazon et des arbrisseaux, et glissant sur une large pierre, polie par ses eaux, elle forme plus bas une charmante fontaine. Ce pont sauvage est décoré de légers festons de verdure que le vent balance au dessous de son arche. Les vallées voisines qu'on traverse avant d'y arriver sont réellement infernales pour l'aridité et la désolation. A côté du pont de Véjà est une grotte souterraine formée de rochers : « Si le Dante la visita jamais, et si les *cicerone* qui le conduisirent eurent le même luxe de torches, jetant une fumée aussi noire que celle des nôtres, il put trouver dans cette expédition nocturne comme une scène de démons pour son poème. »

ANCONE.

Ancône est d'un bel aspect au dehors et laide au dedans. Le Bagne et le Ghettho, institutions assez analogues dans l'État romain, ajoutent encore à ce dégoût qu'inspire la ville. L'arc de triomphe de Trajan, resplendissant et entièrement de marbre blanc, le plus beau qu'il y ait au monde, forme, avec le reste, un contraste choquant. Ce seul monument suffirait pour faire juger de la grandeur romaine. Ancône possédait un vaste théâtre ou amphithéâtre, dont il existe d'importants débris cachés sous les constructions modernes de la ville.

Un ancien temple de Vénus, sur une hauteur, est devenu la cathédrale, dédiée à saint Cyriaque; elle n'a de remarquable que la vue, de belles colonnes antiques et un superbe sarcophage antique. Saint-Dominique est une grande église refaite il y a quarante ans.

La bourse d'Ancône a un caractère particulier: sa façade est gothique, et à la voûte sont les superbes fresques de Tibaldi, *Hercule domptant les monstres*, imitation du grandiose terrible de Michel-Ange.

L'extérieur du théâtre d'Ancône n'a rien de remarquable, il ressemble par les dispositions scéniques à la plupart des théâtres d'Italie.

Ancône fut occupée par les troupes françaises sous le ministère de Casimir Périer, et évacuée, en 1839, sous le ministère Molé et Guizot.

PÉNINSULE IBÉRIQUE.

MADRID.

Contrairement à ce qu'on voit dans la plupart des pays, Madrid n'est pas, à beaucoup près, d'aussi antique origine que la plupart des villes espagnoles dont elle est aujourd'hui la capitale. Inconnue au temps des Romains, elle n'était, sous la domination des Visigoths, qu'un chétif village. Plus d'un siècle s'était encore écoulé depuis l'arrivée de nouveaux maîtres, sans que la future métropole des Espagnes fût sortie de sa condition obscure, lorsque les Arabes pensèrent que des collines assises sur les bords du Marçanarès, au milieu de l'immense plaine de Castille, formaient un lieu favorable pour l'établissement d'une ville. Madrid reçut donc des accroissements considérables, et les fortifications dont elle fut environnée en firent bientôt une position militaire importante. Aussi, les chrétiens, descendants des Visigoths, et les Arabes s'en disputèrent-ils vivement la possession. Les chrétiens s'en emparèrent dans le cours du dixième siècle; toutefois, n'espérant pas pouvoir la conserver, ils la ravagèrent et en abandonnèrent les débris.

Rentrés dans la ville, les Maures relevèrent ses murailles et réparèrent ses ruines; mais à peine l'avaient-ils remise dans une situation florissante, que les chrétiens revinrent recueillir les fruits de l'activité et de l'industrie arabe. Comme les Maures se retiraient déjà des contrées septentrionales de l'Espagne pour se concentrer dans les provinces du Midi, Madrid demeura, dès lors et définitivement, acquise aux souverains de la Castille. Elle ne sortit qu'un moment de leurs mains par une circonstance assez singulière.

Un roi chrétien d'Arménie, Léon V, chassé de ses États par les infidèles, était venu se réfugier en Espagne; le roi Jean Ier, voulant le dédommager des pertes ainsi éprouvées pour cause de religion, lui donna Madrid et quelques autres petites villes. Les habitants de Madrid murmurèrent de se voir ainsi les objets d'une libéralité faite à un étranger; mais la mort de l'Arménien (1311) mit fin à leurs plaintes, en les replaçant sous le sceptre de leurs princes naturels.

Ce ne fut qu'au commencement du seizième siècle, à l'avénement de Charles-Quint au trône d'Espagne, que Madrid, qui s'était peu à peu agrandie, fut élevée au rang de capitale. Sous l'influence du cardinal Ximénès, elle avait reconnu, des premières, l'autorité du nouveau roi : Charles-Quint, en récompense, la choisit pour le lieu de résidence de sa cour pendant les visites qu'il faisait en Espagne.

Philippe II, successeur de Charles-Quint, ayant songé à transporter le siége du gouvernement royal, les habitants de Madrid réclamèrent et supplièrent; et comme ils appuyèrent leur requête d'un présent de 250,000 ducats, le roi trouva leurs prétentions légitimes. Madrid a conservé le titre et le rang de capitale qu'elle a ainsi achetés, et dont une ordonnance royale de Philippe II la déclara en possession permanente; mais les avantages qu'elle en a retirés ne l'ont point démesurément élevée : elle n'est, sous aucun rapport, aussi absolument hors de ligne et de proportion relativement aux autres villes de l'Espagne, que Paris, Londres, Saint-Pétersbourg et Vienne peuvent l'être à l'égard du reste de la France, de l'Angleterre, de la Russie et de l'Autriche.

Ne renfermant guère, dans une circonférence d'environ deux lieues, que 500 rues, 8,000 maisons, 40 places et 200,000 habitants, Madrid n'est remarquable ni par la magnificence de ses hôtels privés, ni par le nombre, ni par la splendeur de ses édifices publics, et l'on n'y trouve presque à recommander à l'admiration que le palais du roi, une des plus pompeuses résidences royales de l'Europe, le musée des Arts, la porte triomphale d'Alcala, le pont de Tolède sur le Mançanarès, et la belle promenade du Prado. Sous un seul de ses aspects, peut-être, Madrid se présente avec un caractère imposant de grandeur et se révèle comme ville capitale : c'est du point de vue où nous mettons nos lecteurs, de la place, ou pour mieux dire, du carrefour, dont la célébrité est européenne sous le nom de la *Puerta del Sol*, la Porte du Soleil. Cette place à laquelle la désignation de *porte* est restée attachée en souvenir du temps où elle formait une des barrières de la ville, au centre de laquelle elle se trouve aujourd'hui, est un point où viennent aboutir cinq des plus belles rues de Madrid. Une fontaine circulaire (la fontaine du Bon Succès), étrange dans ses formes et bizarre dans ses ornements, un édifice carré, plein de majesté et de force, et bien isolé (hôtel des postes), et une église d'un dessin original, enrichissent la Porte du Soleil; mais ces décorations font moins pour sa beauté grandiose que les cinq magnifiques avenues par lesquelles les regards vont se perdre au loin dans les profondeurs de la ville, et dont l'une, la rue d'Alcala, peut recevoir dix voitures roulant de front.

Spacieuse, bien aérée, bien découverte, occupant une position centrale, étant, pour ainsi dire, un bassin où cinq des principaux canaux de Madrid viennent verser leurs flots de population, la Porte du Soleil est la promenade de prédilection des Madrilènes; et comme lieu de rendez-vous national, elle s'est fait une réputation analogue, sous ce rapport, à celle du Palais-Royal. C'est là que s'échangent de bouche en bouche les nouvelles générales, les *on dit* de la capitale de l'Espagne; c'est là qu'on se cherche et qu'on se trouve, qu'affluent autour de la fontaine, les badauds, les oisifs, et que les lazzaroni espagnols se plongent dans une molle langueur sous les rayons du soleil. C'est là aussi que se rassemble la population lorsque quelque mécontentement l'agite, et de la Porte du Soleil part toujours le signal des commotions populaires.

Madrid, élevée d'environ 2,000 pieds au dessus du niveau de la mer, est située au bord du Mançanarès, sur des collines de peu de hauteur, dans la plaine si vaste de la Castille. Les champs autour d'elle sont secs, arides, sablonneux, désolés, et son enceinte renferme les seules plantations d'arbres, la seule fraîche verdure qu'on puisse découvrir à plusieurs lieues à la ronde.

L'ESCURIAL.

La bataille de Saint-Quentin avait eu lieu le 10 août 1557, jour de la fête de saint Laurent. Philippe fit vœu d'élever un monument à ce saint, en mémoire de la victoire qu'il avait remportée le jour de sa fête. Charles-Quint mourut l'année suivante, laissant à son fils le soin de régler tout ce qui concernait sa sépulture. Philippe conçut alors le projet d'élever un édifice qui aurait plusieurs destinations, en même temps qu'il satisferait au vœu qu'il avait fait en l'honneur de saint Laurent; cet édifice, c'est l'Escurial, où se trouvent réunis un couvent dans lequel sont logés deux cents hyéronimites; une église bâtie sur le plan de Saint-Pierre de Rome; une sépulture royale, une bibliothèque, enfin un palais qu'habite non seulement le roi, mais encore les infants et toute leur suite, lorsque la cour vient à cette résidence royale.

La ville d'Escurial, dont le palais a pris le nom, est située sur la Guadara, à dix lieues de Ségovie et à six lieues de Madrid; la chaîne de montagnes qui l'avoisine et qui sépare les deux Castilles, renfermait autrefois des mines de fer qui ne sont plus exploitées, et c'est de là que lui est venu le nom d'*Escurial*, par corruption du mot *escorias* (mine épuisée). Le site est sain et d'un aspect agréable; l'édifice élevé par Philippe II forme un parallélogramme flanqué, à chaque angle, d'une tour carrée : le principal architecte fut Jean-Baptiste de Tolédo; on lui adjoignit Jean de Herrera, son disciple, et Fray Antonio de Villacastins, hyéronimite, les aida de ses conseils. Il fallut trente-huit ans pour terminer cet immense édifice, et la dépense s'éleva à 5,260,560 ducats, ce qui représente de notre monnaie 62,758,480 francs.

Le palais de l'Escurial, qui, ainsi qu'on vient de le dire, se compose d'un ensemble de bâtiments ayant une destination différente, mais parfaitement bien coordonnés entre eux, est un des plus vastes, des plus beaux et des plus riches édifices qui existent en Europe; il est orné des productions des peintres les plus célèbres d'Italie, d'Espagne, d'Allemagne et de Flandre, tels que Massaccio, Raphaël, Léonard de Vinci, Titien, Corrège, Van Dyck, Rubens, Albert Durer, etc.; la façade de l'église, qui occupe le centre des bâtiments, est ornée de six statues colossales représentant des rois de l'Ancien-Testament.

Commencé sous le règne de Philippe II, continué sous Philippe III, l'Escurial n'a été complétement terminé que sous Philippe IV; en 1671, il fut la proie d'un violent incendie, mais il fut promptement réparé par les soins de Charles II.

Les deux victoires les plus célèbres remportées par les Espagnols sur les Français, sous Charles-Quint et Philippe II, ont donné lieu à l'érection de deux monuments bien différents : l'un, c'est l'Escurial ; l'autre, c'est une église à Pavie, où l'on a recueilli les ossements de tous ceux qui périrent dans la bataille donnée sous les murs de cette ville : là, gissent réunis tous ceux que la fureur de la guerre animait les uns contre les autres ; le pavé est formé de crânes ; les tibias et les fémurs sont superposés le long des murailles, et les ossements des généraux, en forme de pyramides terminées par des armures, forment des espèces de trophées qui ornent ce lugubre ensemble

BARCELONNE.

Capitale de la Catalogne, l'une des provinces les plus riches, les plus peuplées, les plus belles et les plus industrieuses de l'Espagne, Barcelonne est digne d'occuper ce haut rang qu'elle a enlevé à Tarragone la romaine. C'est à une antiquité très reculée, à deux siècles et demi environ avant l'ère chrétienne, qu'il faut remonter pour trouver la date de son origine. Cette origine était glorieuse. Barcelonne, ainsi que le constate encore son nom, dérivé de *Barcina*, eut pour fondateur le chef de la célèbre famille carthaginoise de Barca, Hamilcar, le père d'Annibal.

S'appuyant aux Pyrénées, et formant ainsi une des parties les plus septentrionales de l'Espagne, une des plus liées au reste de l'Europe, la Catalogne est aussi une des provinces espagnoles dont l'histoire offre le plus de variété et d'intérêt. Avant les Carthaginois, sa vaste étendue (elle a quarante-quatre lieues du nord au sud, et quarante lieues de l'est à l'ouest) était partagée entre plusieurs nations barbares. La première de toutes les provinces de l'Espagne, elle passa sous la domination des Romains ; ils la gardèrent la dernière, non seulement en raison de sa situation géographique, mais encore parce qu'ils ne se résignèrent que difficilement à quitter une conquête si belle. Les Goths, qui en avaient chassé les Romains, ne la conservèrent pas longtemps ; et après qu'elle eut reçu des maîtres de l'Italie et du nord de l'Europe, il lui en vint de l'Asie et de l'Afrique. Comme le reste de l'Espagne, elle devint la possession des Arabes après la bataille de Xerez-la-Frontera. Le règne de ces nouveaux dominateurs n'eut pas non plus une longue durée dans la Catalogne : l'invasion arabe en Europe recula après la bataille de Poitiers ; force lui fut de repasser les Pyrénées, et bientôt même elle fut refoulée peu à peu vers le midi de l'Espagne. Charles-Martel avait arrêté les progrès des Maures en France, et ce fut encore un prince de sa race qui leur enleva la Catalogne. Leur retraite ouvrit une nouvelle période dans l'histoire de cette province : placée sous une autorité domestique, délivrée de l'oppression étrangère, elle atteignit un degré extraordinaire de force et de prospérité ; elle conquit la Sicile, la Sardaigne, lutta avec l'empire d'Orient et s'empara d'une partie de la Grèce, tandis que les arts et les lettres florissaient dans son sein, de manière à la mettre en rivalité avec la civilisation que les Maures répandaient à l'autre extrémité de l'Espagne. Ce n'est pas que la paix fût permanente dans la Catalogne : fiers, indépendants, prompts à la colère et à la révolte, les Catalans furent souvent en lutte ouverte contre leurs souverains particuliers et contre la couronne d'Espagne, à laquelle ils furent plus tard rattachés. Toutes les commotions qui ébranlèrent l'Espagne eurent dans la Catalogne plus de retentissement que partout ailleurs, et de nos jours encore les commotions politiques qui agitent la Péninsule y font fermenter les passions populaires avec une extrême énergie.

Ce rapide sommaire des fastes catalans est le résumé de l'histoire de Barcelonne, l'âme et le centre du pays. Dans cette ville se dénouaient tous les grands événements qui concernaient la province, et elle ressentait profondément l'influence de la prospérité générale ou des calamités publiques. Aussi a-t-elle été le champ de bataille où se sont décidées toutes les guerres dans lesquelles la Catalogne s'est trouvée engagée, et le nombre des siéges qu'elle a dû soutenir, et qu'elle a soutenus avec une valeur opiniâtre, dépasse toute croyance.

La plus renommée des résistances qui ont illustré Barcelonne est celle qu'elle opposa, en 1714, au maréchal Berwick. Dans la fameuse guerre de la succession, la Catalogne avait pris parti pour l'archiduc, fils de Léopold, et depuis empereur d'Allemagne sous le nom de Charles VI. Toute l'Espagne était déjà soumise à Philippe V, que Barcelonne tenait encore pour le prince allemand. Pendant plus d'une année, l'armée franco-espagnole, commandée par le maréchal duc de Berwick, fut arrêtée devant les murailles de la ville. Fanatisée par les moines, la population luttait avec un courage héroïque ; les femmes et les enfants montaient sur la brèche, se ralliant autour d'un drapeau noir parsemé de têtes de mort, en signe de leur résolution désespérée. La tranchée était ouverte depuis plus de trois mois ; cent mille boulets et quarante mille bombes avaient ravagé la ville, plusieurs assauts avaient été livrés et repoussés, lorsque les Français purent enfin entrer dans la place. A ses beaux faits d'armes, Barcelonne joint encore d'autres titres d'illustration : elle fut un des berceaux de la *gaie science*, et la cour de ses princes, qui s'enorgueillissaient du nom de troubadours, était une des plus brillantes et des plus policées de toute l'Europe.

Cette ville célèbre est assise dans la situation la plus heureuse, sur le bord de la mer. Encadrée au nord par une chaîne de montagnes, protégée au midi par une hauteur solitaire, qui a changé son nom latin de *Mons Jovis* en celui de Mont-Jouy, elle occupe l'extrémité d'une belle et fertile vallée, qu'arrosent les eaux du Bessos et du Llobregat, et qu'enrichissent des maisons de campagne, des vergers et des jardins multipliés avec une extrême profusion. Au temps des Carthaginois, Barcina couvrait seulement la cime et les flancs d'une colline qui forme aujourd'hui à peu près le point central de la ville. Sous les Romains, qui la surnommèrent *Pia*, *Favientia*, *Augusta*, elle commençait déjà à se répandre dans la vallée ; mais les guerres étrangères, les invasions qu'elle eut à subir pendant des siècles, arrêtèrent son essor. Ce ne fut que beaucoup plus tard, et lorsque la condition d'Etat indépendant fut assurée à la Catalogne, que Barcelone s'agrandit de nouveau ; de vieilles portes garnies de leurs tours gothiques, que l'on voit encore dans l'intérieur de la ville, peuvent servir à mesurer les progrès qu'elle a faits. Les maisons particulières de Barcelonne, dont l'aspect lointain est agréable et en même temps majestueux, sont généralement bien alignées, bien bâties, d'une construction simple et élégante, mais d'une régularité monotone : élevées, pour la plupart, de quatre ou cinq étages, elles ont pour traits uniformément caractéristiques de grandes fenêtres ornées de vastes balcons, et des terrasses à la mauresque. Si les rues percées dans les parties neuves de la ville sont larges et belles, toutes celles qui appartiennent aux anciens quartiers sont la physionomie distinctive des vieilles cités, dont les voies étroites et tortueuses, d'accès et de circulation difficiles, semblent avoir été tracées dans des intentions de guerre de défense. Bien qu'aucun des édifices publics de Barcelone ne puisse être placé parmi les beaux monuments que possède l'Espagne, il en est cependant quelques uns qui méritent d'être cités.

La cathédrale, qui date de la fin du treizième siècle, est d'un gothique simple et hardi : on regrette qu'elle n'ait point été terminée. On y remarque une magnifique chapelle souterraine, dans laquelle s'élève un mausolée d'albâtre, où reposent les reliques de sainte Eulalie, qui subit le martyre pendant la persécution de Dioclétien, et que Barcelonne vénère comme sa patronne. La Bourse, bâtie sous le règne de Charles III, se distingue encore par sa noble simplicité ; l'Hôtel-de-Ville, par son architecture élégante ; et le palais de la Douane, par la richesse des matériaux employés dans sa construction. Mais le travail le plus imposant qu'offre Barcelonne à l'admiration des curieux, est un mur colossal appelé la *Muraille de la Mer*, et destiné à défendre le port contre les ensablements. Les remparts de la ville forment aussi des promenades pleines d'attrait, en ce qu'elles permettent d'embrasser la riante vallée et les montagnes qui la bornent, et aussi en ce qu'elles laissent voir, dans tout leur développement, les murs, les fossés, tous les ouvrages militaires qui font de Barcelonne une des plus fortes places de l'Espagne, et la citadelle que Philippe V fit bâtir à l'est, pour garder la cité qu'il avait eu tant de peine à conquérir.

Les anciens possesseurs de la Catalogne n'ont laissé dans la capitale que peu de vestiges de leur domination. Des fragments de bas-reliefs, et quelques belles colonnes d'un temple dédié à Hercule, et dont la cathédrale a pris la place, sont les seuls débris qui soient restés des constructions romaines. Quant aux Maures, leur occupation fut si courte et si contestée, qu'ils ne purent guère songer à bâtir ; cependant on trouve encore quelques souvenirs d'eux qui les caractérisent bien, ce sont les ruines d'un établissement de bains : c'est là une des traces qui indiquent le plus communément le passage des Arabes ; les plaisirs du bain étaient les plus chères délices et l'un des premiers besoins de ces enfants du Midi.

Bien que le goût des arts et des lettres n'ait pas entièrement abandonné la Catalogne, bien que Barcelonne possède encore plusieurs institutions scientifiques et littéraires, et que son théâtre soit un des plus vastes, des plus suivis et des meilleurs de toute l'Espagne, c'est surtout vers les entreprises industrielles et commerciales que se portent maintenant l'activité et le génie des Catalans. Barcelonne compte plusieurs manufactures de draps, de velours, d'étoffes de laine, de soieries, de toiles peintes, d'armes à feu et d'armes blanches ; et malgré les difficultés et les dangers de son port, que le Llobregat et le Bessos encombrent de sable et de vase, en dépit de la Muraille de la Mer, plus de mille navires visitent annuellement ses quais. Ce mouvement maritime, commercial et industriel, appelle si continuellement la population dans Barcelone, et elle renferme en elle-même tant de conditions de prospérité, que, malgré les désastres que la guerre civile et la guerre étrangère ont fait peser sur elle depuis le commencement du siècle, et malgré les horribles ravages que la peste y fit en 1821, elle compte encore plus de cent trente mille habitants.

BURGOS.

Le premier des Alphonse, le fondateur du royaume de Léon, jeta quelques bourgades, entre les années 730 et 750, dans la Bardulie, devenue, depuis, la Vieille-Castille. Comme les Maures ravageaient ces colonies naissantes, Alphonse III fit élever, pour les protéger, une forteresse sur une hauteur aux bords de l'Arlanzon. Placé au milieu de plusieurs bourgs, le château prit de cette position le nom de *Burgos*. La Vieille-Castille devint bientôt assez florissante et assez puissante pour ne plus vouloir relever d'aucune autre contrée, et pour chercher à se séparer du royaume de Léon, dont elle dépendait à titre de comté. Fernand Gonzalès, dans les veines duquel coulaient quelques gouttes du sang de Charlemagne, consomma cette opération, au dixième siècle, et lorsqu'il mourut après une vie si parsemée d'aventures, si pleine de poésie, d'héroïsme et de gloire, qu'elle en semble fabuleuse, la Castille était indépendante. Fernand-Gonzalès peut être considéré comme le fondateur de ce nouveau royaume, et quoiqu'il n'ait pas pris le titre de roi, la cour qu'il tenait à Burgos était toute royale. Burgos est demeurée la capitale de cette province, qu'illustra au quinzième siècle le grand nom d'Isabelle.

Les premières maisons qui composèrent la ville s'étaient immédiatement appuyées aux murailles de la forteresse : peu à peu les habitants s'aventurèrent à s'en écarter à mesure que les dangers s'éloignèrent ; enfin, quand la sécurité régna, la ville descendit de la colline et se répandit sur les bords de l'Arlanzon, si bien que la rue la plus élevée aujourd'hui était autrefois la plus basse. C'est dans cette rue, désignée sous le nom de la *Vieille-Rue* que se trouvent les deux monuments de Burgos les plus précieux, par les souvenirs historiques qui s'y rattachent. Le premier est un arc de triomphe, d'un assez beau modèle, élevé au lieu qu'occupait jadis le palais de Fernand-Gonzalès; le second est un pan de muraille ruinée, sur lequel on voit encore les restes d'un large écusson. Une inscription toute moderne (elle date de 1784) apprend que ce sont les derniers vestiges de la maison natale du héros sur lequel se sont portés tout l'orgueil, tout l'amour de l'Espagne. du fameux Rodrigue de Bivar, si populaire sous le nom de Cid, dont les exploits épouvantèrent les Maures pendant plus de trente années, à la fin du onzième siècle.

D'autres monuments de Burgos sont encore d'un grand intérêt comme objets d'art. Sa cathédrale, bâtie sur de vastes proportions, dans le cours du treizième siècle, est une des plus somptueuses églises de l'Espagne. Ses clochers élevés, dit un voyageur, ses sculptures multipliées, ses ornements en filigrane, son travail délicat forment un ensemble de toutes les beautés qui constituent le genre gothique. Ses deux tours sont particulièrement remarquables : découpées à jour et, pour ainsi dire, par bandes qui s'entre-croisent de manière à offrir l'apparence d'un treillage, elles montent en pyramides aiguës que couronnent des bouquets de sculptures, à une élévation d'environ 300 pieds : de nombreuses aiguilles se dressent çà et là à d'inégales hauteurs et fleuronnées avec une extrême légèreté, accompagnent ces deux flèches dans leur ascension hardie. L'édifice, ainsi hérissé de pointes, est d'un aspect bizarre et original, mais cependant imposant et agréable. L'intérieur de l'église répond par sa magnificence à la recherche et à la richesse des décorations extérieures : on y admire surtout des peintures d'un grand mérite. Un autre monument de Burgos, sur lequel doit s'arrêter encore l'attention, est une porte triomphale, qui, construite sous le règne de Philippe II, constate par ses formes non plus spontanément gothiques, mais seulement imitées du gothique, que la révolution architecturale que la France voyait s'opérer au seizième siècle, agissait aussi sur les arts en Espagne. Les ornements de cette porte sont curieux comme documents d'histoire et de mœurs : six niches, disposées sur deux rangs, renferment d'abord les images de quelques magistrats que se donna la Castille, lorsqu'elle se déclara indépendante, puis les statues de Fernand-Gonzalès et du Cid, et au milieu la grande figure de Charles-Quint. Ces deux groupes de personnages sont dominés par la sainte Vierge tenant dans ses bras l'enfant Jésus, et accompagnée de l'ange Gabriel : une croix surmonte le monument. On peut, enfin, mentionner parmi les édifices remarquables de Burgos, le palais épiscopal, dont l'architecture est assez élégante. Ce fut dans son enceinte que se célébrèrent, au douzième siècle, les noces d'une fille de France avec un fils l'Alphonse-le-Sage. On y déploya une prodigalité si ruineuse, que des seigneurs castillans, irrités de voir ainsi gaspiller la fortune publique, abandonnèrent la Castille et allèrent offrir leur épée aux Maures de Grenade.

Burgos, dont la population s'élève à environ 12,000 âmes, est située dans un vallon fertile et bien cultivé. Elle était au quinzième siècle une des places les plus commerçantes de l'Espagne : son activité s'est depuis lors beaucoup ralentie; cependant, ses diverses manufactures, et particulièrement ses fabriques de draps et de chapeaux, la placent encore parmi les villes industrielles de la Péninsule, et ses produits agricoles sont abondants et estimés.

SÉGOVIE.

Encore une cité espagnole qui revendique pour son fondateur le robuste fils d'Alcmène, lequel, soit dit en passant, devait être un architecte bien occupé, un maçon bien expéditif, à en juger par le nombre de bicoques ou de métropoles qu'on voit mettre sur son compte. Les crédules Ségoviens n'hésitent pas surtout à faire honneur au demi-dieu qui séparait les montagnes, de la construction de leur magnifique aqueduc, chargé d'en rapprocher ici deux autres, séparés par un intervalle de 3,000 pas; mais évidemment ce monument ne porte point une semblable date; il est des Romains, et paraît remonter au temps de Trajan. La double rangée de ses cent soixante-dix-sept arches superposées, à l'endroit où elles sont traversées par la principale rue de la ville, s'élève à la hauteur de quatre-vingt-dix pieds au dessus du sol, et les piliers sont formés de grosses pierres de taille brutes, sans apparence de ciment. Ce merveilleux édifice, quoique négligé, menacé même d'un certain danger par les végétaux qui s'introduisent profondément dans ses moindres interstices, continue néanmoins de remplir l'objet auquel il fut destiné, et de présenter, après dix-huit siècles ses immenses lignes d'architecture presque sans dégradations.

Une pourtant, une seule existe, et plus considérable même que l'élévation du monument ne permet à l'œil d'en juger, comme le prouve le trait suivant, que nous rapportons sans le garantir. Un hardi Castillan avait fait le pari de parcourir à cheval, d'un bout à l'autre, l'étroite et haute surface horizontale de l'aqueduc, lorsque, arrivé au milieu de sa course aérienne, une large brèche, dont il n'avait pu calculer l'étendue d'en bas, l'arrête court. Alors l'intrépide cavalier, reculant de quelques pas, bande les yeux de sa monture, pique de nouveau, franchit le terrible éboulement, non sans trébucher, mais sans tomber, et atteint enfin l'extrémité opposée, sain et sauf, aux applaudissements de la ville entière.

Ségovie possède une *casa de la moneda*, hôtel des monnaies, ayant cela de particulier que leur fabrication tout entière y a lieu par des procédés hydrauliques, lesquels, au reste, en s'exécutant plus promptement, sont loin de rendre les espèces plus belles. Un autre monument célèbre de cette ville est l'Alcazar des princes maures, dont quelques uns des appartements sont encore décorés de mosaïques et de dorures très fraîches.

A la vue de cette porte arabe, aujourd'hui murée, de cet Alcazar, vieux château flanqué de tourelles et construit par les rois maures sur l'escarpement d'un immense rocher, comment ne pas se rappeler la prospérité et l'industrie de cette ville sous leur domination?

Avant d'être converti en prison d'Etat, il fut habité par les monarques espagnols, entre autres par Ferdinand et Isabelle, qui l'affectionnaient beaucoup, ainsi qu'Alphonse-le-Sage, qui y a composé ses fameuses tables astronomiques, appelées *Tables alphonsines*. La cathédrale de Ségovie est encore un beau monument; mais, malgré son aspect gothique, elle appartient plutôt à la renaissance. Sa façade principale est située au couchant et présente deux ordres d'architecture. Le premier consiste en deux colonnes de chaque côté avec des niches dans les entrecolonnements; le second n'a qu'une seule colonne de chaque côté, et au milieu est la statue de saint Frutos. Tout l'extérieur de la cathédrale est orné de pyramides en style ogival et d'une coupole qui correspond au milieu du passage entre le maître-autel et le chœur.

CADIX.

ANDALOUSIE.

L'Andalousie, ancienne *Bétique*, est bornée au nord par les montagnes de la Sierra-Morena, qui la séparent de l'Estramadure et de la Manche ; au levant, par le royaume de Murcie ; au midi, par l'Océan et le détroit de Gibraltar ; au couchant, par le petit royaume des Algarves. Il n'est point dans toute l'Espagne de province plus fertile, mieux située pour le commerce, plus riche en grains, en mines, en pâturages ; les ardeurs du midi auxquelles elle est exposée, sont tempérées en général, soit par le voisinage de la mer, soit par plusieurs chaînes de montagnes, ou par les ruisseaux qui coulent de ces montagnes, et par plusieurs grandes rivières qui l'arrosent. La principale de ces rivières est le Guadalquivir, qui traverse toute la province. Du sommet de la Sierra-Morena, on découvre les belles plaines de l'Andalousie, et les souvenirs historiques augmentent les charmes de l'aspect dont on jouit. Cordoue, patrie de Sénèque et capitale du premier empire des Maures, déploie d'abord sa magnificence ; puis Séville, si renommée par la richesse et la beauté de ses édifices ; Italica, patrie de Trajan, d'Adrien, de Théodose ; enfin, Cadix, commerçante encore, riche et voluptueuse comme autrefois.

Cadix, fondée par les Phéniciens et embellie par les Romains, était située dans un lieu différent de la ville actuelle ; on voit quelques restes de ses ruines et l'emplacement de son fameux temple d'Hercule, près de l'île Saint-Pierre. La ville moderne est bâtie au bout de la langue de terre qui s'avance dans l'Océan : c'est une place de commerce inexpugnable par sa position et ses ouvrages de défense, et d'une miraculeuse opulence par ses relations étendues dans toutes les parties du monde. Sa baie a dix lieues de circonférence, et sert à la fois de magasin de marchandises, d'arsenal de guerre et de bassin de construction. Cadix est une ville de construction régulière ; ses rues, ses places sont tenues avec une extrême propreté.

Cadix renferme peu d'édifices publics remarquables : elle est toute commerciale. Toutes les idées à Cadix sont tournées vers le commerce maritime ; la position de son port est des plus avantageuses ; il est à l'entrée de l'Océan, ce qui rend sa communication facile avec le Portugal, l'Angleterre, la Hollande ; placé à côté du détroit de Gibraltar et de la Méditerranée, il communique par là avec le midi et l'est de la France, l'Italie, le Levant et l'Afrique.

Le passage de la grande baie de Cadix à la baie des *Puntalès*, est défendu par les deux forts Matagordo et San-Lorenzo, placés l'un vis-à vis de l'autre. C'est le détroit protégé par ces deux forts qu'on traverse pour se rendre à Chiclane, lieu de récréation et de délices pour les habitants de Cadix, car la situation de leur ville, entourée par la mer dans presque toute sa circonférence, réduit à peu de chose les plaisirs de la promenade ; à une centaine de pas de la porte de terre, la stérilé commence et règne à plusieurs lieues au loin.

A Cadix, comme dans toute l'Andalousie, se déploient les grands vestiges de la domination mauresque ; chaque montagne porte sur son sommet une petite tour crénelée, qui était destinée à garder le pays ; là se trouvaient des émirs chargés de veiller sur les populations chrétiennes qui cultivaient les terres.

A mesure qu'on marche vers Cadix, tout se ressent de la civilisation maure ; à dix lieues autour de la cité, tout est coupé par des canaux artificiels au milieu de plaines fertilisées à bras ; des villages entiers conservent les formes orientales, la porte des maisons est tournée vers le lever du soleil. Les traditions se perpétuent en Espagne ; il y a dans toutes les pompes quelque chose d'antique et de solennel, et rien n'est curieux comme une procession municipale. D'abord, en tête, cinq ou six hommes du peuple, avec des massues, frappent de droite et de gauche, et il faut bien se garder de ne pas se retirer avec humilité ; il vous assommeraient saintement, parce que, selon les paroles de la Bible, les juifs supportaient les plaies que Jehova leur envoyait dans sa colère. Puis arrivent *los gigantes*, mannequins à formes colossales, habillés en rois maures qui dansent et se trémoussent d'une manière grave ; la foule les poursuit, et leur jette des fleurs ou des pierres selon le caprice. Après viennent *los enanos*, nains difformes, qui excitent le gros rire espagnol par leurs contorsions, roulant leurs yeux comme des possédés. Enfin, les mystères joués par des personnages en bois, jeu sacré où dominent saint Christophe et la Vierge.

SARAGOSSE.

Saragosse, capitale de l'Aragon, est située sur la rive gauche de l'Ebre; ce n'est point une ville fortifiée; elle est seulement protégée par un mur d'enceinte, haut de dix à douze pieds et destiné à empêcher la contrebande. Ses principaux édifices sont de nombreux couvents tous construits en pierre de taille et solidement voûtés. Les maisons sont également conçues dans le même système, et chacune de ces demeures est en état de soutenir un siége. Cette circonstance explique comment à la faveur de tels abris les habitants de Saragosse purent prolonger si longtemps une héroïque résistance.

L'aspect que présente Saragosse est celui d'une ville riche au milieu d'une plaine étendue et fertile; le terrain offre peu de mouvement; mais les environs sont embellis par une culture variée et par des édifices curieux.

La situation de cette ville est superbe; la plaine qui l'environne est arrosée par deux rivières, le Galèzo et la Huerva, qui coulent à peu de distance de ses murs dont le pied est baigné par l'Ebre, fleuve majestueux. Le nouveau canal d'Aragon parcourt le territoire de Saragosse; des jardins immenses étalent tout autour les richesses les plus variées de l'agriculture. La pureté du ciel, la douceur du climat, jointes à la fertilité du sol, font de ce pays un séjour on ne peut plus agréable.

Saragosse est une des plus grandes villes de l'Espagne; mais sa population ne répond pas à son étendue. Elle ne s'élève pas à soixante mille habitants.

La plupart des rues de Saragosse sont étroites, irrégulières, pavées avec des cailloux bruts, sur lesquels on marche avec peine. Dans le petit nombre de celles qu'on peut citer pour leur largeur et leur alignement, on doit distinguer la rue Sainte (*Calle-Santa*).

Parmi les monuments de Saragosse, il en est un qui étonne les voyageurs; c'est la Tour-Neuve, ainsi appelée depuis l'année 1504, époque de sa fondation. Cette tour est inclinée d'une manière surprenante et rappelle la tour de Pise. Elle est bâtie en briques, et d'une grande hauteur; on y monte par un escalier de deux cent quatre-vingts marches.

Cette ville possède plusieurs églises qui méritent d'être visitées; celle de *Notre-Dame-del-Pilar* est la plus célèbre. Les arts se sont réunis pour décorer l'intérieur de ce temple. On y a prodigué tous les embellissements, et on l'a fait avec une

lande ; placé à côté du détroit de Gibraltar et de la Méditerranée, il communique par là avec le midi et l'est de la France, l'Italie, le Levant et l'Afrique.

Le passage de la grande baie de Cadix à la baie des *Puntalès,* est défendu par les deux forts Matagordo et San-Lorenzo, placés l'un vis-à-vis de l'autre. C'est le détroit protégé par ces deux forts qu'on traverse pour se rendre à Chiclane, lieu de récréation et de délices pour les habitants de Cadix, car la situation de leur ville, entourée par la mer dans presque toute sa circonférence, réduit à peu de chose les plaisirs de la promenade ; à une centaine de pas de la porte de terre, la stérile commence et règne à plusieurs lieues au loin.

A Cadix, comme dans toute l'Andalousie, se déploient les grands vestiges de la domination mauresque ; chaque montagne porte sur son sommet une petite tour crénelée, qui était destinée à garder le pays ; là se trouvaient des émirs chargés de veiller sur les populations chrétiennes qui cultivaient les terres.

A mesure qu'on marche vers Cadix, tout se ressent de la civilisation maure ; à dix lieues autour de la cité, tout est coupé par des canaux artificiels au milieu de plaines fertilisées à bras ; des villages entiers conservent les formes orientales, la porte des maisons est tournée vers le lever du soleil. Les traditions se perpétuent en Espagne ; il y a dans toutes les pompes quelque chose d'antique et de solennel, et rien n'est curieux comme une procession municipale. D'abord, en tête, cinq ou six hommes du peuple, avec des massues, frappent de droite et de gauche, et il faut bien se garder de ne pas se retirer avec humilité ; il vous assommeraient saintement, parce que, selon les paroles de la Bible, les juifs supportaient les plaies que Jehova leur envoyait dans sa colère. Puis arrivent *los gigantes,* mannequins à formes colossales, habillés en rois maures qui dansent et se trémoussent d'une manière grave ; la foule les poursuit, et leur jette des fleurs ou des pierres selon le caprice. Après viennent *los enanos,* nains difformes, qui excitent le gros rire espagnol par leurs contorsions, roulant leurs yeux comme des possédés. Enfin, les mystères joués par des personnages en bois, jeu sacré où dominent saint Christophe et la Vierge.

SARAGOSSE.

Saragosse, capitale de l'Aragon, est située sur la rive gauche de l'Ebre ; ce n'est point une ville fortifiée ; elle est seulement protégée par un mur d'enceinte, haut de dix à douze pieds et destiné à empêcher la contrebande. Ses principaux édifices sont de nombreux couvents tous construits en pierre de taille et solidement voûtés. Les maisons sont également conçues dans le même système, et chacune de ces demeures est en état de soutenir un siége. Cette circonstance explique comment à la faveur de tels abris les habitants de Saragosse purent prolonger si longtemps une héroïque résistance.

L'aspect que présente Saragosse est celui d'une ville riche au milieu d'une plaine étendue et fertile ; le terrain offre peu de mouvement ; mais les environs sont embellis par une culture variée et par des édifices curieux.

La situation de cette ville est superbe ; la plaine qui l'environne est arrosée par deux rivières, le Galèzo et la Huerva, qui coulent à peu de distance de ses murs dont le pied est baigné par l'Ebre, fleuve majestueux. Le nouveau canal d'Aragon parcourt le territoire de Saragosse ; des jardins immenses étalent tout autour les richesses les plus variées de l'agriculture. La pureté du ciel, la douceur du climat, jointes à la fertilité du sol, font de ce pays un séjour on ne peut plus agréable.

Saragosse est une des plus grandes villes de l'Espagne ; mais sa population ne répond pas à son étendue. Elle ne s'élève pas à soixante mille habitants.

La plupart des rues de Saragosse sont étroites, irrégulières, pavées avec des cailloux bruts, sur lesquels on marche avec peine. Dans le petit nombre de celles qu'on peut citer pour leur largeur et leur alignement, on doit distinguer la rue Sainte (*Calle-Santa*).

Parmi les monuments de Saragosse, il en est un qui étonne les voyageurs ; c'est la Tour-Neuve, ainsi appelée depuis l'année 1504, époque de sa fondation. Cette tour est inclinée d'une manière surprenante et rappelle la tour de Pise. Elle est bâtie en briques, et d'une grande hauteur ; on y monte par un escalier de deux cent quatre-vingts marches.

Cette ville possède plusieurs églises qui méritent d'être visitées ; celle de *Notre-Dame-del-Pilar* est la plus célèbre. Les arts se sont réunis pour décorer l'intérieur de ce temple. On y a prodigué tous les embellissements, et on l'a fait avec une profusion peu commune. L'architecture, la peinture, la sculpture y déploient à l'envi leurs trésors.

Quand la révolte de Madrid eut donné le signal de l'insurrection contre les Français sur tout le territoire espagnol (2 mai 1808), le peuple de Saragosse investit du gouvernement civil et militaire de l'Aragon, don Joseph Palafox y Melzi, jeune officier de vingt-huit ans, qui possédait sa confiance. Vers le milieu du mois de juin 1808, le général Lefèvre-Desnouettes se porta de Pampelune sur Saragosse, et battit Palafox, le 4 août suivant; ses troupes pénétrèrent dans la place et se logèrent dans quelques couvents et maisons; mais le désastre de Baylen les força d'en sortir. Les habitants, fiers de leur succès, en rendirent grâce à *Notre-Dame-del-Pilar*, patronne de Saragosse, que leurs prêtres les avaient habitués à regarder comme leur sauvegarde.

La présence de Napoléon ramena la victoire en Espagne. Le 20 décembre 1808, Saragosse fut de nouveau investie par les corps réunis du général Moncey et du maréchal Mortier, s'élevant à trente-un mille hommes. L'armée assiégée était de cinquante mille hommes tant soldats que paysans. Les habitants capables de porter les armes avaient tous reçu des fusils fournis par les Anglais.

Le 22 janvier 1809, le maréchal Lannes prit le commandement des troupes de siége. Le 26, toutes les batteries contre la ville étant terminées, cinquante pièces d'artillerie tonnèrent dès le matin et rendirent la brèche praticable. Maîtres de l'enceinte de la ville et de plusieurs maisons qui l'avoisinent, les Français s'y fortifient. Alors commence un nouveau genre de guerre. Les assiégés se défendent de rue en rue, de maison en maison, d'étage en étage. Hommes, femmes, enfants, prêtres, moines, tout combat, tout brave la mort. La sape et la mine sont employées pour réduire des adversaires qui ont l'avantage du nombre et de la position. L'intérieur de la ville, sillonné de boulets, d'éclats de bombes, n'offre qu'un amas de débris et de cadavres. La peste réunit ses effets meurtriers à ceux des armes. Depuis le commencement de février quatre cents personnes succombent tous les jours et restent sans sépulture.

Cependant le peuple ne veut pas entendre parler de capitulation. Palafox est placé sous la surveillance de trois moines et de trois hommes sortis des derniers rangs; ils ont mission de l'empêcher de fuir ou de se rendre. Enfin, attaqué de l'épidémie qui ravage la ville, Palafox se démet de son autorité, et désigne pour son successeur le général Saint-Marc, qui consent à présider une junte créée sur-le-champ. Le 20 février l'attaque continue, et la défense n'est pas moins opiniâtre ; le général français prend des mesures pour que, le lendemain, la ville soit ensevelie sous ses ruines. A quatre heures du soir une députation de la junte vient traiter de la reddition de la place, et Saragosse se rend à discrétion.

Le 21, à midi, la garnison, réduite à quinze mille hommes, défile et pose les armes. La conquête des Français n'est qu'un vaste cimetière : cinquante-quatre mille personnes avaient péri pendant le siége; plus de mille habitants moururent encore après la capitulation. Saragosse présentait le plus hideux spectacle. « Jamais peut-être, dit un historien, le démon de la guerre n'avait accumulé tant et de si épouvantables maux sur une surface si étroite. Triste condition des hommes, qu'il faille célébrer comme un événement heureux pour les vainqueurs une si horrible destruction ! »

GIBRALTAR.

Le moyen-âge, par un rare bonheur d'expression qui lui était propre, nomma clé des deux-mers, *clé de l'Océan, promontoire du passage*, ce mont qui, sortant du milieu même de la mer, sans communication avec aucune autre montagne, et détaché par toute sa circonférence, s'élève tout à la pointe méridionale de l'Europe. Sa position même réclamait ce nom. C'était comme une sentinelle de pierre postée là en avant, tout exprès pour défendre l'Europe des attaques de l'autre monde, qui pouvait avoir envie de se ruer un jour sur l'Espagne comme un torrent impétueux. Maintenant ce mont s'appelle tout simplement *Gibraltar*, de deux noms arabes *Gibel*, montagne, et *Thar*, coupé, partagé, divisé. Suivant cette étymologie, qui semble la plus raisonnable, Gibraltar signifie *mont partagé* ou *coupé*. En effet, dans les hauteurs qui se dressent à la pointe de l'Europe, une profonde scissure appelée la *coupure*, divise en deux cette montagne, et forme comme une rue dont les revers du rocher seraient les maisons.

La ville de Gibraltar, qui doit toute sa célébrité à sa position et à ses forts réputés inexpugnables, est en général peu connue : cependant on en possède un plan très détaillé au dépôt de la guerre et l'on peut en voir un plan en relief des plus exacts dans la collection de places fortes conservé dans les combles de l'hôtel des Invalides.

Sur les rivages opposés du détroit qui unit l'Océan et la Méditerranée s'élèvent en face l'un de l'autre le mont Gibraltar et le mont aux Singes, auxquels les anciens avaient donné le nom de Colonnes d'Hercule ; le détroit n'a que six lieues de largeur, et les vaisseaux qui se rendent d'une mer dans l'autre, sont exposés au feu de l'artillerie formidable dont les rochers de Gibraltar ont été garnis par les Anglais devenus, en 1704, maîtres de cette importante position; ces derniers s'y sont maintenus depuis malgré les efforts des Espagnols et des Français réunis.

Le gouvernement de Gibraltar est dévolu à un prince du sang d'Angleterre, ayant pour le représenter un chef militaire investi des fonctions de lieutenant-gouverneur. L'officier-général revêtu de cette dignité habite dans un ancien cloître, vulgairement appelé *le couvent*.

Vue de la rade, la ville, bâtie en amphithéâtre au pied d'une montagne escarpée, offre un coup-d'œil ravissant. Ses édifices ont un air de fraîcheur et d'élégance qui fait oublier tout ce que le sol d'alentour a d'aride et de sauvage. On remarque presque partout une propreté que les Anglais ont soin et intérêt d'entretenir, pour empêcher le développement des épidémies qui s'y manifestent quelquefois. De grandes rues ornées de trottoirs, bordées de maisons agréables et peu élevées, de vastes casernes et d'autres établissements publics, tout cela entremêlé de plantations diverses, prouve ce que peut l'industrie de l'homme dans des lieux où la nature semblait se refuser à tout agrément. Une jolie promenade, dessinée en jardin anglais, a été plantée à peu de distance et en dehors de la partie méridionale de la ville. Là, mille allées sinueuses et de différentes largeurs, parcourent un espace étendu et s'élèvent à une assez grande hauteur sur le penchant occidental de la montagne. Au dessous, on découvre une batterie, la première que les Anglais enlevèrent lorsqu'ils s'emparèrent de Gibraltar; c'est celle qui aujourd'hui est chargée de répondre aux saluts qui sont faits par les bâtiments de guerre. Ce ne sont pas des considérations de pur agrément qui engagent le gouvernement anglais à multiplier toutes sortes d'embellissements à Gibraltar; il pense forcer par là les habitants et la garnison à prendre plus fréquemment l'exercice de la promenade qui leur est si nécessaire.

La ville de Gibraltar est animée par une population active et formée d'éléments si divers que l'on pourrait se croire dans un bazar d'Orient; le bas peuple est presque entièrement composé d'Espagnols revêtus d'un costume plus pittoresque et plus caractéristique que dans les autres parties de la péninsule. La ville de Gibraltar est devenue comme un sol neutre où chacun suit sa religion sans avoir à redouter les rigueurs de l'intolérance. On y voit un grand nombre de juifs. Tout le monde travaille à Gibraltar ; on n'y rencontre ni mendiants, ni saltimbanques, ni prédicateurs ambulants.

Le rocher énorme de Gibraltar, qui forme l'extrémité australe de l'Europe, tient, comme on sait, à l'Espagne par une langue de terre sablonneuse extrêmement basse ; il est coupé à pic de ce côté et du côté de l'est, et n'a pas moins de quatre cent huit mètres de hauteur à sa partie la plus élevée.

Les fortifications commencent, du côté de l'ouest, au bas de la ville, dont les murs s'avancent jusque dans la mer ; elles s'élèvent progressivement ensuite vers le sommet de la montagne, où l'on découvre encore des batteries. Comme, du côté du nord, le rocher est perpendiculaire et n'offre aucun point pour y mettre de l'artillerie, les Anglais ont creusé dans le roc plusieurs étages de galeries souterraines, le long desquelles on a ouvert, par intervalles, des espèces d'embrasures où l'on a placé cinq cents canons, que l'on aperçoit à peine quand on est en mer.

Ces galeries sont coupées par de vastes salles qui servent de dépôts pour les vivres et les munitions. Il faut plus de deux heures de marche pour parcourir ces souterrains artificiels, creusés dans le roc à trois cents pieds au dessous du sol et à mille pieds au dessus du niveau de la mer. Dans ces souterrains, non seulement la garnison, mais toute la population de Gibraltar trouverait un refuge assuré dans le cas d'un bombardement ; l'immense quantité de vivres et de munitions qui y sont entassés donnerait le temps aux Anglais de venir au secours de la ville et du port assiégés.

On monte, par des chemins pratiqués avec art jusqu'au sommet de la montagne, où était primitivement placée une batterie de mortiers que la foudre fit écrouler en 1813, et dont on voit encore les débris. Ces chemins sont parfaitement bien entretenus, et la pente en est assez douce pour que l'on puisse y aller à cheval. Du haut de ce rocher fameux qui forme, avec le mont aux Singes, le détroit qui réunit la Méditerranée à l'Océan atlantique, la vue est vaste et imposante. Au sud et dans le lointain, on découvre les côtes d'Afrique. Du côté de l'Espagne, les regards planent sur la petite ville de Saint-Roch et ses lignes de fortifications à peu près détruites ; de nombreuses tours abandonnées, bâties du temps des Maures, bordent le rivage. C'est là que les Espagnols trouvaient un refuge contre les attaques de ces terribles voisins.

LISBONNE.

CAPITALE DU PORTUGAL.

Lisbonne, capitale du Portugal, s'élève à l'endroit où, après avoir formé le lac qu'on a nommé la *Mer de la Paille*, le Tage se rétrécit pour se jeter dans l'Océan. Ses maisons, placées sur les bords du fleuve et sur plusieurs collines, forment amphithéâtre, en suivant, dans une étendue de plus d'une lieue, le cours du fleuve.

Ces édifices, ainsi disposés par étages, au milieu desquels surgissent les hautes tours et les môles du port, ces nombreux vaisseaux qui stationnent dans la vaste nappe d'eau du fleuve, et, au delà de ce premier plan, les montagnes chargées de riches plantations qui dominent la ville, tout cela offre un coup-d'œil magnifique, auquel malheureusement l'intérieur de la ville ne répond pas. La partie vieille est celle qui a échappé au fameux tremblement de terre de 1755; les rues y sont étroites, tortueuses, sales, obscures, encaissées entre des maisons mesquines, hautes de cinq à six étages. La partie neuve, contraste avec celle-ci par la largeur de la voie publique, les dimensions mieux entendues des maisons, et où l'on trouve un certain nombre de rues bien alignées et garnies de trottoirs. Elles sont toutes éclairées pendant la nuit et surveillées par une garde active. En général, les maisons sont en bois, à l'exception de quelques parties extérieures qui sont revêtues de pierres.

Lisbonne renferme un monument que l'on peut mettre en parallèle avec tout ce que l'antiquité a produit de plus beau dans ce genre : c'est un aqueduc qui amène à la ville les eaux d'une colline éloignée de près de trois lieues, et alimente trente-quatre fontaines publiques. Cet aqueduc, construit il y a près d'un siècle, se divise en deux branches qui desservent, l'une la partie nord, l'autre la partie nord-ouest de la ville. La première est dans le style gothique, la seconde d'architecture romaine.

Lisbonne compte quelques beaux hôtels dont l'ameublement intérieur n'est pas sans magnificence, et contraste étrangement avec l'état misérable et sale des maisons du peuple.

Non seulement cette ville fait presque tout le commerce des colonies portugaises, mais encore près des trois cinquièmes de celui de tout le royaume avec l'étranger. Son port, qui n'est, à proprement parler, qu'un mouillage très sûr, formé par le fleuve, dont la largeur est en cet endroit d'un tiers de lieue, peut recevoir des vaisseaux de guerre de haut bord : toute la côte voisine est d'un abord facile et protégée par de nombreuses batteries et par deux forts. En face de l'un d'eux, au milieu même de l'entrée du Tage, s'élève la tour de Bugio, d'une défense formidable. Près du port sont des bassins et des chantiers de construction.

La température de Lisbonne est assez constante ; l'hiver y est humide ; les pluies sont surtout fréquentes de novembre à février. Le froid et les gelées y sont presque inconnus. On y éprouve encore quelques secousses de tremblement de terre, quand à un automne sec succèdent tout à coup des pluies abondantes.

Le peu d'activité des habitants de Lisbonne donne à cette ville une teinte de tristesse ; ils sont d'ailleurs superstitieux, portés à se venger ; mais sobres, économes et loyaux dans leurs relations commerciales. Parmi les hommes célèbres que Lisbonne a vus naître, on doit citer, le célèbre poète Camoens.

Les environs de Lisbonne sont enchanteurs ; on y voit une infinité de maisons de campagne, souvent très belles et ornées de jardins charmants.

Lisbonne a été occupée par les Romains, qui y ont laissé des traces de leur passage. Auguste la peupla presque entièrement de citoyens romains, et l'éleva au rang de ville municipale. On y a trouvé, vers la fin du siècle dernier, des débris d'un théâtre bâti par ce peuple.

Les Maures s'emparèrent de Lisbonne dès le premier siècle de l'Eglise, elle leur fut enlevée et détruite dix siècles plus tard ; mais sur ses ruines s'éleva une nouvelle ville, que les Maures envahirent et perdirent ensuite à deux reprises différentes. En 1807, l'armée française s'empara de Lisbonne, et y résista quelque temps aux forces combinées des Anglais et des Portugais. Quand nous fûmes forcés d'évacuer cette place, les Anglais la mirent à l'abri d'un coup de main, au moyen de travaux militaires exécutés sur une suite de hauteur à cinq lieues de distance de la ville. Deux ans plus tard, les Français revinrent, sous le commandement de Masséna, attaquer Lisbonne : mais ces fortifications firent son salut.

Sans les tremblements de terre et le fatal protectorat de l'Angleterre, qui a si longtemps paralysé, et paralysera longtemps encore peut-être, l'industrie portugaise, Lisbonne aurait atteint un haut degré de prospérité. Sa position éminemment favorable au commerce maritime, et la beauté de son port, doivent, tôt ou tard, rendre celui-ci l'un des premiers du monde.

XÉREZ.

La ville de Xérez est célèbre par la fameuse bataille que perdirent jadis, presque sous ses murs, les Espagnols écrasés par les hordes des Maures. Xérez doit au vin qu'on récolte dans ses environs d'être connue dans toute l'Europe. Le territoire de cette ville est très fertile et bien cultivé ; les Français et les Anglais y ont des maisons dont le vin fait le principal commerce ; on évalue à 50 mille quintaux la quantité qui s'en exporte tous les ans.

Le chemin que l'on suit quand on arrive d'Ascala à Xérez est orné des deux côtés de bancs, de palissades, de claires-voies en bois peint, et de chaque côté ce sont des palmiers, des orangers et d'autres arbres des pays chauds. On dirait une avenue ornée avec coquetterie et percée au milieu de magnifiques jardins.

Dans Xérez même, les étrangers sont agréablement surpris de trouver de magnifiques jardins ornés d'orangers, de citroniers et d'autres arbres fruitiers de toutes les espèces. Ceux du monastère des Chartreux sont surtout remarquables ; c'est une succession de vergers, de bosquets, de potagers et de parterres qui rivalisent de grâce et de richesse.

L'intérieur de Xérez répond à la beauté des environs de cette ville. Grande, agréable et riante, elle a des rues larges, propres, bien tenues, pavées avec soin, on peut dire même avec recherche et élégance. On porte la population de Xérez à plus de vingt mille âmes.

L'agriculture proprement dite n'est pas la seule ressource des habitants de Xérez. On y voit quelques manufactures, mais ce qui contribue encore plus activement à l'aisance des habitants, c'est le commerce des chevaux de race. Dans le dix-septième siècle, Xérez comptait plus de cinq mille juments et vendait par an près de deux mille poulains. Cette industrie est aujourd'hui beaucoup moins importante.

ALLEMAGNE.

VIENNE.

CAPITALE DE L'EMPIRE D'AUTRICHE.

Le palais de Schœnbrunn.

Vienne, en allemand *Wien*, porte le nom d'une petite rivière qui la traverse et s'y jette dans le Danube. Capitale de l'Autriche, cette ville est la plus considérable de l'Allemagne ; on n'y compte pas moins de trois cent trente-et-un mille habitants. Elle s'élève sur les bords du Danube, au centre d'un magnifique bassin à perte de vue du côté du nord, où l'œil suit à peine les sinuosités du fleuve, dont le cours est divisé par des îles verdoyantes. Des villages et des maisons de campagne s'étendent sur les flancs des montagnes qui dominent sa rive droite. La capitale de l'empire d'Autriche est de la même superficie que Paris. On y compte trente-quatre faubourgs ; ils ne doivent leur étendue qu'aux jardins et aux champs cultivés qu'ils renferment, et qui, sur quelques points, cèdent la place à d'élégantes habitations : on évalue à plus de six à sept cents le nombre de celles qui s'y sont élevées depuis 1826. A peu près au centre du terrain qu'elle occupe, s'élève la véritable ville, communiquant par douze portes avec les faubourgs, et entourée de fossés et de remparts qui, depuis longtemps, sont couverts de promenades embellies par d'élégants cafés, et ornés de deux jardins dont l'un est ouvert au public, et l'autre est réservé à la cour. Autant la cité, avec ses rues irrégulières et tortueuses, porte un caractère d'ancienneté, autant ses faubourgs, entre autres le *Leopoldstadt* et l'*Iagerzeile*, situés dans une île du Danube, sont remarquables par leurs places, leurs grandes et belles rues et la beauté des édifices publics et particuliers. Les monuments les plus remarquables sont *Schweizerhof* ou le palais impérial, édifice plus remarquable par les riches collections scientifiques qu'il renferme que par son architecture et les appartements de l'empereur ; l'église des Augustins, où l'on admire un chef-d'œuvre de Canova, le mausolée de l'archiduchesse Christine ; la cathédrale, monument gothique du quatorzième siècle, dont la tour, élevée de quatre cent vingt-huit pieds, supporte une cloche du poids de trois cent cinquante-quatre quintaux, faite avec les canons enlevés aux Turcs après leur défaite sous les murs de Vienne. Ses principales places publiques sont le *Hof*, que décore une statue colossale de la sainte Vierge ; le *Burgplatz*, où s'élève le palais impérial ; le *Josephsplatz*, décoré d'une statue équestre en bronze de Joseph II ; le *Graben* et le *Neumarkt*, qu'embellissent des fontaines d'un style remarquable ; le *Burgthor* est la plus belle porte de Vienne ; le *Prater*, sa plus belle promenade. Vienne renferme de riches bibliothèques, de beaux établissements d'instruction et de bienfaisance, entre autres un hôpital qui renferme trois mille lits. Son activité industrielle est prodigieuse : elle emploie soixante mille ouvriers ; ses manufactures fournissent le chargement de plus de six mille bateaux, et deux cent mille voitures. La bibliothèque impériale est riche de trois cent mille volumes, de seize mille manuscrits et de six mille exemplaires des premiers essais de l'imprimerie. Le palais du Belvédère renferme un musée composé de plus de deux mille cinq cents tableaux, parmi lesquels se trouvent plusieurs chefs-d'œuvre. L'institut polytechnique est une école où l'on enseigne tout ce qui a rapport aux arts, au commerce et à l'industrie. L'université compte quarante-quatre professeurs et quatre mille élèves, qui se livrent aux études de la médecine, de la chimie, de la physique et des sciences naturelles. Le conservatoire impérial possède des maîtres de musique distingués et cent soixante-quinze élèves des deux sexes. Enfin, Vienne a cinq grands colléges et un très grand nombre d'écoles gratuites. C'est la patrie du poëte Henri de Collin, et de l'historien Schrockh. Elle était connue dans l'antiquité sous le nom de *Castra Fabiana* ou *Faviana*, et plus tard sous celui de *Vindobona*. Marc-Aurèle y termina ses jours.

Les arsenaux de Vienne contiennent une riche collection de machines de guerre anciennes et modernes. On voit dans le grand arsenal quatre énormes pièces de canon turques, monuments des victoires du prince Eugène ; l'une d'elles, portant la date de 1516, fut prise à Belgrade en 1717 ; elle pèse cent soixante-dix-neuf quintaux, et peut lancer un boulet de cent vingt-quatre livres ; une autre, fondue en 1560, pèse cent dix-sept quintaux, et peut recevoir un boulet de soixante. On voit auprès deux machines en bois, dont l'une lance un boulet de pierre de quatre cents livres et plus, et l'autre un boulet de deux cent cinquante. Il y a aussi un mortier de fer d'un calibre énorme, entouré de cercles de fer qui ont chacun deux pouces d'épaisseur, et un autre mortier de bronze, plus grand, sur lequel ces mots sont gravés : *Sigismond, archiduc d'Autriche, 1404*. Les murs extérieurs de l'édifice sont entourés d'une chaîne qui a douze cents pieds de longueur, et dont chaque chaînon pèse vingt-quatre livres. Ce n'est qu'un fragment d'une chaîne que les Turcs avaient jetée sur le Danube, près de Bade en Hongrie, pour empêcher les chaloupes canonnières des Autrichiens d'en approcher. Parmi les restes d'armures antiques, est le bonnet de velours rouge de Godefroi de Bouillon, et le gilet de peau de buffle de Gustave-Adolphe, roi de Suède, percé au côté droit par la balle qui termina l'existence de ce prince à la bataille de Lutzen, en Saxe, en 1632.

Lorsqu'on sort de la capitale de la monarchie autrichienne par le faubourg de Mariahilf et qu'on se dirige vers la vallée que forme la petite rivière la Vienne, dont la ville des modernes Césars a reçu le nom, rien n'annonce d'abord qu'on approche du palais favori d'un empereur puissant. Mais peu à peu la campagne et les villages prennent cet air de fête et de prospérité qu'en Allemagne surtout les demeures royales répandent autour d'elles, et bientôt une longue avenue attire les regards vers le château de Schœnbrunn, qui s'élève au fond de la vallée.

Schœnbrunn n'était encore, au milieu du dix-septième siècle, qu'un lieu de halte et de repos, servant aux rendez-vous de chasse des princes de la famille impériale ; mais quelques empereurs l'ayant pris dans la suite en faveur, y firent faire de vastes plantations, et le parc était déjà devenu en 1683 assez remarquable pour mériter d'être ravagé par les Turcs à leur première apparition sous les murs de Vienne. L'empereur Léopold Ier, après avoir réparé les dévastations commises par les barbares, choisit Schœnbrunn pour y faire bâtir un palais qu'il destinait à son fils l'archiduc Joseph. Commencé en 1690, sur les plans de l'habile architecte Fischer, et construit sous sa direction, le château de Schœnbrunn fut achevé en 1700, et inauguré par des fêtes splendides et par de brillants tournois. Devenu empereur en 1705, à la mort de son père, Joseph Ier, dont les quatre cent quinze chambellans qu'il entretenait à sa cour, comme roi des Romains et comme empereur d'Allemagne, indiquent assez les goûts fastueux, fit exécuter quelques travaux à son château de Schœnbrunn ; mais ce fut surtout sous l'impératrice-reine Marie-Thérèse que le noble palais impérial s'agrandit et s'embellit. Marie-Thérèse le préférait à toute autre maison de plaisance ; elle l'adopta même presque exclusivement pour sa résidence d'été. Le vieux château devint le principal corps de bâtiment du palais nouveau, qui n'a subi depuis lors que de légères modifications. Etant ainsi le résultat de deux pensées et de deux époques, l'édifice ne pouvait manquer de présenter des différences dans le style et des irrégularités de détail ; mais ces défauts partiels ne nuisent point à l'effet général de l'ensemble et n'altèrent point le caractère grandiose de sa masse imposante et majestueuse. On a appelé Schœnbrunn le Versailles de Marie-Thérèse.

L'intérieur du château de Schœnbrunn est riche sans magnificence, élégant sans recherche. Des tapis, des porcelaines de Chine, des glaces, des lustres, beaux produits des célèbres manufactures de la Bohême, sont les principales décorations des appartements, dont les proportions d'ailleurs et la distribution n'ont rien que d'assez vulgaire. Les peintures, médiocres de composition et d'exécution, représentant le mariage de l'empereur Joseph II avec la princesse de Parme, des tournois et des distributions faites par Marie-Thérèse de son ordre de Saint-Etienne, offrent quelque intérêt en ce que les figures sont presque toutes des portraits de personnages historiques. Entre les rares morceaux de sculpture qui ornent l'intérieur de Schœnbrunn, on ne remarque guère que les bustes en albâtre de l'empereur François Ier, dont Marie-Thérèse, sa veuve, porta le deuil pendant quinze ans, et de l'étrange Joseph II, que Frédéric de Prusse nommait *mon frère le sacristain*. Une belle cheminée d'albâtre, offerte à Joseph II par le pape Pie IV, en rappelant le séjour du souverain pontife à Schœnbrunn, rappelle aussi que l'empereur, en dépit de son surnom de sacristain, ne se montra que peu reconnaissant du si rare honneur d'une pareille visite.

Le palais de Schœnbrunn est placé entre cour et jardin. La cour, assez simple, est seulement décorée de groupes représentant le Danube, l'Inn et l'Enns, fleuves qui fertilisent l'Autriche, et de deux fontaines en obélisques ; mais le jardin, un des plus riches de l'Europe, est le titre populaire de Schœnbrunn à la célébrité. Comme le goût de la botanique se transmet, pour ainsi dire, héréditairement dans la famille impériale, le parc de Schœnbrunn a été, plus encore que le château lui-même, l'objet d'une constante sollicitude. Marie-Thérèse le recommanda particulièrement à Paccasi, et l'architecte jardinier le distribua avec goût et élégance. Ce parc s'embellit et s'enrichit encore par les soins des successeurs de la grande impératrice, et il est enfin devenu, entre les mains de l'empereur aujourd'hui régnant, une des merveilles autrichiennes les plus justement signalées à l'admiration des visiteurs. L'accroissement qu'a reçu le jardin, sa structure hollandaise, les conquêtes qu'il a faites sur les végétations étrangères, les magnifiques serres dont il est pourvu, tout est dû à l'empereur

François, qui maniait lui-même la serpette et la bêche. « En entrant, dit un voyageur, dans ces serres les plus vastes qui existent, on pourrait facilement se croire transporté au milieu des forêts de l'Amérique, tant la végétation y est belle et imposante. L'illusion est d'autant plus complète qu'au milieu des bambous, des palmiers, des cannes à sucre, volent les oiseaux des tropiques qui peuvent aussi croire, en se voyant entourés des arbres où ils s'étaient mille fois reposés, n'avoir point quitté la terre natale. »

Indépendamment de ces serres, le jardin possède encore une belle ménagerie, une pièce d'eau décorée des images de Neptune et de Thétis qu'entourent leurs courtisans, tritons, néréides, chevaux et monstres marins ; de nombreuses statues disposées en groupes ou isolées, un arc de triomphe dégradé, pompeusement appelé la *Ruine*; un obélisque, dit égyptien, posé sur quatre tortues dorées, surchargé d'hiéroglyphes et surmonté d'un aigle aux ailes étendues, et enfin, sur une hauteur, un pavillon, nommé la *Gloriette*. Ce petit nom, d'une légèreté toute française, contraste singulièrement avec les proportions lourdes, massives et sans grâces du monument qui le porte. Mais l'immense panorama qu'embrassent les regards du haut de ce belvédère est d'une magnificence sans égale. Après s'être promené sur Vienne et sur ses édifices multipliés, sur les îles du Danube et sur les plantations vigoureuses qui couvrent ses bords, l'œil s'égare dans les vastes plaines de la Hongrie et s'arrête au loin sur des montagnes dont les cimes peu à peu grandissantes forment le cadre du tableau.

D'imposants souvenirs se rattachent au palais de Schœnbrunn. Comme Louis XIV dans Versailles, Marie-Thérèse y jette encore tout l'éclat de son grand nom. Ce n'est pas sans émotion et sans respect que l'on pénètre dans le cabinet de verdure dont elle avait fait son cabinet de travail, et que l'on contemple le banc où, assise avec son confident le prince Kaunitz, elle mettait en balance les intérêts de l'Europe. Un autre nom évoqué dans Schœnbrunn frappe aussi puissamment l'imagination. Deux fois (en 1805 et en 1809) un soldat de fortune, fait empereur des Français par la victoire, parut et commanda un moment en maître dans le palais des empereurs d'Allemagne. Ce fut dans Schœnbrunn que Napoléon vit Marie-Louise pour la première fois.

PRAGUE.

CAPITALE DE BOHÊME.

Le site de Prague, que l'on a comparé à celui de Lyon, réunit tous les éléments naturels de beauté qui contribuent à rendre l'aspect d'une ville agréable et imposant. Les murailles renferment dans leur enceinte une montagne aux pentes brusques et hardies, et une admirable vallée, au milieu de laquelle coule majestueusement un beau fleuve, la Moldau, dont les ondes limpides sont à chaque pas détournées et arrêtées dans leur cours par des groupes d'îles verdoyantes. De riches palais, de nombreux édifices publics, variés dans leur physionomie d'après leurs différents âges d'architecture, des massifs de maisons pressées, de vastes places, des parcs, des jardins disséminés sur les flancs de la montagne et sur les rives du fleuve, forment une grande cité de plus de trois lieues d'étendue. Elle se divise en quatre quartiers bien distincts, dont chacun a un nom et un caractère particuliers : la Nouvelle-Ville, la Vieille-Ville, le Petit-Côté et le Hradschin, qui couronne la montagne sur la rive gauche de la Moldau. Prague, vue dans son ensemble, est pleine d'une originalité pittoresque, et contemplée du haut du Hradschin, la ville, que vivifient ses ondes argentées, déroule sous les yeux un magnifique panorama; mais, considérés dans leurs détails, les édifices publics, les palais seigneuriaux, dont les formes italiennes contrastent désagréablement avec le ciel sombre et gris de la Bohême, n'ont rien, non plus que les maisons bourgeoises, qui doive arrêter longtemps l'attention. Quelques monuments cependant méritent une mention particulière : ce sont le Hradschin, antique palais qu'habitaient les rois de Bohême, et auquel sa masse énorme, bien que grossièrement taillée et disposée sans ordre, donne un grand caractère de force et de majesté; la cathédrale, édifice non achevé, dont quelques parties offrent un beau modèle du style gothique; l'hôtel-de-ville, que recommande son ancienneté, et enfin le pont si renommé qui joint l'une à l'autre les deux rives de la Moldau.

Long de 1,700 pieds sur 35 de largeur, ce pont est orné de chaque côté de hautes statues représentant de saints personnages. Il est d'ailleurs consacré par le martyre de saint Jean Népomucène, l'un des patrons de Prague. Népomucène, que ses vertus et sa piété mettaient en grande considération, était le directeur de la femme du roi Wenceslas. Ce prince l'ayant sommé de lui révéler les secrets de la confession, Népomucène refusa de trahir les devoirs de son ministère. Wenceslas, irrité, le fit jeter en prison, puis appliquer à la torture ; mais comme il ne pouvait vaincre la résistance du confesseur, il ordonna de le précipiter, pieds et poings liés, du haut du pont dans la Moldau (1383). Le peuple retira des eaux le corps du martyr et le porta dans la cathédrale, où il repose encore aujourd'hui sous un magnifique mausolée, tout auprès du tombeau qui renferme les cendres de Wenceslas.

Si Prague, avec son vieil et gigantesque palais du Hradschin, avec ses débris du château de Libussa, avec ses gothiques murailles de guerre, avec sa citadelle du Wischerad, qui garde la ville au sud, avec ses nombreuses églises, ses demeures du moyen-âge, que caractérise l'écusson féodal frappé à la porte, s'annonce comme une de ces villes historiques que les curieux aiment à étudier, parce qu'elles semblent raconter des événements, cette attente est largement satisfaite lorsqu'on interroge ses annales. Habitée par les rois de Bohême et par les empereurs d'Allemagne, elle a vu se déployer toutes les pompes humaines dans leur plus grande magnificence, et se dénouer ces drames lugubres dont les vieilles cours allemandes étaient sans cesse le théâtre. Capitale de la contrée où sévirent avec leur plus ardente fureur les guerres religieuses qui désolèrent l'Allemagne, un siècle avant la révolution luthérienne, elle fut le foyer de l'incendie qu'allumèrent Jean Huss et Jérôme de Prague, ou plutôt des persécutions cruelles dirigées contre les partisans de ces deux réformateurs, martyrs de leur foi. Les catholiques et les hussites, qui se faisaient une guerre d'extermination, ravagèrent Prague tour à tour, et la cathédrale porte encore les traces des dévastations commises par le fameux Ziska. Les querelles qui s'engagèrent plus tard entre les catholiques et les protestants ne furent pas moins funestes à la ville et à ses habitants.

Après les guerres religieuses, les guerres politiques vinrent illustrer aussi les annales de Prague. Souvent le Hradschin entendit gronder le canon ennemi, et les boulets du grand Frédéric roulèrent dans ses cours. Les Français surtout ont attaché au nom de Prague de beaux souvenirs militaires. La prise d'assaut de la capitale de la Bohême par le brave Chevert (1741), sous les ordres du comte de Saxe, fut un trait d'armes qui retentit dans toute l'Europe. Le coup de main s'accomplit pendant la nuit. « Tu monteras par là, dit Chevert à un sergent de grenadiers qui s'était présenté lorsque ce général, au moment de l'assaut, avait demandé *un brave à trois poils* pour une mission périlleuse ; on te criera : Qui vive ? tu ne répondras pas ; on te criera une seconde fois, tu ne répondras pas davantage ; une troisième, tu resteras muet, en avançant toujours. On tirera sur toi, on te manquera ; toi, tu ne manqueras pas la sentinelle : nous te suivrons à la file, et nous serons maîtres de la ville. » La prédiction s'accomplit de point en point. Tout fut admirable dans cette expédition des Français ; pas une goutte de sang ne fut versée, aucun désordre n'eut lieu dans la ville, enlevée par un assaut de nuit. La faible troupe qui s'empara de Prague s'y maintint longtemps avec une habileté, une valeur, une résolution extraordinaires ; puis, quand il fallut enfin abandonner la conquête, le maréchal de Belle-Isle opéra une retraite qui effaça la retraite tant vantée de Xénophon.

A ces titres de renommée que nous venons d'indiquer se joint encore, dans l'histoire de Prague, une illustration d'une autre nature, mais non moins glorieuse. Prague fut longtemps une des capitales de l'Europe littéraire, et son université, fondée vers le milieu du quatorzième siècle par l'empereur Charles IV, comptait encore plus de 8,000 élèves dans le dernier siècle. Depuis cette époque, plusieurs villes d'Allemagne, entrées peu à peu en rivalité avec elle, ont partagé sa célébrité, et d'autres foyers de lumières brillent maintenant d'un éclat non moins vif que le sien. Heureusement, tandis qu'elle perdait d'un côté, Prague gagnait de l'autre : devenue aujourd'hui un des principaux centres du mouvement commercial et industriel de l'Allemagne, elle fait de rapides progrès dans cette voie, et sa population, qui croît d'année en année, a déjà dépassé 100,000 âmes. Ainsi, Prague a toujours eu d'éclatantes destinées dans toutes les phases de la civilisation moderne : au temps des agitations féodales, au siècle des révolutions religieuses, à l'époque des grands mouvements intellectuels, au moment des guerres politiques qui tendaient à établir les bases de l'équilibre européen, Prague a toujours été ville capitale ; elle l'est encore maintenant que les intérêts positifs sont la pensée, la tendance générale des esprits.

Le dernier événement européen, la révolution française de 1830, a encore contribué accidentellement à appeler l'attention sur Prague. Le vieux palais du Hradschin fut l'une des dernières résidences de Charles X et de sa famille.

KARLSBAD.

BOHÊME.

Karlsbad est une ville de peu d'importance par sa population, qui n'est que de 6,000 âmes; mais elle est renommée pour ses bains d'eau chaude, où l'on peut faire cuire des œufs et même de la viande. Ils furent découverts par un petit chien qui, en chassant, s'y brûla les pattes, en 1370, sous le règne de Charles IV, dont on lui donna le nom. Cette ville n'exerce pas d'autre industrie que sa productive hospitalité envers les étrangers qui viennent prendre ses eaux. Sa situation entre des montagnes qui l'abritent des vents et au confluent de la Toppel avec l'Eger, est des plus pittoresques. En 1604, Karlsbad fut presque entièrement détruit par un incendie. Depuis il s'est relevé de ses ruines et s'est singulièrement embelli.

MUNICH.

BAVIÈRE.

Munich (*Monachium*), située sur l'Iser, dont un bras la traverse, est la capitale du royaume de Bavière. Elle s'annonce de loin comme une grande cité; en effet, sa population est de quatre-vingt-quinze mille âmes, et elle est une des plus belles villes allemandes, bien qu'elle manque de régularité. Ce qui contribue à l'embellir, ce sont ses places publiques, telles que celle de *Maximilien*, celle de *Max-Joseph* et la place d'*Armes*; plusieurs palais, celui des Etats généraux, le ministère de l'intérieur, l'hôtel-de-ville, la nouvelle Monnaie, les deux principaux théâtres, l'académie des sciences, et surtout le palais royal, moins remarquable encore par son immense étendue et la magnificence de la décoration intérieure que par les galeries de tableaux et d'objets précieux qu'il renferme. La ville possède encore plusieurs autres collections, un musée royal de peinture appelé la *Pinacothèque*, le musée de sculpture ou la *Glyptothèque*, une bibliothèque royale de plus de quatre cent mille volumes, un riche cabinet de médailles, un musée brésilien, un bel observatoire, un jardin botanique bien tenu, deux académies royales, celle des sciences et celle des arts ; des bibliothèques ; une importante université, établie autrefois à Landshut ; des établissements scientifiques de toute espèce ; de nombreuses écoles pour les enfants de toutes les classes ; des hôpitaux et des maisons de refuge pour le soulagement de l'humanité souffrante et la répression de la mendicité. La plus grande partie de la population de Munich ne subsiste que des dépenses de la cour et des emplois du gouvernement. Les fabriques y sont peu importantes, si l'on en excepte quelques brasseries et une manufacture de tapisseries de haute lisse. Quant au commerce, le seul qui ait de l'activité est celui d'expéditions. A une lieue de la ville, le roi possède le château de *Nymphenbourg*, dont on admire le parc et les belles eaux. *Schleissheim*, qui renferme plus de mille cinq cents tableaux et qui possède une importante école d'économie rurale, est regardé comme une des plus magnifiques résidences royales de l'Allemagne. *Bilderstein* possède aussi de beaux jardins, et *Tegernsee*, où le roi passe une partie de l'été, est agréablement situé sur le lac Tegern.

ULM.

SOUABE.

Ulm fut autrefois une ville libre et impériale, et la capitale des Etats de l'électeur de Bavière en Souabe. Elle est située sur la rive gauche du Danube, à l'endroit où ce fleuve reçoit le Lauter et l'Iller. Son nom vient d'*Ulmus* (ormeau), parce que dans le lieu où cette ville fut construite il y avait une grande quantité d'ormeaux. Ulm n'était qu'une faible bourgade au temps de Charlemagne. L'empereur Lothaire II la ruina ; elle fut ensuite rebâtie, agrandie et entourée de murailles vers l'an 1300. Frédéric III mit Ulm au rang des villes impériales. Le duc de Bavière surprit cette place en 1702, elle recouvra sa liberté deux ans après. Bientôt ses fortifications reçurent de grands développements ; les Français les firent démolir en partie en 1801, lorsqu'elle leur fut cédée pour gage de la paix, après leur victoire de Hohenlinden. En octobre 1805, le général Mack y capitula avec trente-six mille Autrichiens. L'église cathédrale d'Ulm passe pour un chef-d'œuvre, c'est une des plus grandes de l'Allemagne. La population d'Ulm, qui est aujourd'hui comprise dans le cercle du Danube, n'excède pas douze mille âmes.

INSPRUCK.

TYROL.

Innsbruck, que nous prononçons Inspruck, est bâtie sur l'Inn, au milieu d'une vallée formée par des montagnes de six à huit mille pieds de hauteur ; elle est capitale du comté de ce nom. Comme toutes les vieilles villes, elle est assez mal bâtie; ses faubourgs étant modernes, sont d'un aspect assez agréable. On y remarque l'hôtel-de-ville, l'église de la cour, et le palais du gouvernement, décoré de la statue équestre de Léopold V. L'église des Récollets renferme le beau mausolée de Maximilien Ier. Cette ville possède une université et une belle bibliothèque ; on y voit le globe de Pierre Anich, qui, de pâtre tyrolien, devint un habile géographe. On pense qu'elle a été fondée sur l'emplacement de la cité romaine de *Veldidena*; des fouilles qu'on a faites ont produit un grand nombre de médailles. Inspruck possède un château impérial, quelques beaux monuments et une université fondée en 1677. Sa population est de douze mille âmes.

WIESBADEN,

ET SES ENVIRONS.

Wiesbaden, célèbre par ses eaux minérales, et qui tous les ans y attirent un grand nombre d'étrangers, est une des villes d'Allemagne les plus connues. Elle fut fondée, un siècle avant l'ère chrétienne, par les Ubiens, petit peuple de la Germanie, qui en firent leur capitale. Il est probable que les sources chaudes de Wiesbaden étaient déjà connues des Romains lors de leurs premières guerres sur les bords du Rhin ; Pline en parle dans son livre sur l'histoire naturelle, écrit quatre-vingts ans après Jésus-Christ : « L'eau, dit-il, est encore chaude trois jours après qu'on l'a tirée de la source. »

Les princes du duché de Nassau, dont Wiesbaden est la capitale, faisaient leur résidence dans le château qui porte le même nom ; il s'élève au sommet d'une montagne, située sur la rive gauche de la Lahn, à quatre lieues de l'endroit où cette rivière se jette dans le Rhin. On voit à Wiesbaden un assez grand nombre d'antiquités romaines ; les plus remarquables sont un mur de quinze à vingt pieds de haut, qui autrefois servait d'enceinte à la ville, et plusieurs bains parfaitement conservés. Ces bains ont quatre-vingt-dix pieds de long, sur dix de large et cinq de profondeur ; ils sont en pierres de taille, avec le fond du bassin en briques carrées, dont plusieurs portent les initiales de la vingt-deuxième légion romaine. On a aussi découvert dans les environs de la ville, et on y découvre encore presque tous les ans un grand nombre de tombeaux, d'inscriptions, etc.

A une demi-lieue de Wiesbaden, sur des collines boisées, est un endroit où reposent, dit-on, les ossements des Ubiens et des Mattiaques : « Sepulcrum cespes erigit (Tacite). » Derrière ce cimetière s'élève le Néroberg, ou montagne de Néron, sur les flancs de laquelle on voit encore des ruines d'un palais romain. D'après la tradition, un vaste parc s'étendait sur cette montagne, et comprenait dans son enceinte la forêt qui couvre le Taunus. Presque tous les sommets du Taunus sont couronnés par des masses de pierres, débris des fortifications élevées par les plus anciens peuples de la Germanie pour se défendre contre les attaques des Romains.

C'est au duc Frédéric-Auguste que Wiesbaden doit ses premiers embellissements. Le Kursaal, commencé en 1808, est l'édifice le plus remarquable de la ville ; on y voit une salle qui peut rivaliser avec les plus belles salles de Paris et de Londres. Le théâtre, construit sur la place où se trouve le Kursaal, ne le cède à aucune autre construction de ce genre.

Il y a vingt ans, la source principale de Wiesbaden était entourée d'une muraille ; aujourd'hui elle jaillit en liberté au milieu d'une promenade délicieuse, rendez-vous général de tous les étrangers qui viennent passer dans cette ville la saison des eaux.

Il y a à Wiesbaden quatre sources principales et onze sources secondaires qui fournissent de l'eau à tous les hôtels de bains. La plus abondante est celle appelée le Kurbrunnen : elle monte à cent cinquante et un degrés Fahrenheit ; celle de l'Adler monte à cent quarante, et celle de Schützenhoh à cent dix-sept. Les éléments principaux des eaux de Wiesbaden sont le carbonate de chaux, la magnésie, le muriate de natron, l'hydrochlorate de chaux et de magnésie, le sulfate de natron, un peu d'alumine, et un peu de fer dissous dans le carbonate de natron. Il faut trente-six heures pour que l'eau exposée à l'air se refroidisse. Les médecins recommandent les eaux de Wiesbaden aux personnes atteintes de rhumatismes chroniques, de goutte, de paralysie des membres, de maladies métastatiques provenant de causes rhumatismales, psoriques ou herpétiques; elles ont surtout beaucoup de vertu contre les abcès et les maladies cutanées.

A une demi-lieue de la ville, sont les ruines du château de Sonnenberg (montagne du Soleil), qui s'élèvent majestueusement sur un rocher de schiste calcaire, et dominent le joli village du même nom. On dit que, dans les anciens temps, il y avait sur ce rocher un temple consacré au soleil. Quoi qu'il en soit, il est certain que le château, dont on voit les ruines, fut construit vers la fin du douzième siècle; plus tard il servit d'habitation aux comtes de Nassau, et l'empereur Adolphe l'agrandit et le fortifia. Il fut dévasté pendant les guerres que le pays eut à soutenir au treizième siècle contre les Suédois, et vers la fin du dix-septième siècle contre la France.

Biebrich, résidence du duc de Nassau actuel, se trouve à une lieue de Wiesbaden. Le château, qui s'élève sur la rive droite du Rhin, est construit dans le style moderne et à la française; il présente un magnifique coup d'œil.

Le parc rivalise avec ce qu'il y a de mieux dans ce genre; c'est une promenade délicieusement variée. On y remarque surtout un petit château, imitant l'architecture du moyen âge, et bâti au milieu d'un lac, dans un endroit tout-à-fait romantique.

DRESDE.

SAXE.

Dresde, ville capitale de la Saxe, est située sur les deux rives de l'Elbe. Ses faubourgs sur la rive droite sont parfaitement bâtis. Ils sont mis en communication avec la rive gauche par un pont de 1,420 pieds de long sur 36 de large. Dresde est divisée en vieille et nouvelle ville; ses remparts ont disparu. La chancellerie, l'hôtel des finances, la monnaie, l'arsenal, l'hôtel-de-ville, les théâtres, les palais des princes et celui du roi sont de beaux édifices. La salle du grand Opéra peut contenir 6,000 spectateurs. Parmi ses dix-huit églises, on remarque la nouvelle église des catholiques, celle de Sainte-Sophie, décorée de sculptures et de tableaux, et ornée de colonnes qui ont, dit-on, appartenu au temple de Jérusalem, et furent rapportées de cette ville en 1476; celle de Notre-Dame, bâtie sur le modèle de Saint-Pierre de Rome. Dresde possède plusieurs hôpitaux, beaucoup d'établissements d'instruction, parmi lesquels on distingue l'école d'artillerie et du génie, l'école de médecine, l'école de chirurgie, l'école vétérinaire et l'académie des arts. Le cabinet de médailles est fort riche ; la galerie de tableaux est regardée comme une des premières de l'Europe. Enfin, il y a trois bibliothèques, dont la plus importante se compose 250,000 volumes, 4,000 manuscrits et 20,000 cartes géographiques.

Le château de Dresde est remarquable par sa tour, haute de plus de 350 pieds.

L'histoire de cette ville se lie essentiellement à celle de l'Europe et surtout à l'histoire du commencement de ce siècle. Prise et reprise plusieurs fois, on n'a pas oublié que c'est dans ses murs que s'est décidé le sort de l'empereur Napoléon ; car là encore il pouvait signer la paix qui lui était offerte, et qu'il repoussa parce qu'on lui refusait l'Italie. La population de Dresde est de 70,000 âmes.

COLOGNE.

PRUSSE. — PROVINCE RHÉNANE.

Cologne, en allemand *Koln*, patrie de Rubens, de Corneille Agrippa et de saint Bruno, fondateur de l'ordre des Chartreux, doit sa prospérité moins à ses fabriques peu nombreuses, à ses distilleries de l'eau spiritueuse qui porte son nom, qu'à son port sur le Rhin, qui la rend l'entrepôt d'un commerce considérable avec l'Allemagne et la Hollande. Sa fondation remonte à une haute antiquité, puisqu'elle passe pour avoir été la capitale des *Ubiens*. Ville municipale sous le règne de Claude, conquise par Mérovée en 449, ruinée par Attila, rebâtie par les Romains, soumise par Chilpéric, réunie à la France par Clovis, et devenue la résidence des rois de la première race et de Charlemagne, Cologne fut déclarée ville libre et impériale en 957, fut fortifiée en 1187, prit rang parmi les villes anséatiques en 1260, devint électorat au quatorzième siècle, et, sous la domination française, fut le chef-lieu d'un arrondissement du département de la Roër. Ce chef-lieu de la province rhénane est encore entouré de fossés et de vieux murs ; ses rues sombres, ses maisons gothiques et mal construites, gâtent l'aspect de plusieurs monuments, tels que l'hôtel-de-ville, orné d'un double rang de colonnes en marbre ; l'école centrale, l'ancien palais électoral, la cathédrale, qui, bien qu'elle ne soit point encore achevée, peut passer pour l'un des plus beaux édifices gothiques de l'Allemagne; l'église Saint-Pierre, dans laquelle fut baptisé Rubens, et un grand nombre d'autres églises presque toutes célèbres par les reliques qu'elles présentent à l'adoration des fidèles.

Assise sur un plan légèrement incliné le long de la rive gauche du Rhin, dont elle suit le littoral; courbée en arc, assez exactement pour prendre la forme d'un croissant, la ville de Cologne se développe dans une enceinte de deux lieues, que dessinent des fossés profonds et de vieilles murailles flanquées de quatre-vingt-trois tours. Une population d'environ soixante-onze mille habitants, dispersée sur une étendue aussi vaste, paraîtrait clairsemée; mais des jardins, des vignes et des places publiques nombreuses occupent une grande partie de cet espace, et ne laissent aux bâtiments qu'un terrain assez resserré.

L'hôtel-de-ville est un de ses monuments les plus remarquables. Situé entre deux places publiques, cet édifice, de proportions élégantes et nobles, se recommande à l'extérieur par un beau portique, par une double décoration de colonnes de marbre, par de riches bas-reliefs et par de précieuses inscriptions qui constatent les rapports de la ville avec Rome. La première rappelle que Jules-César reçut les Ubiens dans l'alliance romaine et qu'il jeta deux ponts de bois sur le Rhin, au lieu même où devait s'élever Cologne; une seconde rapporte qu'Auguste envoya une colonie, et une troisième qu'Agrippa bâtit la ville; une quatrième apprend que l'empereur Constantin fit don à Cologne d'un pont de pierre; une cinquième, enfin, que Justinien accorda aux habitants de nombreux priviléges; une sixième est conçue en l'honneur de l'empereur d'Allemagne Maximilien 1er. Ainsi chargé de titres historiques et destiné, en outre, au sénat pour la tenue de ses assemblées, aux consuls et aux autres magistrats pour l'exercice de leurs fonctions, l'hôtel-de-ville était pour les Colognotes un monument national: il renfermait, de plus, dans une de ses salles, une galerie de portraits représentant les ducs qui gouvernèrent la ville avant qu'elle passât sous le sceptre ecclésiastique, et dans un autre les flèches et les épées avec lesquelles les bourgeois défendirent leurs franchises contre leurs seigneurs et leur indépendance contre les étrangers.

Si l'hôtel-de-ville rappelait que Cologne méritait son surnom de la Rome d'Allemagne, des églises et des chapelles, en nombre égal à celui des jours de l'année, indiquaient en même temps qu'elle était sous la domination d'un archevêque, qu'elle avait été aussi surnommée la Sainte, et qu'elle avait plus sévèrement qu'aucune autre ville d'Allemagne consigné à ses portes la religion réformée et les juifs, qui n'étaient admis que sur une autorisation expresse. De tous ces édifices religieux, dont le nombre a beaucoup diminué, l'église de Notre-Dame-du-Capitole et la cathédrale sont les plus renommés, la première pour son antiquité (elle fut fondée par Plectrude, la femme du roi Pépin), et la seconde pour sa magnificence architecturale. Quoique non achevée, et bien qu'une de ses tours, destinée à atteindre cinq cent quatre-vingts pieds de hauteur, ait à peine en six siècles fourni le quart de sa carrière, ce temple gothique est réputé le plus imposant de l'Allemagne.

FRANCFORT SUR LE MEIN.

Francfort est une des premières cités marchandes de l'Allemagne. Elle est tout à la fois un centre religieux et un centre politique. Après avoir été ville libre et impériale, elle est aujourd'hui le siége de la diète, prérogative qui la place à côté des premières capitales de la confédération et la met de pair avec Vienne et Berlin.

L'étymologie du mot Francfort (frank et furt, passage, gué), semble faire croire que cette ville doit son origine à quelques maisons construites sur le Mein, à l'endroit d'un passage sur cette rivière. Ce n'est qu'en 794 que l'on voit figurer le nom de Francfort dans les chroniqueurs : Charlemagne y avait alors une maison de plaisance ; en 804, il y tint un concile, et Charles-le-Chauve vint au monde dans ses murs. Louis-le-Sage la fit entourer d'une enceinte de remparts, qui fut successivement agrandie jusqu'en 1300, époque à laquelle la ville avait déjà atteint l'étendue qu'elle a aujourd'hui. Après le traité de Verdun, en 843, Francfort devint la capitale de l'Austrasie ; Louis-le-Germanique y transporta les foires des Austrasiens auxquelles furent substituées par la suite les deux grandes foires d'automne et de printemps. Au moyen âge, c'était déjà une cité où les empereurs tenaient leur cour, et à qui son importance faisait conférer le titre de chambre impériale. L'empereur Guillaume lui assura le privilége de n'être jamais distraite de l'empire ; enfin, Charles IV, en la faisant, en 1356, dépositaire de la fameuse bulle d'or, la créa ville impériale, et décida que désormais ce serait dans ses murs qu'aurait lieu l'élection des successeurs de Charlemagne.

En 1555, Charles-Quint autorisa Francfort à faire battre monnaie; enfin la paix de Westphalie lui confirma tous les priviléges et immunités qui lui avaient été successivement concédés. En 1803, cette ville fut conquise par les Français. Érigée d'abord en principauté, elle passa ensuite, en 1806, dans les états de l'électeur de Mayence, prince primat de la confédération du Rhin. Le congrès de Vienne vint rendre à Francfort ses vieilles lois et ses institutions aristocratiques. Toutefois une nouvelle constitution lui fut accordée en 1816. Un sénat ayant à sa tête deux bourguemestres élus par lui chaque année, est investi du pouvoir exécutif; le corps législatif a le contrôle de ses actes et la surveillance de l'administration.

Francfort renferme 50,000 habitants, dont la majeure partie suit la confession d'Augsbourg. Les juifs y sont fort nombreux.

Francfort est assez bien bâtie, mais la plupart de ses maisons sont massives; on admire ses belles places dites: la place d'Armes, le Lichtfrauenberg et le Rœmerberg; ses rues de Liel et Wallgraben. Elle compte plusieurs palais, au nombre desquels nous citerons celui de la Diète, l'hôtel-de-ville et le Saalhof, ancienne habitation des Carlovingiens. L'église de Saint-Barthélemi se recommande à la curiosité des voyageurs, parce que c'était autrefois dans ce magnifique vaisseau que l'empereur était sacré. Un pont de quatre cents pieds de long jeté sur le Mein, réunit la ville au faubourg de Sachsenhausen, et forme un des plus beaux ornements de la ville. La bibliothèque, riche de cent mille volumes, montre orgueilleusement aux yeux des bibliophiles une bible imprimée par Faust, en 1462. Ce nom rappelle une des gloires de Francfort; c'est elle qui a donné le jour à Gœthe, dont la statue va tout à l'heure, dans Francfort, conserver les traits à la postérité admiratrice de ses écrits.

COBLENTZ.

PRUSSE RHÉNANE.

Coblentz, si célèbre pour avoir été le lieu de rendez-vous de l'émigration royaliste, est située au confluent de la Moselle et du Rhin. Cette situation a donné une grande activité à son commerce. La ville est entourée de formidables fortifications et d'un développement si considérable, qu'elles forment un camp retranché susceptible de mettre à l'abri une armée de 100,000 hommes. Plusieurs de ses rues sont alignées et bien bâties, et l'on y remarque des quais et des édifices assez beaux, entre autres un pont sur la Moselle, le château des anciens électeurs de Trèves, l'église Notre-Dame et celle de Saint-Castor, qui vit, en 1806, une assemblée de trois rois et de onze évêques.

Coblentz fut pendant quelque temps réunie à la France. Elle était le chef-lieu de ce département de Rhin-et-Moselle, dont l'empereur avait arrondi son territoire. Alors, son beau château, bâti par l'électeur Clément de Trèves, avait été transformé en casernes et en magasins militaires, et c'est par un grand hasard que les belles peintures de la chapelle ont échappé aux atteintes de l'occupation militaire.

Coblentz possédait, avant cette époque, une bibliothèque; mais elle fut enlevée par les Français vainqueurs, en 1795.

Au dehors de Coblentz, les voyageurs ne manqueront pas d'aller visiter le pont de la Moselle, d'où l'on découvre un magnifique panorama; le champ fameux où les Prussiens campèrent dans l'expédition de la Champagne; le lieu où était le tombeau du général républicain Marceau. Là aussi nous avions bâti un petit fort dont les Allemands ont fait depuis une puissante forteresse. On sait que Marceau tomba frappé mortellement au moment où il cherchait à arrêter l'armée en désordre de Jourdan. Les Allemands ont rendu justice au noble caractère, à l'humanité de Marceau, et c'est avec respect que les Prussiens ont replacé, à quelque distance de son emplacement primitif, l'obélisque élevé à la mémoire du général français, lorsque l'extension donnée aux fortifications obligea les ingénieurs à démolir ce cénotaphe.

Hoche, compagnon d'armes de Marceau, fut aussi enterré près de ce monument. On voit son tombeau près de la *Tour Blanche*.

Un autre objet digne de toute l'attention des voyageurs, des hommes de guerre surtout, ce sont les redoutables fortifications qui enveloppent aujourd'hui les hauteurs voisines de Coblentz. L'*Ehrenbreitstein*, la *Chartreuse*, le *Pétersberg*, et une quatrième colline, sont liés par un système de défense vraiment formidable.

La première position domine le Rhin et la route du pays de Nassau ; la deuxième, la route de Mayence ; la troisième, celles de Cologne et de Trèves. Ces travaux militaires portent aujourd'hui le nom de forteresse de Frédéric-Guillaume. Les Prussiens ont sacrifié des sommes énormes pour la construction de la gigantesque forteresse. N'est pas admis qui veut dans l'intérieur d'*Ehrenbreitstein* ; il faut solliciter une carte du commandant et marcher sur les pas d'un guide, ou pour mieux dire d'un surveillant.

La population de Coblentz est aujourd'hui de 26,000 âmes.

HAMBOURG.

Hambourg, ancienne ville de la Hanse, était une des cités les plus florissantes, lorsque, par sa réunion à l'empire français, elle devint, en 1810, le chef-lieu du département des Bouches-de-l'Elbe. Elle renfermait à cette époque 107,000 habitants. Dès lors sa prospérité s'évanouit ; ses promenades et les campagnes qui embellissaient ses environs furent détruites pour la sécurité de la garnison française, assiégée par terre et par mer. Ses désastres furent réparés et ses maux oubliés dès que, rendue à son ancienne indépendance, elle put jouir des bienfaits de la paix en ouvrant son port aux vaisseaux de toutes les nations.

Du côté de la mer, la ville est moins fortifiée que de celui de la terre. Malgré la digue qui s'élève le long du fleuve, elle a beaucoup souffert des inondations : en 1771, les eaux de la rivière s'élevèrent en une seule nuit à plus de 20 pieds de hauteur, et au mois de février 1825, un terrible ouragan inonda les trois quarts des maisons et détruisit pour plus de 4,000,000 de francs de marchandises. L'incendie de 1840 fut sa dernière catastrophe.

Hambourg est une ville de commerce dans toute l'étendue du mot : l'appât du gain et des richesses éloigne de son enceinte les sciences et les arts. Elle n'a qu'une bibliothèque remarquable ; ses collections méritent peu de fixer l'attention, et c'est à peine si l'on doit citer parmi ses édifices la bourse, l'hôtel-de-ville, l'hôtel Potocki, celui de l'amirauté, l'église Saint-Michel, dont la tour a 400 pieds d'élévation, et celle de Saint-Nicolas, dont l'orgue passe pour être le plus grand qui existe. Mais elle est riche en établissements d'éducation et de bienfaisance : ainsi l'on doit citer le *Johanneum*, l'école de navigation, l'observatoire, la nouvelle maison des enfants trouvés et le nouvel hôpital général. Des ateliers de travail l'ont délivrée du fléau de la mendicité.

Les habitants de Hambourg se divisent en bourgeois actifs ou héréditaires, qui jouissent de plusieurs droits et prérogatives ; en petits bourgeois ou parents de protection, qui ne peuvent exercer que certains genres d'industrie déterminés, et sont soumis à payer un droit ; en étrangers, enfin, qui paient des droits encore plus forts et ne peuvent acquérir aucune propriété sous leur nom. Quant aux juifs, ils possèdent des maisons dans certains quartiers, sans jouir cependant du droit de bourgeoisie, qui n'est concédé que depuis 1814 aux chrétiens qui n'appartiennent pas à la confession d'Augsbourg.

Le gouvernement hambourgeois est aristo démocratique. La souveraineté réside dans le conseil et la bourgeoisie. Les bourgeois forment la garde nationale, qui, avec un petit corps de troupes soldées, constitue la force militaire de la république.

Des fonderies de cuivre importantes, 300 raffineries, 10 imprimeries d'indiennes, 14 blanchisseries de cire, 300 métiers pour la soierie, 100 pour la toile ; des fabriques de savon, des brasseries, des tanneries, des manufactures de tabac qui occupent 900 ouvriers, l'apprêt des viandes fumées connues sous le nom de bœuf de Hambourg : telles sont les principales branches d'industrie de cette ville. Elle possède plus de 200 navires, et fait des armements considérables pour la pêche de la baleine. Chaque année son port reçoit plus de 1,000 vaisseaux chargés de denrées coloniales.

BERLIN.

PRUSSE.

Berlin, capitale de la Prusse, s'élève au milieu d'une plaine des plus monotones. Elle est traversée par la Sprée, et ne renferme pas moins de deux cent cinquante-sept mille habitants. Comme toutes les villes dont l'accroissement ne date que de peu d'années, elle est construite avec la plus grande régularité. Un palais magnifique, un arsenal pouvant contenir les munitions d'une armée de deux cent mille hommes, un grand nombre d'hôtels remarquables, deux théâtres, trente-trois églises, presque toutes d'une belle architecture ; trente-deux places, dont plusieurs sont ornées de statues, entre autres de la statue équestre de Frédéric-Guillaume, fondue en bronze et pesant plus de trois mille quintaux ; la porte de Brandebourg, construite sur le modèle du Propylée d'Athènes et surmontée d'un quadrige en cuivre relevé en bosse ; le *Kriegsdenkmahl*, magnifique monument érigé en 1820 devant la porte de Halle, à la gloire des armées prussiennes ; entre le château et la porte de Brandebourg, la belle colonne surmontée d'une statue colossale en fer du grand Frédéric : tels sont les monuments qui dans cette ville appellent l'admiration des étrangers. De nombreux hôpitaux, un hôtel des invalides, de riches bibliothèques, dont le nombre s'élève à vingt-quatre, parmi lesquelles on distingue la bibliothèque royale, composée de cent quatre-vingt mille volumes ; un jardin botanique d'une richesse et d'un ordre prodigieux ; un musée d'histoire naturelle, l'un des plus remarquables de l'Europe ; un bel observatoire, un beau musée de peinture et de sculpture, et le riche musée égyptien formé des collections recueillies par le général Minutoli et le voyageur Passalacqua ; des collections de tous genres ; une université célèbre, qui compte plus de mille six cents étudiants ; une académie royale des sciences, fondée par le grand Frédéric ; des colléges, des écoles gratuites, des sociétés de bienfaisance, placent la capitale du royaume de Prusse au rang des villes les plus éclairées et les plus civilisées de l'Europe. Un voyageur français présente ainsi l'aspect général de Berlin. « Nous n'avons rien à Paris, dit-il, qui donne l'idée d'une telle magnificence, d'une telle profusion de palais, d'arcs, de temples, de bâtiments remarquables, de la largeur symétrique et sans froideur des rues et places de Berlin. On croit voir ces rideaux de théâtre sur lesquels Degotty s'est plu à réunir sur un même point tous les prodiges que le génie des architectes a disposés dans toutes les villes du monde; l'œil étonné ne rencontre que péristyles, frontons, colonnades surtout; les colonnes sont peut-être même trop prodiguées. Placé sous la magnifique *allée des Tilleuls* (promenade qu'on peut comparer aux boulevarts de Paris, avec cette différence que les piétons en occupent le centre et les équipages les deux côtés), on aperçoit du même coup d'œil le *palais du roi*, le nouveau palais, l'*Opéra*, édifice plein de magnificence ; l'Université, la *belle statue en bronze de Blücher*; sur le second plan, l'*église catholique*, avec son dôme et ses beaux portiques; la *nouvelle salle de Concert*, d'une élégance au dessus de tout éloge ; la porte *de Brandebourg*, sur laquelle sont remontés les quatre chevaux que nous avions eu grand tort de prendre ; enfin, la promenade de *Thier-Garten*, un des plus beaux parcs de l'Europe.

L'*allée des Tilleuls* est la plus magnifique vue qu'on puisse concevoir. Longue de plus de quatre mille pieds et large de cent soixante, elle est bordée d'édifices splendides et plantée de six rangées d'arbres. Le *palais du roi*, chef-d'œuvre de l'architecte Schluter, est la gloire et l'orgueil de Berlin. L'*Opéra*, plus vaste qu'aucune salle de spectacle d'Europe, peut contenir cinq mille personnes, et ses loges, par un raffinement de galanterie hospitalière, s'ouvrent *gratis* aux étrangers. La *statue de Blücher* se fait remarquer au milieu des généraux, en bronze et en marbre, qui s'élèvent de toutes parts pour former l'état-major de leur chef, le grand Frédéric. Ces nobles figures ne font pas seulement l'ornement des places, elles sont encore des monuments de la reconnaissance du peuple prussien envers ceux qui l'ont servi. L'église de *Sainte-Hedwige* rappelle le Panthéon de Rome. La *Salle de Concert* est le temple le plus somptueux qui ait jamais été élevé à Polymnie. Enfin, le parc de *Thier-Garten*, que baigne la Sprée, est le bois de Boulogne de Berlin, qui donne à envier à Paris ses *jardins d'hiver*, ses immenses serres chaudes, où les promeneurs, tout à l'heure glacés et attristés par le spectacle des frimas et des neiges, trouvent soudain l'atmosphère tiède et la végétation brillante de l'Orient.

NUREMBERG.

Nuremberg, ville de la Franconie, est assise sur les deux rives du Pugnitz, au milieu d'une plaine de sable qu'a fécondé la culture. Elle était déjà ville capitale lorsqu'elle reçut le christianisme au siècle de Charlemagne, qui convertit l'Allemagne l'épée à la main. Soumise immédiatement à l'empire par l'empereur Louis III, au commencement du dixième siècle, possédée tour à tour par les empereurs d'Allemagne, par les ducs de Suabe, par des burgraves de Nuremberg, ducs de Franconie et fondateurs de la maison de Brandebourg, et enfin par ses habitants eux-mêmes qui la rachetèrent; dévastée par quelques uns de ses maîtres, embellie et agrandie par d'autres, Nuremberg n'avait cependant pas cessé de croître. La première diète de l'empire avait été tenue dans son enceinte, en 936, par l'empereur Othon-le-Grand, et en commémoration de cette circonstance elle était le lieu où chaque nouvel empereur devait tenir la première diète qu'il convoquait après son avénement. Plusieurs assemblées religieuses y siégèrent entre les années 1438 et 1487. Elle lutta, pendant près d'un siècle, contre les électeurs de Brandebourg. Lorsque le roi de Suède, Gustave-Adolphe, vint tenter en Allemagne son expédition politique et religieuse (1631), Nuremberg fut un des principaux points autour desquels se concentrèrent les efforts de la guerre, et ce fut enfin dans ses murs que se réunit (1650) l'assemblée qui ordonna l'exécution du traité de Munster. Après cette époque, Nuremberg, qui avait vu sa population descendre peu à peu, de quatre-vingt-dix mille habitants à une quarantaine de mille, passa de la domination impériale sous le sceptre bavarois; elle est aujourd'hui comprise dans le cercle de Rezat.

De vieilles murailles, garnies de vieux fossés et flanquées de vieilles tours, enceignent la ville. Son gothique château, le Rischsfeste, présente encore, dans son humble condition actuelle de magasin, quelques apparences de l'altière forteresse où les empereurs d'Allemagne tinrent leur cour et où présidèrent des magistrats municipaux, des gouverneurs aristocratiques. Dans l'hôtel-de-ville, construit en 1619 et l'un des plus beaux de l'Allemagne, sont conservés les gants, le baudrier, la dalmatique, la couronne de Charlemagne et le gobelet de Luther, relique que Nuremberg, se déclarant luthérienne dès l'année 1530, a mérité d'obtenir. Ses églises donnent à admirer de belles formes gothiques et des vitraux somptueusement coloriés : près de six siècles ont passé sans les altérer sur ceux de l'église de Sainte-Claire. Ses maisons privées élèvent sur des rues irrégulières, mais larges, des murs en pierres de taille, délicatement sculptés et chargés de riches peintures. Enfin, la disposition de l'intérieur de ses édifices, l'ameublement de ses appartements, les mœurs, les habitudes de ses habitants, rapellent toutes les formes, toutes les pratiques de la vie publique et particulière du moyen âge.

Cette conservation parfaite de l'empreinte gothique dans Nuremberg est d'autant plus remarquable, que l'industrie et le commerce, sous l'influence desquels les populations marchent du même pas que le siècle, et se façonnent à la guise du temps, fleurissent et ont toujours fleuri dans cette ville, qui compte aujourd'hui environ cinq cents manufactures. Si l'on veut énumérer, dit un écrivain, les inventions utiles qui ont eu lieu dans ses murs, Nuremberg a des titres à la reconnaissance du genre humain. Pierre Hell y inventa la montre vers la fin du quinzième siècle, Traxdorf les pédales, Rudolphe les filières à étirer le fil de fer, Jean Lobsinger les fusils à vent, un inconnu les batteries d'armes à feu, Christophe Derrer la clarinette, Erasme Ebbner l'alliage connu sous le nom de cuivre jaune, Martin Bohaim la sphère terrestre, et Jean Muschells y perfectionna la trompette. Aujourd'hui, la confection des jouets et des petits ustensils en bois a pris à Nuremberg un immense développement.

SUISSE.

GENÈVE.

A l'extrémité occidentale du lac auquel elle donne son nom, *Genève*, capitale du plus petit canton de la Suisse, est la ville la plus riche et la plus civilisée de la confédération, et l'une des plus éclairées de l'Europe. On ne peut nier l'influence intellectuelle qu'elle exerce par ses publications littéraires, scientifiques et morales. Ses bibliothèques, son Académie, son observatoire, son jardin botanique, ses sociétés savantes, y répandent le goût de l'instruction et des plaisirs solides, qui concourent, avec l'action d'un culte sévère, à la pureté des mœurs.

Ses rues, ses maisons, ses édifices, sont peu dignes d'attention : le luxe des habitations s'est porté hors de son enceinte. Nous remarquerons son beau pont suspendu sur des chaînes de fer, et celui par lequel on passe dans une île transformée en jardin anglais, au milieu duquel se trouve la statue de Jean-Jacques Rousseau; la place du Bel-Air, entourée de beaux édifices, et la rue de la Corraterie, où l'on voit la maison de Saussure et le musée Rath. L'ancienne cathédrale, édifice du treizième siècle, renferme les cendres de plusieurs évêques et celles d'un duc de Rohan.

Mais ce qu'il y a de curieux dans cette ville si célèbre, ce sont moins les monuments, les vieux débris des siècles passés, les chefs-d'œuvre de l'art, que sa vie intime, son organisation industrielle et civile, ce caractère particulier que lui donnent sa situation et le rôle qu'elle a joué. Combien de voyageurs, partis dans l'unique dessein de visiter la classique Italie, se sont sentis retenus à Genève, où d'abord ils ne voulaient que passer! Nous chercherions vainement une analogue à Genève dans les villes de la France ou de l'étranger; elle n'a ni l'opulence, ni l'éclat fashionable et le brouhaha des grandes cités à la mode, ni cet air mesquin, pauvre et guindé des petites résidences de province. Dans cette population de vingt-six mille âmes au plus, vous trouverez un genre de civilisation délicate, une sorte de dignité morale, un bon sens populaire, des habitudes littéraires, une activité industrielle, une facilité de mœurs, et enfin une certaine solidité qui séduisent la plupart des voyageurs.

Les bords du lac de Genève offrent des sites comparables à tout ce que l'Allemagne et la Suisse possèdent de plus magnifique. Nous avons déjà donné son étendue et sa profondeur; ses eaux, plus froides au fond qu'à la surface, éprouvent des variations subites de hauteur, que l'on a nommées *seiches*, et qui produisent souvent l'effet des marées.

BALE.

Bâle est la plus grande ville de toute la Suisse. Elle est située au nord de la grande chaîne du Jura, qui forme la barrière septentrionale de la Suisse, dont elle semble détachée. Le Rhin, qui la traverse, se retourne brusquement vers l'Allemagne au sortir de ses murs. La ville s'élève sur les deux rives de ce fleuve majestueux : le grand Bâle, qui couvre la rive gauche, est la portion la plus antique et la plus considérable de la cité. Un seul pont forme la communication du grand et du petit Bâle; c'est à l'une des extrémités de ce pont qu'est placée cette horloge si célèbre jadis entre toutes celles de la chrétienté, à l'égard desquelles elle se trouvait constamment en avance d'une heure. Aujourd'hui cette singulière différence a disparu.

Cette capitale était, au onzième siècle, la plus importante ville de la Suisse, et fut pendant longtemps la plus célèbre de l'Europe dans l'art de l'imprimerie. Elle a donné naissance aux Bernouilli, à Euler et aux deux peintres Holbein, dont elle conserve quelques tableaux, avec la bibliothèque d'Erasme, qui vint y terminer ses jours. Ses rues et ses places sont belles, ses établissements publics nombreux, ses manufactures importantes, sa situation magnifique. Sa bibliothèque publique, composée de 40,000 volumes, possède plusieurs manuscrits précieux. On traverse le fleuve sur un pont de 14 arches bâti en pierre aux extrémités et en bois au milieu, où l'on remarque une construction gothique qui fut destinée à recevoir une statue de la Vierge. L'ancienne cathédrale nous présente son portail surmonté de deux tours carrées, mais terminées en flèches élégantes; le tombeau de Bernard de Massevaux, chevalier du quatorzième siècle ; celui de l'impératrice Anne, femme de Rodolphe de Habsbourg, celui d'Érasme et plusieurs autres se font remarquer dans l'intérieur de ce temple, dont une des curiosités est une chapelle souterraine qui date du neuvième siècle. L'hôtel-de-ville déploie sa façade ornée de sculptures et de peintures à fresque; on y remarque la statue en bronze de Munatius Plancus, qui fonda Augusta Rauracorum.

Bâle, dont on fait remonter la fondation au quatorzième siècle, a été plusieurs fois bouleversée par des tremblements de terre et dévastée par la peste; elle est célèbre dans l'histoire par le mémorable concile qui s'y tint depuis 1431 jusqu'en 1444.

Il est peu de vues aussi belles que celle dont on jouit de la place qui s'étend devant le *Munster-kirche* ou cathédrale de Bâle. On domine de cette hauteur la ville entière, le cours du Rhin et une grande partie du territoire allemand.

Bien que depuis la révolution de 1789, bien des gens de toutes les couleurs et de toutes les religions aient été tolérés à Bâle, les juifs continuent d'en être exclus comme par le passé.

Généralement il existe en Suisse une grande aversion contre les juifs, et les cantons protestants les repoussent tout comme les catholiques. On en voit quelques uns aux foires, mais ils partent avant le coucher du soleil : si on les trouvait de nuit dans certaines localités, on leur ferait subir des châtiments sévères.

Un usage antique s'est perpétué à Bâle à travers toutes les révolutions politiques qui ont eu lieu en Suisse : c'est celui d'attacher extérieurement à chaque fenêtre un miroir destiné à renvoyer dans le salon toutes les figures qui se succèdent dans la rue. Renfermées dans leurs appartements, les dames de Bâle ont besoin de cette distraction pour égayer les longues heures que leurs maris passent à la Bourse ou dans leur comptoir. Rarement on y donne des soirées, et les mœurs y ont conservé l'empreinte de l'ancienne sévérité.

A peu de distance de Bâle, à l'endroit où le chemin de Moutiers se sépare de celui qui conduit directement aux ruines du lazaret de Saint-Jacques, les bourgeois de cette ville ont élevé, il y a quelques années, un monument en l'honneur d'un combat héroïque soutenu par 1,600 Suisses contre toute l'armée de Charles VII, dont l'Autriche avait invoqué l'assistance contre les Bâlois révoltés, et qui saisit cette occasion de se débarrasser d'un ramassis de soldats ou plutôt de brigands stipendiés, connus sous le nom d'*Armagnacs*, qui lui étaient inutiles depuis sa paix avec l'Angleterre. Le fils de Charles VII, Louis, se mit à la tête de cette expédition, et se dirigea par Altkirch contre Bâle, où le concile était alors assemblé.

Le combat dura dix heures. Des blessés qu'on releva sur le champ de bataille, 32 seulement furent rendus à la vie. Une fois l'action engagée, aucun des leurs n'était tombé entre les mains des Français, si ce n'est couvert de blessures et hors d'état de se mouvoir. Seize Suisses seulement avaient battu en retraite avant l'attaque ; quand ils revinrent parmi leurs concitoyens, ils furent dégradés et déclarés à jamais infâmes. En déblayant les ruines de l'hôpital Saint-Jacques, on trouva les cadavres d'une centaine de ces braves que les flammes avaient séparés de leurs frères et presque charbonnés. Ils étaient la plupart appuyés debout contre les murs d'une salle basse et les armes à la main.

Redoutant avec raison l'issue d'une guerre qui s'annonçait sous de si sanglants auspices, Louis n'osa pénétrer plus avant sur les terres d'un ennemi aussi déterminé. Il comprit combien il importait à la France d'avoir pour alliés de si redoutables adversaires, et c'est de cette sanglante affaire que date notre alliance avec la Suisse. Pendant trois siècles, ses enfants se sont montrés fidèles à leur pacte avec nos rois.

ZURICH.

Déjà connue avant Jules-César, sous le nom de Thuricum, comme un des lieux de résidence des belliqueux Tiguriniens, et devenue ville sous l'empereur Vespasien, Zurich était assez importante vers le cinquième siècle pour que les Allemands la jugeassent bonne à piller : ils la ruinèrent entièrement. Relevée de ses désastres, et recueillant, dès que les premières relations commerciales commencèrent à s'établir entre les peuples, les fruits de son heureuse position intermédiaire entre l'Italie, l'Allemagne et les Gaules, elle était, au neuvième siècle, dans la situation la plus florissante ; Charlemagne y fixa pendant quelque temps son séjour. Zurich, au moyen âge, était déjà surnommée *la savante*. Le surnom de *la guerrière* ne lui aurait pas moins convenu ; car pendant plusieurs siècles elle eut toujours les armes à la main, soit pour conquérir ses libertés municipales et domestiques sur la noblesse dont les châteaux en ruines décorent aujourd'hui tous les points élevés de son territoire, soit pour fonder et conserver l'indépendance nationale de la Suisse, que menaçaient la maison d'Autriche et d'autres puissances étrangères, soit enfin pour établir sa domination sur les cantons voisins. Placée au premier rang sur les champs de bataille, Zurich descendit encore la première dans l'arène des contestations religieuses, et ce fut du haut de ses murailles que Zwingle, le précurseur et l'émule de Luther, prêcha la réforme à la Suisse. En même temps, Zurich établissait sa supériorité en tous genres sur les autres membres de la famille helvétique par ses entreprises commerciales, par son activité industrielle et agricole, et par ses institutions scientifiques et littéraires, qui dans les temps modernes l'ont fait considérer comme l'Athènes de la Suisse.

Assise dans une position pittoresque sur le penchant de deux collines entre lesquelles coule le limpide Limmat au moment où il s'échappe du lac de Zurich, la ville est entourée de puissantes murailles. Çà et là apparaissent au milieu de constructions modernes, de vieilles maisons à allures gothiques, flanquées de pavillons florentins, et dont les étroites fenêtres, percées à 20 pieds du sol et garnies de barreaux, sont encore pleines de méfiance et de précaution. Au milieu du Limmat s'élève une tour menaçante, où gémirent tour à tour des nobles faits prisonniers les armes à la main, et des bourgeois qui avaient étendu jusqu'à la tyrannie leur pouvoir municipal. La cathédrale date du septième siècle, et la célèbre abbaye de Frauen-Münstre a été fondée par les petites-filles de Charlemagne. La bibliothèque est un ancien temple de la Victoire, élevé par souscription volontaire, en commémoration des désastres du duc de Bourgogne, Charles le Téméraire; des manuscrits précieux et quarante mille volumes sont portés sur son catalogue. Des artistes nationaux ont décoré l'hôtel-de-ville, et les principaux événements de l'histoire suisse ont été retracés par les peintres et les sculpteurs jusque sur les poêles qui chauffent le bâtiment. Des hospices, des académies, des écoles, des établissements commerciaux, scientifiques, industriels, littéraires et consacrés aux beaux-arts, attestent de toutes parts un état de civilisation raffinée et de brillante prospérité.

Les montagnes du canton de Zurich, d'une hauteur relativement médiocre, ne présentent point ces aspects magnifiques et grandioses qu'offrent les cimes de quelques autres parties de la Suisse; mais les rives de son lac allongé abondent en paysages d'une suavité sans égale, et les débris des vieilles forteresses féodales, dont ses collines sont parsemées, mêlent l'intérêt de légendes aux charmes de la nature. Ici était, sur le mont Hulti, le fort Uto, que Rodolphe de Habsbourg, homme d'armes de Zurich, avant d'être empereur de l'Allemagne, enleva aux Regensberg, les oppresseurs de la ville; et là, sur la montagne d'Albis, s'élevait le château de Manegg, où les troubadours et les mennesingers venaient faire assaut de poésie au commencement du quatorzième siècle, et où les Zurichois, amis des lettres, se réunissaient jadis en pélerinage.

LUCERNE.

Les nombreux lacs de la Suisse donnent aux villes bâties sur leurs bords une plus grande importance commerciale, et l'avantage de jouir des plus beaux sites : aussi Lucerne ne le cède à aucune des principales villes de la Suisse ; si elle n'est pas aussi régulière dans sa construction, que Berne, aussi animée, aussi gaie que Genève, aussi bien bâtie que Zurich, aussi hardie dans son assiette que Fribourg, elle a d'autres charmes qui lui sont propres. Magnifique avant-scène de l'amphithéâtre gigantesque des Alpes, jetée au bord du lac de Waldstettes, entre les deux cimes sourcilleuses du Pilate et du Righi, elle se présente aux yeux du voyageur avec une imposante majesté. La Reuss qui, découlant du sommet du Saint-Gothard, traverse le lac des Quatre-Cantons, arrose le centre de cette ville, qui réunit à son commerce de transit celui du produit de ses manufactures de rubans, de ses forges et de ses brasseries.

Lucerne a des rues larges et bien bâties ; elle joint les beaux points de vue que présentent son lac et ses environs. Il y a trois ponts de bois sur la Reuss, dont l'un a 1,380 pieds de longueur ; ils sont couverts et ornés de peintures anciennes, dont plusieurs sont dignes d'attention. L'église du Hof ou de Saint-Léger, l'ancien collège des jésuites et l'hôtel-de-ville méritent d'être cités. On voit dans l'arsenal de beaux vitraux du seizième siècle, l'épée et la hache d'armes de Zwingle, tué à la bataille de Capel en 1531, et quelques uns des trophées des batailles de Morat et de Sempach. A quelques pas de la ville s'élève une chapelle érigée aux mânes des Suisses morts aux Tuileries le 10 août 1792. Un peu plus loin, au milieu d'un rocher, un artiste habile a sculpté, d'après le modèle fait par le célèbre Thorwaldsen, un lion de 28 pieds de longueur sur 18 de hauteur ; il est représenté expirant, percé d'une lance, et couvrant de son corps un bouclier aux fleurs de lis. Lucerne est entourée de murailles qui datent du quatorzième siècle, qui ont joué longtemps un rôle important dans son histoire.

Nous ne ferons que citer la douane, la monnaie, l'hôpital, dont le fronton porte cette belle inscription : *Deo et pauperibus*, à Dieu et aux pauvres ; le gymnase, le théâtre, la maison des orphelins, et un grand nombre d'établissements de bienfaisance.

Quant aux environs de Lucerne, dont son lac fait tout le

charme, des vallons, des campagnes bien cultivées, des pâturages, le Righi surtout, si connu dans tout l'univers par la vue immense dont on jouit à son sommet; tel est, en abrégé, ce que le voyageur rencontre autour de la ville. Mais qu'il n'oublie pas surtout dans ses promenades le mont Pilate, moins connu que le Righi, et où la nature a cependant déployé une inépuisable variété. Le Pilate est célèbre dans toute la contrée par une tradition populaire, qui le fait regarder comme la demeure de Ponce-Pilate, d'où, ajoute-t-on, est venu le nom de la montagne. C'est sur son sommet, haut de 6,900 pieds, que tous les vendredis-saints apparaît, en robe de magistrat, le juge inique. Malheur à qui l'a vu, il ne tarde pas à disparaître d'entre les vivants; aussi, devons-nous croire qu'il y a longtemps qu'on a cherché à pénétrer les mystères de ces nouvelles apparitions.

RUSSIE.

SAINT-PÉTERSBOURG.

Saint-Pétersbourg est une ville nouvelle, conçue d'après un plan régulier. Aussi n'y remarque-t-on pas de ces rues noires, étroites et tortueuses, comme on en voit dans les faubourgs et au centre même de Paris. L'aspect de cette vaste cité est noble, régulier et majestueux. Le génie de Pierre le Grand l'a fait sortir du milieu des marais impraticables qui occupaient jadis sa place, et qu'il a fallu cribler de pilois pour asseoir les fondations des édifices. A voir cette merveilleuse cité, on prendrait une trop haute idée du peuple russe, si on ne savait que ce sont des étrangers appelés par les empereurs qui ont fait tout cela. Il eût été impossible de trouver dans la Russie même des ingénieurs et des chefs d'atelier capables d'exécuter ces grands travaux; mais Pierre le Grand, ses successeurs et les grands seigneurs russes étaient assez avancés en civilisation pour comprendre qu'il fallait attirer les hommes de mérite que possédaient les pays étrangers, sans attendre que leurs propre nation fût à son tour assez riche en capacités du même ordre.

Saint-Pétersbourg est situé à l'embouchure du fleuve la *Newa*, qui l'environne presque entièrement, et, se divisant en plusieurs bras, forme des îles dans lesquelles sont quelques uns des quartiers de la ville. Cette position choisie par Pierre le Grand donne à Saint-Pétersbourg une certaine importance commerciale, et contribue beaucoup à son agrément ; mais les inondations de la *Newa*, inondations contre lesquelles n'a encore pu lutter avec succès le talent des ingénieurs français qui ont successivement servi en Russie, causent d'effroyables dégâts, et menacent toujours d'une complète destruction plusieurs parties de la capitale.

Outre les bras nombreux formés par la *Newa*, Saint-Pétersbourg renferme plusieurs canaux qui coupent en cercles irréguliers l'immense quartier de l'Amirauté. L'un de ces canaux a près de deux lieues d'étendue, et sa largeur est de soixante-dix pieds environ.

Les quais de Saint-Pétersbourg sont magnifiques. La plupart sont bordés de larges trottoirs et de parapets réguliers en granit, qu'interrompent, d'espace en espace, des reposoirs en demi-lune, avec des bancs de granit, des deux côtés desquels sont des pentes douces qui conduisent au fleuve. Les ponts de Saint-Pétersbourg ne répondent pas à la beauté des quais. La rapidité du cours de la *Newa*, et les glaces qu'elle charrie au printemps et en automne, ont jusqu'ici empêché de jeter des ponts fixes sur le fleuve ; il a fallu se servir de ponts de bateaux. Ces ponts, très éloignés les uns des autres, obligeraient à faire des détours immenses, s'il n'y avait des bateliers sur les bords du fleuve, qui, pour quelques copèeks, conduisent d'une rive à l'autre ; leurs bateaux, ordinairement à deux rames, ne sont pas couverts ; mais au printemps, avant que les ponts soient rétablis, et en automne, quand ils sont ôtés à cause des approches de l'hiver, on trouve, aux endroits où on les passe ordinairement, de grandes gondoles qui ont de dix à douze rameurs. Ces gondoles appartiennent aux divers ministères ou aux particuliers. Les gondoliers ou rameurs sont employés, en été, dans les parties de plaisir et amusent les promeneurs par des morceaux de chant et d'harmonie. Ils sont si occupés dans les jours de fête, qu'on a peine à s'en procurer. Un des plus curieux monuments de Saint-Pétersbourg est la colonne Alexandrine.

En 1825, peu de temps après la mort de l'empereur Alexandre, son frère et son successeur, l'empereur Nicolas, conçut la pensée d'ériger un monument à sa mémoire sur la place du

Palais-d'Hiver, l'une des principales de Saint-Pétersbourg. Un Français, M. de Montferrand, proposa d'adopter le mode antique des colonnes ou obélisques, et il désigna un bloc de granit, d'une dimension extraordinaire, qu'il avait remarqué dans la carrière de Pytterlaxe, située dans l'une des baies du golfe de Finlande, entre Wybourg et Frédérichsham. La masse qu'il a fallu extraire pour en tirer le fût de la colonne avait quatre-vingt-dix-huit pieds de longueur, sur une épaisseur moyenne de vingt-deux pieds; son poids était de neuf millions cinq cent soixante-seize mille livres environ; elle a été taillée dans le roc vif sur trois de ses côtés. Ce travail, auquel six cents ouvriers ont été sans cesse employés, a duré près de deux ans. Enfin, le 19 septembre 1831, la masse granitique fut renversée en sept minutes sur le bord du navire construit pour la recevoir.

La colonne Alexandrine surpasse en élévation tous les monuments monolithes qui aient jamais été érigés. Son fût en granit, de quatre-vingt-quatre pieds, repose sur un piédestal également en granit. La hauteur totale du monument, depuis le sol de la place jusqu'à la partie supérieure de la croix, est de cent soixante-huit pieds. Le piédestal est orné d'armures anciennes qui rappellent les principaux faits d'armes des guerriers moscovites. Les figures colossales du *Niémen* et de la *Vistule*, de la Victoire et de la Paix, de la Justice et de la Clémence, de la Sagesse et de l'Abondance, sont groupées avec d'autres armures qui appartiennent aux siècles passés. Le sommet de la colonne est couronné par un ange tenant la croix de la main gauche, et de la droite montrant le ciel. Sur la face du piédestal qui regarde le Palais-d'Hiver, on lit l'inscription suivante en langue russe: « A Alexandre Ier, la Russie reconnaissante. » Ce piédestal, sa base, le chapiteau et le piédouche qui supporte la statue, sont recouverts en bronze. Cette merveille fut inaugurée le 11 septembre 1834, jour de saint Alexandre.

MOSCOU.

Cette ancienne capitale de la Moscovie, située au milieu d'une plaine immense, avant l'incendie qui la détruisit en partie, offrait un vaste et bizarre assemblage de deux cent quatre-vingt-quinze églises et de quinze cents châteaux, avec leurs jardins et leurs dépendances. Ces palais de briques et leurs parcs entremêlés de jolies maisons de bois, étaient dispersés sur plusieurs lieues carrées d'un terrain inégal.

Les édifices, les palais, et jusqu'aux boutiques, étaient tous couverts d'un fer poli et coloré. Les églises, chacune surmontée d'une terrasse et de plusieurs clochers terminés par des globes d'or, des croissants et des croix, rappelaient l'histoire de ce peuple ; c'était l'Asie et sa religion d'abord victorieuse, ensuite vaincue, et enfin le croissant de Mahomet dominé par la croix du Christ.

Fœdor, frère aîné de Pierre le Grand, commença à embellir Moscou. Pierre le Grand la fit paver et l'orna de superbes édifices.

LE KREMLIN.

Le Kremlin, qui commença aux premiers jours de Moscou, c'est-à-dire vers le milieu du treizième siècle, et qui subit toutes les vicissitudes de la capitale de la vieille Moscovie, est situé au centre de la ville, dans la partie la plus élevée. Son enceinte, formée par de hautes murailles garnies de créneaux et de tours anguleuses ou rondes en briques de diverses couleurs, présente un polygone irrégulier et se développe sur une longueur d'environ deux mille toises. L'approche en était autrefois défendue par des fossés où croupissait une eau bourbeuse, et sur lesquels étaient jetés cinq ponts étroits et longs, correspondant à autant de portes percées dans les murs ; mais ces fossés ont été nouvellement débarrassés de leur fange et métamorphosés en jardins assez semblables à ceux qui bornent les Tuileries du côté de la place Louis XV. Ce vaste enclos est confusément rempli par des constructions de toute nature et destinées à tout usage, par le palais des anciens czars, la maison du patriarche, l'hôtel du sénat, plusieurs églises, un arsenal et des bâtiments affectés à différentes administrations. On comprend que nous ne pouvons donner une description régulière et suivie de toutes ces parties; que, pour nous conformer à notre sujet même, nous devons les examiner dans le désordre où nous les trouverons et passer de l'une à l'autre sans transition et sans plan. Nous nous arrêterons particulièrement sur les points qui nous sembleront justifier les réflexions par lesquelles nous avons commencé notre article, en laissant toutefois à nos lecteurs le soin de faire les rapprochements et de tirer les conclusions.

L'entrée la plus remarquable du Kremlin est la porte de Spaskoï. Cette porte, ouverte sur le côté méridional sous une tour carrée que de petites tourelles élèvent d'étage en étage, forme une arcade voûtée et peinte en rouge. Au dessus d'elle est une figure au devant de laquelle une lampe brûle continuellement. Cette figure est l'image d'un saint qui, selon la tradition, aurait arrêté les Polonais au moment où, déjà maîtres de la ville, ils pénétraient dans la forteresse. De là, la qualification de Sainte donnée à la porte; de là aussi l'origine d'un usage assez singulier : toute personne qui passe sous la voûte est obligée, quel que puisse être son rang, de rendre hommage à la tradition, en marchant la tête découverte pendant la distance d'environ cent pas; et cette consigne est rigoureusement appliquée, ainsi que le fait voir l'anecdote suivante que nous empruntons au docteur Clarke, qui voyageait en Russie au commencement du siècle. « Je voulais m'assurer, dit le docteur, si la règle s'observait avec sévérité, et, feignant une ignorance complète de l'usage, j'entrai sous la porte avec mon chapeau sur la tête. La sentinelle m'appela : sans prendre garde à elle, je marchai plus avant, mais je vins à rencontrer un paysan, tête nue, qui, me voyant la tête couverte, en avertit le peuple et la sentinelle qui, me prenant par le bras avec de très vives expressions de colère, m'eut bientôt rudement appris de quelle manière il fallait traverser la porte Sainte. »

Le *palais des czars*, dans la construction duquel domine une imitation grossière du style gothique, n'est d'aucun mérite monumental, mais il frappe d'une profonde émotion par les souvenirs qu'il évoque; souvenirs de puissance farouche, de magnificence barbare, de crimes domestiques que n'auraient pas désavoués les Atrides; souvenirs aussi des plus grandes catastrophes humaines, car un empereur de France entra un jour en vainqueur dans cette demeure d'Ivan le Terrible, et en sortit le lendemain en fugitif. À l'une des fenêtres est un balcon que supportent des piliers gothiques et du haut duquel les czars se montraient au peuple; au bas, dans la cour, était une large pierre sur laquelle les pétitionnaires venaient déposer leurs suppliques : l'empereur les envoyait quelquefois chercher.

Le *trésor*, dont les différentes richesses sont renfermées dans des caisses, possède des joyaux et des vêtements de la plus grande valeur ; des objets pleins d'attrait dans leur bizarre étrangeté, et des reliques du plus haut prix historique. On y voit d'innombrables vases d'or et d'argent d'un travail curieux; le trône de Pierre le Grand ; l'antique peigne d'ivoire avec lequel les premiers czars peignaient leur barbe flottante ; la robe de couronnement de Catherine II, longue de douze aunes, et que douze chambellans soutenaient à grand'peine; les couronnes des pays conquis, de Sibérie, de Géorgie, de Pologne, de Crimée, et le brancard sur lequel Charles XII, roi de Suède, était porté pendant la bataille de Pultawa.

Le *palais du patriarche* expose aux regards une éblouissante collection d'ornements pontificaux et une bibliothèque où abondent des manuscrits grecs et slavons.

L'*hôtel du sénat*, d'immenses proportions et construit sous le règne de Catherine II, est remarquable par sa coupole surmontée d'une masse cubique sur les quatre côtés de laquelle est écrit le mot *Loi* en lettres colossales.

L'*arsenal*, commencé par Pierre le Grand, et miné par les Français en 1812, porte encore les traces de la poudre; mais devant lui sont rangées, comme en revanche et en consolation du désastre, les pièces d'artillerie française trouvées sous la glace et la neige. Une inscription gravée sur une porte voisine raconte, comme un fait miraculeux, que, tandis que tout s'était écroulé par l'effet de l'explosion, une glace, placée tout auprès devant l'image de saint Nicolas, le patron tutélaire de la Russie, était demeurée intacte au milieu des ruines.

Les édifices religieux que le Kremlin renferme dans son enceinte sont : les églises de l'Assomption, de l'Annonciation et de Saint-Michel, et le clocher d'Ivan le Grand.

L'aspect général du Kremlin, sur les différentes parties duquel nous venons de jeter un coup d'œil rapide, est le plus extraordinaire que puisse offrir un monument. La confusion des formes européennes et asiatiques, italiennes, romaines, gothiques, chinoises, indiennes, tartares; la variété inexplicable des dômes, des clochers, tantôt puissants comme des tours antiques, tantôt sveltes comme des tourelles du moyen-âge, tantôt encore gracieux comme des minarets, s'effilant en aiguille, s'arrondissant en boule, s'allongeant en ovale, s'écaillant en pomme de pin, se côtelant en melon et se teignant en toutes couleurs, en or, en rouge, en blanc, en vert, en violet; le rapprochement immédiat de tant de choses entre lesquelles la pensée est accoutumée à mettre des siècles et des milliers de lieues d'intervalle; l'inextricable pêle-mêle de toits, de murs, de coupoles, de flèches, de rampes, de galeries, de balcons; ce prodigieux chaos architectural, en un mot, jette le spectateur dans un profond étonnement. Il n'y a dans cet ensemble ni beauté, ni grâce, ni élégance, ni majesté, mais une vigueur barbare, une puissance sauvage qui imprime le respect.

Le mot de *kremlin* est dérivé d'un mot russe signifiant à la fois pierre et forteresse.

Dans l'été de 1812, on estimait à 312 mille âmes la population de Moscou, divisée de la manière suivante : clergé, 4,779; noblesse, 10,732; militaires, 21,978; marchands, 11,885; ouvriers de divers états, 19,036; serviteurs de la noblesse qui restaient à Moscou pendant l'été pour garder les palais, etc., 38,404; étrangers, 1,410; peuple et paysans, 203,776.

Cette population s'augmentait beaucoup pendant l'hiver, lorsque tous les seigneurs, les sénateurs, les généraux, les gouverneurs revenaient à la ville pour passer les fêtes de Noël et le carnaval; elle montait alors à environ 420,000 âmes.

En comparant Moscou à ce qu'elle était avant l'incendie, l'on remarque que la population a rapidement augmenté. L'élargissement des rues, la multiplicité des passages, ont diminué le nombre des jardins appartenant à la noblesse, et de cette manière le bas peuple, moins entassé, habite des quartiers plus sains. On observe peu de changements dans l'arrangement général de la ville. Les entrées publiques sont les mêmes qu'autrefois; il y a aussi, comme auparavant, vingt-cinq places. Les édifices publics, tels que l'université, les colléges, les écoles, les deux hôpitaux, les quatre palais impériaux, les sept cathédrales, les cimetières, l'arsenal, les casernes, l'établissement pour les orphelins des militaires, les enfants trouvés, le théâtre, la prison d'état, et quelques autres édifices inférieurs, n'ont pas changé non plus. Mais les établissements religieux ont diminué au lieu d'augmenter. Il y avait, en 1812, deux cent quatre-vingt-seize églises, maintenant il n'y en a que deux cent quatre-vingt-neuf; les couvents et les monastères ont été réduits en proportion. On trouve aujourd'hui à Moscou douze imprimeries, il n'y en avait primitivement que huit. Les manufactures ne sont pas aussi nombreuses qu'avant l'incendie; il y en avait alors quatre cent quarante-deux, il n'y en a plus que trois cent soixante-seize. Les boutiques du bazar, qui sont sous le contrôle immédiat du gouvernement, étaient, en 1812, au nombre de six mille sept cent soixante-seize, et maintenant il n'y en a plus que six mille cent trente-six. En 1812, les maisons particulières, dix-sept cent soixante-douze; maintenant, douze cent vingt-six.

Après l'incendie de 1812, on essaya, comme nous l'avons dit, de mettre dans la construction des maisons et des rues nouvelles plus de régularité qu'il n'y en avait autrefois, mais l'étendue du terrain que couvre Moscou et son inégalité empêchèrent qu'on ne réussît complétement. Cependant, telle qu'elle est aujourd'hui, tous les voyageurs s'accordent à dire que Moscou ne le cède à aucune ville d'Europe pour l'étendue et la magnificence.

ODESSA.

Odessa est dans la Crimée. Cette ville qui, il n'y a pas encore longtemps, n'était qu'une bourgade bâtie en roseaux et en terre glaise, est aujourd'hui une cité florissante, habitée par plus de soixante mille âmes ; elle doit sa prospérité à d'heureuses circonstances aidées de l'habileté du duc de Richelieu, alors gouverneur de la Crimée pour l'empereur de Russie. Sa position la rend nécessairement l'entrepôt du commerce dans ces contrées; aussi exporte-t-elle tous les blés, les cires, les bois, et les peaux de l'Ukraine tant russe que ci-devant polonaise. Elle importe en outre les vins et les fruits de la Méditerranée, les cuirs et les soieries du Levant, ainsi que les autres articles permis du luxe étranger. — « Elle est bâtie sur un terrain incliné au bas duquel est le port, construit de manière à recevoir jusqu'à trois cents navires. Entre la ville, formée de maisons en pierres, et le port, une rangée de casernes lui donne un aspect imposant. Ses rues sont droites et bien pavées, ornées de trottoirs et de deux rangées d'arbres. Sa principale église, l'amirauté, la douane, la bourse, le théâtre et l'hôpital civil sont de beaux édifices. Elle est défendue par d'importantes fortifications. Sur l'esplanade qui domine le port, on a élevé un monument à la mémoire du duc de Richelieu. Parmi les établissements d'instruction dont est pourvu ce second Pétersbourg, on doit citer le lycée Richelieu, fondé en 1818, et considéré comme une des meilleures écoles de l'Europe; une école militaire, instituée par l'empereur Alexandre; plusieurs écoles élémentaires où plus de douze cents enfants de diverses nations sont instruits, et un musée d'antiquités.

KAZAN.

La ville de Kazan est située sur les bords du Volga. L'on y compte cinquante mille habitants, quatre mille cinq cents maisons et cinquante-huit églises. Kazan a, comme Moscou, son kremlin ou kremi, et son audacieuse tour qui semble toucher les cieux. En arrivant devant une grande ville en Russie, un monument de ce genre est toujours le premier objet qui frappe les regards. A Kazan, c'est la tour de Soumbeka; elle est le plus ancien édifice de la ville telle qu'elle existe aujourd'hui. C'est le seul chaînon qui réunisse l'histoire de la Kazan tartare avec la Kazan russe, et c'est à ses pieds que viennent se grouper les plus mémorables souvenirs de la contrée. Plusieurs légendes sont accréditées sur cette tour. Les unes ne font remonter son origine qu'après la prise définitive de Kazan par Ivan IV, en 1552. Elles assurent que ce prince la fit bâtir avec les débris des Métchets, en actions de grâce de sa victoire, et comme une sorte de dérision à ses ennemis vaincus. D'autres veulent que ce soient les restes du palais des souverains tartares; et d'autres encore la prennent pour une mosquée que la célèbre et belle Soumbeka fit construire pour y enterrer son époux; elles ajoutent même que ce fut là, près de son tombeau, que le peuple kazanais vint la chercher pour la livrer aux Russes. Cette dernière légende est la plus populaire à Kazan, c'est celle qui a donné le nom à la tour, et, selon moi, c'est aussi celle qui me paraît la plus vraisemblable.

L'église que fit bâtir Ivan IV, après la prise Kazan, et que nous remarquons près de là, n'a plus aucun rapport avec la tour de sa mosquée. Cette tour est entièrement en briques, et bâtie avec une perfection toute romaine; elle est carrée, à plusieurs étages, et sa flèche svelte, élégante, s'élève majestueusement dans les airs. C'est, en ce genre, la plus haute tour en pierre que l'on connaisse. Vous trouvez bien en Orient des aiguilles aussi élevées, mais il est à remarquer qu'elles sont toujours terminées par un long morceau de fer-blanc ou fer battu. En entrant dans cette tour, on se trouve sous une voûte magnifique; quatre ouvertures ou espèces de portes cintrées sont percées aux extrémités de la voûte, à cinq ou six pieds au dessus du sol ; et en y atteignant, on y reconnaît quatre escaliers qui mènent à tous les étages de la tour. Cette tour et la mosquée qui en dépend, sont presque entièrement abandonnées, et pourtant jusqu'ici elles ont peu souffert du temps. Les herbes et les ronces y croissent de toutes parts, mais le vieux ciment tartare résiste à la négligence du vainqueur, et les deux monuments doivent être encore pour longtemps le plus bel ornement de Kazan. Cette tour majestueuse porte tristement à son faîte l'histoire de la destinée de la ville. Un globe, que l'on dit en or massif, est écrasé sous l'énorme serre de l'aigle à deux têtes : l'empire tartare soumis à l'empire russe ! ! !

Le kremi de Kazan est une forteresse carrée entourée d'un fossé et d'une épaisse muraille flanquée de douze tours. Il renferme la grande cathédrale, bâtie en 1552 par Ivan IV; elle est surmontée d'une coupole dorée. On conserve dans cette église l'image de Notre-Dame de Kazan, et les reliques de St-Gourii, premier évêque du diocèse. C'est dans le kremi qu'est le célèbre couvent des moines *Spasso-Preobajenskoi*, fondé en 1555. Quatre églises y sont renfermées, ainsi que la cathédrale dite de la Mère de Dieu, qui passe pour la plus belle église de la ville. Sa construction est de 1808.

TURQUIE.

CONSTANTINOPLE.

Constantinople, autrefois *Konstantinou-Polis*, puis *Estamboul*, occupe un promontoire triangulaire, partagé en sept collines que baignent au sud les flots de la mer de Marmara, et que limite au nord un petit golfe formant un port où douze cents vaisseaux trouvent un mouillage sûr. Son enceinte a près de cinq lieues et demie de tour.

Au premier aspect, l'œil est charmé en approchant de Constantinople; mais, une fois entré dans ses murs, on cesse d'être enchanté. Ses rues étroites, mal pavées, sont bordées de maisons simples, mais propres et petites, dont la construction en bois rend les incendies fréquents et terribles. Le quartier du Fanar est habité par les Grecs, habitués à ramper et à s'avilir pour de l'or. Le faubourg d'Aïoub, qui doit son nom au beau mausolée élevé par Mahomet II à Aïoub, porte-étendard du prophète, renferme la fameuse mosquée où l'on conserve plusieurs reliques de Mahomet, et le sabre dont l'émir ceint le sultan à son avénement au trône. Le *Saraï* ou *Sérail* se compose d'un mélange irrégulier de pavillons, de prisons, de casernes et de jardins. L'église *Sainte-Sophie*, dont la coupole a servi de modèle à toutes celles qui ont été construites depuis en Italie, est un monument de l'empereur Justinien : il n'a dû sa conservation qu'à sa transformation en mosquée. Elle est flanquée de quatre minarets. Parmi les autres temples consacrés au culte mahométan, on doit citer la mosquée du *sultan Achmet*, située sur la place de l'Hippodrome; celle du *sultan Soleyman*; celle de la *sultane Validé*, fondée par la sultane mère de Mahomet IV; enfin celle du *sultan Osman*, qui surpasse les autres par l'élégance et la régularité de son architecture. L'*Hippodrome*, commencé par Sévère et terminé par Constantin, est aujourd'hui une place publique appelée *Et-Meïdan* ou *At-Meïdani*, au milieu de laquelle s'élève encore l'obélisque égyptien qui le décorait et dont le piédestal en marbre blanc est orné de bas-reliefs en l'honneur de Justinien; non loin de là se trouve la colonne aux trois serpents qui servit de support au célèbre trépied du temple de Delphes. Le château des *Sept-Tours*, situé sur le bord de la mer, n'est qu'une faible citadelle où l'on renferme des prisonniers d'État.

Le port de Constantinople est un des plus vastes et des plus commodes que l'on connaisse; son entrée est éclairée par deux phares et défendue par des forts; il sépare la ville des faubourgs de Péra, de Galata et de Kassim-pacha. Dans le premier sont les palais des ambassadeurs et les maisons des Francs; le second, entouré de murailles et de fossés, renferme les magasins des marchands et des négociants. L'arsenal, les chantiers de construction, le palais, ou plutôt le fort qu'habite le capitan-pacha, et le bagne, font partie du faubourg de Kassim-pacha.

Cette cité, dont la population ne peut pas être évaluée à moins de six cent mille âmes, renferme plus de deux cents mosquées, trois cents chapelles, trois cents bains publics, trente-cinq églises, six couvents catholiques, dix-huit bazars, huit cents fontaines et plus de quatre-vingt-dix mille maisons. Les bains de Constantinople sont les plus splendides qu'il y ait au monde.

Le premier édifice qui se montre en entrant, par l'échelle de Balouk-Bazar, c'est la douane Turque, bâtie de bois; puis le marché au poisson; le bâtiment où se pile le café n'est pas éloigné du marché; le café ne se vend jamais que pilé à Constantinople et très-mélangé; c'est le pays où on le prend le plus mauvais et en plus grande abondance.

On trouve, en se dirigeant vers le sérail, la chapelle funéraire de Sélim III; puis l'immense palais du grand-vizir; on appelle ce palais la *Sublime-Porte;* près de là est le terrible *Babi-Hamaïoun*, qui voit les exécutions journalières des victimes du despotisme.

A quelque distance de ce lieu, on trouve l'*Estaminet Turc*, recherché de tous les habitants les plus considérables de la ville, le *café Anglais* de Constantinople.

Le Turc, indifférent à tout, voit brûler sa maison avec autant de sang-froid qu'il en a mis à l'élever à grands frais. Dans les maisons, presque toutes bâties en bois, on trouve des bains de marbre, des draperies dorées, des richesses répandues çà et là sur des meubles quelquefois vermoulus. Rien n'est soigné avec harmonie dans l'Orient; le Musulman aura une pipe de grand prix entre les mains, assis sur un carreau sale et dur; son coucher, jeté au hasard sur le plancher ou sur un mauvais sopha, n'est fait ni de nos doux édredons, ni de nos moelleux matelas, ce que nous appelons un grabat ferait le meilleur lit des Musulmans.

Ce peuple calme est étranger aux querelles vaillantes; ainsi le duel et le suicide sont pour eux des êtres de raison. La police, si difficile à exercer dans les grandes villes, et qui a tant de peine à réprimer les crimes, n'a que faire à Constantinople. Mais le Musulman, qui n'est ni colère ni emporté, est rusé, fin et dissimulé; lorsqu'il veut obtenir une grâce, il a recours, pour séduire le seul homme qui les dispense, le grand-vizir, aux flatteries, aux politesses, aux fausses protestations; mais le Musulman, qui ne se permet pas, par orgueil, le jeu d'aucun instrument, qui méprise la danse, qui dédaigne l'adresse dans les exercices, à qui la chasse est inconnue, et qui ne se sert du cheval que pour se transporter lentement et gravement là où il a besoin d'aller, et non pour faire assaut de légèreté avec son coursier; le Musulman, dis-je, ne pouvant mettre d'amour-propre dans les talents qu'il n'a pas et qu'il ne veut pas avoir, est étranger encore au défaut de la vanité, défaut si commun parmi les hommes civilisés. La naissance, si bien faite pour exalter l'orgueil des familles nobles chez la plupart des hommes, n'existe pas parmi les Musulmans; ceux-ci ne connaissent que leur père, mais ils le chérissent, le soignent vieux ou malade, ce père qui ne descend jamais d'aucune race dont l'histoire *a dû conserver le nom et le souvenir*. Sans doute cette circonstance est favorable à la simplicité des mœurs, mais elle l'est aussi au mépris de la gloire.

Le Musulman aime et respecte sa patrie; un prisonnier préfère mourir plutôt que d'aller ailleurs chercher la liberté. Du reste, il y a peu de temps encore, l'instruction et les livres pénétraient difficilement dans ces contrées. On cite la réflexion d'un de ses ambassadeurs, qui prouve en lui une âme autant élevée qu'une tête peu meublée de la science géographique; à l'occasion du tombeau de Napoléon, il disait qu'il ne concevait pas que les Français ne fussent pas allés chercher, *à pied ou à cheval*, ce tombeau du grand homme à Sainte-Hélène.

Le Musulman a l'air fier et noble, son costume ajoute à la dignité de son port et de ses traits. Les rapports des étrangers avec ces hommes doux et calmes sont un échange de bienveillance réciproque; l'hospitalité y est exercée comme un devoir, c'est-à-dire sans exaltation, mais accompagnée de douceur et d'intérêt.

En Turquie, il est une coutume qui révolte la délicatesse de nos Françaises : c'est la loi qui permet à plusieurs femmes de prendre place dans le même ménage. Les Musulmanes s'arrangent pourtant très-bien de cette loi. Il est vrai que le mari de plusieurs femmes, à Constantinople, les traite toutes ensemble beaucoup mieux que ne le fait quelquefois à Paris l'époux d'une seule. Le Musulman est doux et affectueux pour ses compagnes; la femme est à ses yeux le plus beau présent qu'ait fait la Divinité aux hommes, le plus grand des biens qu'il peut acquérir : aussi, dans cet heureux pays, pour les familles qui possèdent de jeunes et belles filles, le cruel *sans dot* n'attriste pas les cœurs.

GRÈCE.

ATHÈNES.

Athènes présente l'image d'une ville morte et d'une ville qui renaît de ses ruines. Les anciens monuments sont cependant les seuls qui excitent l'intérêt.

Le temple de Minerve était un simple parallélogramme allongé, orné d'un péristile, d'un portique, et élevé sur trois marches qui régnaient tout autour. Le portique occupait à peu près le tiers de la longueur totale de l'édifice (deux cent dix-huit pieds); l'intérieur du temple se divisait en deux nefs séparées par un mur, et qui ne recevaient le jour que par la porte ; dans l'une on voyait la statue de Minerve, ouvrage de Phidias; dans l'autre on gardait le trésor des Athéniens. Des morceaux de sculpture occupaient les deux frontons du temple; les offrandes votives, ainsi que les boucliers enlevés à l'ennemi dans le cours de la guerre Médique, étaient suspendus en dehors de l'édifice.

Tel était ce temple, qui a passé à juste titre pour le chef-d'œuvre de l'architecture chez les anciens et chez les modernes. L'harmonie et la force de toutes ses parties se font encore remarquer dans ses ruines. Qu'il y a loin du Parthénon, avec son économie d'ornements, son heureux mélange de simplicité et de grâce, à notre profusion de découpures, à nos colonnes guindées sur d'énormes bases, ou à nos portiques écrasés ! Après leur harmonie générale, leur rapport avec les lieux et les sites, et surtout leurs convenances avec les usages auxquels ils étaient destinés, ce qu'il faut admirer dans les édifices d'Athènes, c'est le fini de toutes les parties. L'objet qui n'est pas fait pour être vu, y est travaillé avec autant de soin que les compositions extérieures; la jointure des blocs qui forment les colonnes du temple de Minerve est telle, qu'il faut la plus grande attention pour la découvrir, et qu'elle n'a pas l'épaisseur du fil le plus délié. Les rosaces, les moulures, tous les détails des édifices offrent la même perfection; des découpures en ivoire ne seraient pas plus délicates que les ornements du temple d'Erechtée ; les cariatides du Pandroséum sont des modèles.

Athènes est remplie d'ouvrages prodigieux. Les Athéniens ont remué des masses gigantesques ; les pierres du Pnyx sont de véritables quartiers de rochers ; les dalles de marbre qui couvraient les Propylées étaient d'une dimension telle, qu'on n'en a jamais vu de semblables ; la hauteur des colonnes du temple de Jupiter olympien passe peut-être soixante pieds, et le temple entier avait presque un quart de lieue de circonférence. Les murs d'Athènes, en y comprenant ceux des trois ports et les longues murailles, s'étendaient sur un espace de près de neuf lieues ; les murailles qui réunissaient la ville au Pirée étaient assez larges pour que deux chars y pussent courir de front, et, de cinquante en cinquante pas, elles étaient flanquées de tours carrées. On ne peut se lasser d'admirer les vieux monuments d'Athènes. Ici se trouve le temple de Thésée, le rocher de l'Aréopage ; là, la prison de Socrate et la tribune aux harangues taillée dans le roc. Le temple de Thésée, si bien conservé, si élégant, si parfait dans son ensemble, dit combien les Athéniens étaient susceptibles de sentiments nobles, d'enthousiasme patriotique. Voici quelle fut l'origine de ce temple : le bruit se répand qu'on a vu l'ombre de Thésée combattre dans les rangs de l'armée grecque contre les Perses ; le fils de Miltiade apporte d'une île voisine les ossements du héros à qui Athènes devait sa première puissance, et la nation lui élève un temple embelli par les arts. Puis la tribune du Pnyx ne rappelle-t-elle pas l'époque où une immense multitude, troublée par la crainte de voir ses foyers envahis, écoutait là, sur cette place maintenant déserte, les immortelles harangues de Démosthènes ? La grotte ou prison qui vit mourir Socrate, victime de l'injustice de ses concitoyens, est à cent pas du Pnyx. Ces chefs-d'œuvre, que l'on vient admirer de si loin, doivent en partie leur destruction aux modernes. Le Parthénon subsista dans son entier jusqu'en 1687 ; les chrétiens le convertirent d'abord en église, et les Turcs, par jalousie des chrétiens, le changèrent à leur tour en mosquée. Il fallut que les Vénitiens vinssent, au milieu des lumières du xviie siècle, canonner les monuments de Périclès ; ils tirèrent à boulets rouges sur le temple de Minerve ; une bombe enfonça la voûte, mit le feu à des barils de poudre, et fit sauter en partie l'édifice. La ville étant prise, Morosini, dans le dessein d'embellir Venise des débris d'Athènes, voulut descendre les statues du fronton du Parthénon : il les brisa.

Athènes, nouvelle capitale de la Grèce régénérée, n'était qu'un amas de pierres en 1830 ; elle présente aujourd'hui un aspect animé ; les rues sont garnies de boutiques, la plupart tenues par des Grecs, quelques-unes par des Français. Il y a à peine quelques années qu'il eût été difficile d'y trouver la moindre ressource ; on y voit actuellement un marché abondant, des cafés, des hôtels. La cité d'Athènes s'accroît tous les jours. La reconstruction de la ville a été d'une rapidité étonnante ; on n'a pas cessé de bâtir depuis l'année 1835 ; il n'y avait auparavant qu'une quarantaine de maisons parmi les décombres. Pourtant Athènes, qu'on a tant de fois essayé de tirer de sa poussière, offre encore en ce moment l'image d'une ville qui naît à peine ; rien n'y est achevé ; une jolie maison est à côté de pans de murs écroulés ; on est surpris de rencontrer, au milieu d'une rue récemment construite, une masse de vieilles masures habitées par de pauvres familles grecques. A chaque pas ce sont des bouts de rues, puis d'autres rues sans symétrie formées de petites boutiques construites en bois. Jusqu'à présent Athènes n'est qu'un mélange de ruines et de maisons neuves. Il n'y a que deux rues bien alignées : elles se coupent à angle droit ; l'une porte le nom d'Éole, elle partage la ville en deux et va aboutir à la tour des Vents qui est au pied de l'Acropolis ; l'autre rue est la rue d'Hermès, qui commence à l'entrée du Pirée.

Athènes est encore une espèce de labyrinthe, où l'on a pour se retrouver le rocher de l'Acropole qu'on aperçoit de toutes parts, quelques édifices antiques et d'assez jolies églises bysantines dispersées dans la ville. A travers cette confusion, on rencontre un bazar organisé comme celui d'une ville turcque, et l'on voit, comme à Paris, une circulation d'omnibus ; un chemin de fer qui doit promptement s'achever contribuera à entretenir une grande activité dans le port du Pirée.

CORINTHE.

Corinthe, ville si ancienne et si puissante par ses richesses et ses colonies, fut renversée de fond en comble par les Romains, commandés par Mummius, qui vendit ses habitants à l'encan. Tous les naturels du pays avaient disparu, quand Pausanias visita Corinthe, car Auguste, qui la restaura à cause de l'avantage de sa position, y avait établi une colonie de vétérans et d'affranchis. Cependant sa splendeur surpassait encore celle de toutes les autres places de la presqu'île. Depuis le IIe siècle, Corinthe n'éprouva que des désastres. On la voit pillée en 261 par les Hérules, qui saccagèrent Argos et Sparte. En 395, elle éprouva la fureur des hordes d'Alaric, et Stilicon, en délivrant la province des barbares, lui porta un coup fatal. Exposée aux incursions des Scytho-Slaves, elle avait été délivrée de leur joug, quand elle fut cédée, après la prise de Constantinople, aux Vénitiens, qui y soutinrent des siéges contre Roger, premier roi de Sicile, et Jacques d'Avannes, lieutenant du marquis de Boniface.

Après tant de révolutions, il n'est pas étonnant qu'on se demande où est Corinthe, quand on est déjà au milieu des quelques maisons qui la composent.

Le point qui le premier attire les regards, est l'Acropole. Son élévation, que Strabon estime à trois stades et demie de hauteur perpendiculaire, est enveloppée, au couronnement, d'un rempart bastionné et crénelé, circonscrit par une enceinte beaucoup plus ancienne, formée d'assises de maçonnerie pélasgique. Le chemin qui conduit à la forteresse, dans une étendue sinueuse d'un très-grand développement, peut être battu dans tous ses détours par l'artillerie de l'Acropole. C'est dans l'intérieur que se trouve la fontaine *Pirène*, aujourd'hui *Source du Dragon*. Plusieurs temples étaient sur le bord de ce chemin. Quelques pins et des cyprès épars à la base occidentale de l'Acro-Corinthe, paraissent rappeler le souvenir du bois Cranaé, consacré à Bellérophon et à Vénus Mélanie (la brune), qui y avait un temple dont les colonnes ornent maintenant une mosquée. C'est encore de ce côté qu'on montrait le tombeau de Laïs.

A peu de distance au nord-ouest, est un grand temple d'ordre dorique, qu'on dit être celui du soleil. Les restes de cet édifice se composent encore de sept colonnes cannelées, d'ordre dorique, avec une partie de leurs architraves, et elles doivent être de la plus haute antiquité, puisqu'il leur manque presque la moitié de la hauteur pour être dans la proportion requise avec leur diamètre. A quelques pas est un caveau funéraire creusé dans le roc. Près de la porte Ténée on remarque les soubassements de deux grands édifices. Prenant le chemin de Sycione, on arrive à un ravin creusé par les eaux des torrents qui se rendent au Léché; là est un puits peu profond et d'une eau excellente, qu'on dit être la fontaine à laquelle Glaucé donna son nom, en s'y précipitant pour se dérober aux enchantements de Médée. Une tradition populaire attribue deux tombeaux voisins aux enfants de Médée. A environ deux cents toises au nord, on reconnaît les assises de la Cella, d'un édifice qui présente une base de deux cent soixante pieds de longueur. On aperçoit encore quelques tambours en pierre *parique*, du diamètre de six pieds, qui formèrent des colonnes cannelées, autrefois enduites de stuc; c'était le temple de Minerve Chalinitis. A un temple attenant, qui dut être celui de Jupiter *Coryphée*, on voit les bases de plusieurs autres colonnes de trois pieds et demi de diamètre. Enfin, non loin de là, des pans de murs en briques font deviner l'emplacement du théâtre.

A cent cinquante toises au nord-est du théâtre, on a trouvé une grande quantité de colonnes qui marquent l'emplacement du gymnase, qui dut être un édifice considérable. Il était à peu de distance de la fontaine de Lerne, dont l'aspect présente, quoique en petit, quelque analogie avec la fontaine de Vaucluse.

La topographie de Corinthe est tracée avec une telle précision par Strabon, et ses monuments sont si bien décrits par Pausanias, que c'est de toutes les villes de la Grèce la plus facile à revivifier par des études archéologiques.

La moderne Corinthe, que les Grecs appellent Cortho, se compose de trois cent soixante-dix-sept maisons, disséminées par groupes au milieu des champs labourés et sur le chemin qui conduit à la citadelle. Les intervalles sont remplis et à de grandes distances par les minarets des mosquées, qui s'élèvent comme des obélisques entourés de cyprès. La ville, divisée par des champs couverts de moissons, présente l'aspect de plusieurs grosses fermes entourées de leurs métairies.

ASIE.

JÉRUSALEM.

Jérusalem fut fondée l'an du monde 2023, par le grand-prêtre Melchisédech; il la nomma *Salem*, c'est-à-dire la Paix; elle n'occupait alors que les deux montagnes de Maria et d'Acra. Cinquante ans après, prise par les Jébuséens, elle s'accrut d'une forteresse élevée sur le mont Sion à laquelle ils donnèrent le nom de Jébus, leur père. La ville prit alors le nom de Jérusalem, ce qui signifie *vision de paix*. Josué s'empara de la ville basse la première année de son entrée dans la terre promise. Les Jébuséens demeurèrent les maîtres de la ville haute et de la citadelle de Jébus. Ils n'en furent chassés que par David, huit cent vingt-quatre ans après leur entrée dans la cité de Melchisédech.

David fit augmenter la forteresse de Jébus et lui donna son

nom. Il fit aussi bâtir sur la montagne de Sion un palais et un tabernacle, afin d'y déposer l'arche d'alliance. Salomon augmenta la cité sainte : il éleva ce premier temple dont l'Ecriture et l'historien Josèphe racontent les merveilles, et pour lequel Salomon lui-même composa de si beaux cantiques.

Dès la plus haute antiquité, Jérusalem ne le cédait en magnificence à aucune des villes de l'Asie. Jérémie la nomma *ville admirable*, à cause de sa beauté; David l'appelle la plus glorieuse et la plus illustre des cités d'Orient. Par la nature de sa législation toute religieuse, elle montra toujours un invincible attachement pour ses lois; mais elle fut souvent en butte au fanatisme de ses ennemis et de ses propres habitants. Ses fondateurs, dit Tacite, ayant prévu que l'opposition des mœurs serait une source de guerres, avaient mis tous leurs soins à la fortifier, et, dans les premiers temps de l'empire romain, elle était une des places les plus fortes de l'Asie.

Après avoir éprouvé un grand nombre de révolutions, elle fut renversée de fond en comble par Titus, et, selon les menaces des prophètes, ne présenta plus qu'une horrible confusion de pierres.

Une population innombrable, que les fêtes de Pâques et la terreur des armes romaines avait rassemblée de toutes parts, encombrait Jérusalem, lorsque, du haut des triples murailles, elle vit flotter les étendards de Titus, l'exécuteur des arrêts que le Christ avait tout à l'heure prononcés contre elle. Pendant six mois, la peste, la famine, la guerre civile et la guerre étrangère sévirent contre cette cité avec une intensité dont l'histoire n'offre pas un autre exemple : jamais ces fléaux n'opérèrent une si épouvantable destruction de créatures humaines! jamais tant d'assauts ne furent livrés et repoussés avec autant de fureur. Tour à tour assiégeants et assiégés, les Romains abandonnaient le mur qu'ils attaquaient pour défendre leurs propres ouvrages, que des sorties continuelles inondaient de Juifs. Une lutte si longue et si acharnée avait exalté les passions jusqu'à la démence. Titus lui-même commandait ou tolérait des exécutions atroces. On ne fit pas un prisonnier : pas une maison, pas un pan de muraille ne se rendirent par capitulation; les trois enceintes, la ville basse, la tour Antonia furent enlevées d'assaut. Le second temple de Jérusalem, qu'Hérode avait bâti, fut pris d'assaut et livré aux flammes le jour même où, cinq cent quinze ans auparavant, tombait le premier temple de Jérusalem, le temple de Salomon; et, malgré tous ces désastres, ce ne fut qu'un mois après que le fer et le feu achevèrent la conquête de la ville haute.

Onze cent mille hommes avaient péri. Jérusalem n'était

plus qu'une ruine sur laquelle Titus, en pleurant, promenait la charrue.

L'empereur Adrien détruisit ensuite jusqu'aux ruines de la ville sainte, fit bâtir une nouvelle cité, et lui donna le nom d'Aelia-Capitolina, pour qu'il ne restât rien de l'ancienne Jérusalem. Les chrétiens, et surtout les juifs, en furent bannis; le paganisme y éleva ses idoles : Vénus et Jupiter eurent des autels sur le tombeau même de Jésus-Christ. Au milieu de tant de profanations et de vicissitudes, les peuples de l'Orient et de l'Occident conservaient à peine le souvenir de la ville de David, lorsque Constantin lui rendit son nom, y rappela les fidèles, et en fit une cité chrétienne. Conquise ensuite par les Perses, reprise par les Grecs, elle était tombée enfin comme une proie sanglante entre les mains des Musulmans qui s'en disputaient la possession, et portaient tour à tour dans ses murs le double fléau de la persécution et de la guerre.

Longtemps en butte aux invasions de ces conquérants, tout à coup l'Occident se réveille et semble s'arracher de ses fondements pour se précipiter sur l'Asie. Tous les peuples abandonnent leurs intérêts, leurs rivalités, et ne voyent plus sur la terre qu'une seule contrée digne de leur ambition. On croirait qu'il n'y a plus dans l'univers d'autre ville que Jérusalem, d'autre terre habitable que celle qui renferme le tombeau de Jésus-Christ. Bientôt la désolation règne dans tout l'Orient, et les débris dispersés des empires marquent les chemins qui conduisent à la Cité sainte. Dans cet ébranlement général, on voit les plus sublimes vertus se mêler à tous les désordres des passions; les soldats chrétiens bravent à la fois la faim, la soif, les fatigues, les maladies d'un climat nouveau, les armes des barbares; dans les plus cruelles extrémités, au milieu de leurs excès et de leurs discordes sans cesse renaissantes, rien ne peut lasser leur persévérance et leur résignation. Enfin, après quatre ans de travaux, de misères et de victoires, Jérusalem est conquise par les croisés.

Tandis que l'Europe était épuisée pour cette guerre, la nature produisit un de ces accidents qui devraient faire rentrer les hommes en eux-mêmes, et leur montrer le peu qu'ils sont et le peu qu'ils se disputent. Un tremblement de terre renversa la plupart des villes de Syrie et de ce petit État de Jérusalem; la terre engloutit en cent endroits les animaux et les hommes.

Au milieu de tant de ruines s'élevait le grand Saladin, Persan d'origine, du petit pays des Kurdes; nation toujours guerrière et toujours libre. Il conquit en peu de temps l'Égypte, la Syrie, l'Arabie, la Perse et la Mésopotamie. Saladin, maître de tant de pays, songea bientôt à conquérir le royaume de Jérusalem. De violentes factions déchiraient ce petit Etat et hâtaient sa ruine. Gui de Lusignan, couronné roi, mais à qui on disputait la couronne, rassembla dans la Galilée tous ces chrétiens divisés que le péril réunissait, et marcha contre Saladin.

Les deux armées restent quelque temps en présence. Bientôt un terrible combat s'engage, et trente mille chrétiens sont ou taillés en pièces ou faits prisonniers. Le lendemain, Saladin se dirigea sur Tyr, dont il abandonna momentanément le siége. « Je vais, dit-il, prendre la ville sainte, et lorsque le grand Dieu me l'aura livrée, nous reviendrons à Tyr. » De là, il marcha sur Ascalon, qui se rendit après quatorze jours de siége. Les autres villes se soumirent d'elles-mêmes. Enfin Saladin arriva aux portes de Jérusalem, qui était le but et la fin de son entreprise; il en fit le siége et la prit le 2 octobre 1187.

Tout ce qui environne cette triste cité, qui a changée dix-sept fois de maître avant de rester aux mains des Turcs, se rattache à l'origine du christianisme, à la vie et à la mort de son divin fondateur. Au midi, c'est la profonde vallée de *Cédron* ou *Kédron*, arrosée par le torrent de ce nom; près de là, le *mons Olivarum;* vers le nord, ce sont les châteaux de *Bethania* et d'*Emmaüs*, où Jésus apparut à deux de ses disciples après sa résurrection, et où il fit un miracle en faveur de l'amitié, en rendant la vie au frère de Marthe et de Marie; au midi, c'est *Bethléhem*, où il vint au monde. N'oublions pas, sur les bords du Jourdain, *Jéricho*, que Moïse appelle la cité des Palmiers, dont Josué s'empara d'une manière si merveilleuse; *Hébron*, qui se vantait à tort de posséder le tombeau d'Abraham; et la plaine de *Mambré*, où ce patriarche dressa longtemps ses tentes; et *Joppé* ou *Japho*, le port des Hébreux sur la Méditerrannée, où abordèrent les vaisseaux chargés de marbre et de bois de cèdre envoyés par le roi de Tyr à Salomon pour la construction du Temple, où saint Pierre fit des miracles, et qui fut deux fois saccagée par les Romains.

Au temps des croisades, Jérusalem formait, comme aujourd'hui, un carré plus long que large, d'une lieue de circuit. Elle renfermait dans son étendue quatre collines : à l'orient, le *Moriah*, où la mosquée d'Omar avait été bâtie à la place du temple de Salomon; au midi et au couchant, l'*Acra*, qui occupait toute la largeur de la ville; au nord, le *Bezetha* ou la Ville-Neuve; au nord-ouest, le *Golgotha* ou le Calvaire, que les Grecs regardaient comme le centre du monde, et sur lequel s'élevait l'église de la Résurrection. Dans l'état où se trouvait alors Jérusalem, elle avait beaucoup perdu de sa force et de son étendue. Le mont Sion n'était plus enfermé dans son enceinte et dominait ses murailles entre le midi et l'occident; les trois vallées qui environnaient ses remparts avaient été, en plusieurs endroits, comblées par Adrien, et l'accès de la place était beaucoup moins difficile, surtout du côté du nord.

Aujourd'hui, de tous les monuments qui existaient au temps où Godefroy de Bouillon et les croisés étaient maîtres de Jérusalem, beaucoup ont disparu. Cependant Jérusalem n'est pas, comme on s'est plu à nous la représenter, un amas informe et confus de ruines; c'est une ville qui présente noblement aux regards ses murs intacts et crénelés, ses mosquées et leurs colonnades, ses milliers de dômes resplendissant aux feux du soleil, ses vieilles tours gardiennes de ses murailles, auxquelles il ne manque ni une pierre, ni une meurtrière, ni un créneau; et au milieu de cet océan de maisons et de dômes, on aperçoit le saint sépulcre et le Calvaire, confondus parmi les édifices qui les entourent. Il est difficile de se rendre compte ainsi de l'emplacement du Calvaire et de celui du sépulcre, qui, selon les idées que nous donne l'Évangile, devraient se trouver sur une colline écartée, hors des murs et non dans le centre de Jérusalem. Tel est l'aspect de la ville du haut de la montagne des Oliviers; cette montagne descend en pente brusque et rapide jusque dans le profond abîme qui la sépare de Jérusalem, et qui s'appelle la vallée de Josaphat, vallée célèbre dans les traditions des juifs, des chrétiens et des mahométans, qui s'accordent tous à placer dans ce lieu la terrible scène du jugement dernier.

La ville sainte est appelée par les Turcs *El-Kouds* ou *Beït-el-Mukaddes*. On estime le nombre de ses habitants à trente mille, demeurant dans des maisons en pierre à deux ou trois étages, surmontées de terrasses, éclairées par de petites lucarnes, et ressemblant plutôt à des prisons qu'à des habitations. Elle renferme plusieurs mosquées, dont la plus belle, appelée *mosquée d'Omar* et *Sakhra-Halah* ou la *roche sacrée*, occupe l'emplacement du temple de Salomon; on y compte sept synagogues. De ses quinze églises chrétiennes, la principale était encore, en 1811, celle du Saint-Sépulcre. Cet édifice irrégulier, commencé par l'évêque Macarius, sous le règne de Constantin, couvrait le Calvaire, monticule placé hors de l'enceinte de la ville antique, et formant à peu près le centre de la nouvelle Jérusalem. Son dôme avait été brûlé vers la fin de 1807; il fut rebâti six mois après. Un incendie le détruisit en 1811; mais en 1812 il fut reconstruit aux frais des moines grecs soupçonnés d'y avoir mis le feu. Il a environ cent pieds de longueur, sur soixante de largeur; la distribution en est si bien faite, que, malgré sa faible étendue, il renferme treize sanctuaires ou chapelles consacrées à l'un des mystères de la passion, de la mort et de la résurrection de Jésus-Christ, dont le tombeau est placé sous le dôme. Les autres églises appartiennent à différentes sectes anciennes, telles que celles des Grecs, des Arméniens, des Abyssins, des Cophtes, des Nestoriens, des Syriens, etc. Plusieurs milliers de pèlerins de toutes les communions chrétiennes visitent annuellement, dans l'église du Saint-Sépulcre, la petite chapelle au milieu de laquelle s'élève l'autel qui remplaça le tombeau du Sauveur du Monde. Ces visites forment un revenu assez considérable pour les Turcs, qui exigent de chaque pèlerin vingt-trois piastres pour sa première entrée et un para pour les suivantes ; elles assurent en partie l'existence aux différents religieux renfermés dans les couvents d'alentour. Le plus vaste et le plus beau de ces monastères est celui des Arméniens : il contient mille chambres destinées à loger les pèlerins. D'après ces détails, on ne s'étonnera pas que la principale industrie des habitants de Jérusalem consiste à vendre une grande quantité de reliques et à fabriquer des rosaires et d'autres objets de dévotion ; ils confectionnent aussi quelques étoffes de soie et de coton.

BABYLONE.

On attribue la fondation de Babylone aux premiers descendants de Noé ; Nemrod l'agrandit environ deux mille ans avant Jésus-Christ ; mais elle dut surtout ses embellissements à Sémiramis, qui lui donna, vers 1900, un mur d'enceinte de trois cent soixante-cinq stades de circuit, pour imiter le nombre des jours de l'année solaire, et à Nabuchodonosor et à sa fille Nitocris, de 600 à 562. Elle était située dans une vaste plaine extrêmement fertile et arrosée par l'Euphrate ; ce fleuve baigne les frontières de la Syrie, à une de ses branches, en Asie-Mineure, les autres en Arménie, et va se jeter dans le golfe Persique, qui était alors le centre des opérations les plus actives entre l'Asie occidentale, l'Ethiopie et l'intérieur de l'Afrique : Babylone devint l'entrepôt de tout ce commerce.

Cette ville, au rapport d'Hérodote, formait un carré parfait dont chaque côté était de cent vingt stades, c'est-à-dire de six lieues ; ses murailles étaient d'une grandeur prodigieuse, elles avaient cinquante coudées (soixante-quinze pieds) d'épaisseur et deux cents (trois cents pieds) de hauteur ; elles étaient bâties de larges briques cimentées de bitume, liqueur épaisse et glutineuse qui sort de terre dans ce pays-là, qui lie plus fortement que le mortier, et qui devient beaucoup plus dure que la brique ou la pierre à qui elle sert de ciment.

Ces murailles étaient entourées d'un vaste fossé rempli d'eau et revêtu de briques des deux côtés. La terre qu'on en avait tirée en le creusant avait été employée à faire les briques dont les murailles étaient construites.

Chaque côté de ce grand carré avait vingt-cinq portes d'airain ; entre ces portes et aux angles de chaque carré, il y avait plusieurs tours élevées de dix pieds plus haut que les murailles.

Des vingt-cinq portes de chaque côté du carré partaient autant de rues qui aboutissaient aux portes du côté opposé, de sorte qu'il y avait en tout cinquante rues qui se coupaient à angles droits ; elles étaient bordées de maisons qui avaient trois ou quatre étages et dont le devant était enrichi de toutes sortes d'embellissements. Ces maisons n'étaient point contiguës, ayant de chaque côté un vide qui les séparait les unes des autres, et on avait laissé aussi une grande distance entre elles et les murs de la ville. Près de la moitié de la ville était occupée par des jardins et par des terres qu'on labourait et qu'on ensemençait.

Les murailles de Babylone étaient plus hautes que les tours de l'église Notre-Dame de Paris, qui n'ont que deux cent quatre pieds.

L'Euphrate traversait la ville par le milieu et la partageait en deux quartiers ; d'immenses travaux qui rendaient son cours oblique et tortueux diminuaient la force de ses eaux.

Afin de mettre le pays à l'abri des inondations, Nabuchodonosor et sa fille (vers 600 avant Jésus-Christ) firent construire une prodigieuse digue de briques cimentées de bitume des deux côtés du fleuve, pour le retenir dans son lit. Cette digue s'étendait depuis la tête des canaux artificiels jusqu'à la ville et un peu au-dessus.

Pour exécuter tous ces ouvrages, il avait fallu détourner le cours de l'Euphrate ; on avait donc creusé à l'ouest de Babylone un grand lac qui, selon Hérodote, avait vingt et une lieues en carré et trente-cinq pieds de profondeur, ou, selon Mégasthènes, soixante et quinze pieds. Le fleuve fut conduit tout entier dans ce vaste lac par le canal Pallacopas, et lorsque les travaux furent terminés, on le fit rentrer dans son lit ordinaire. Mais de peur que l'Euphrate, au temps de ses crues, n'inondât la ville par les portes qui y conduisaient, on conserva le lac et le canal.

Les deux quartiers de la ville étaient réunis par un pont central qui avait six cent vingt-quatre pieds de long sur trente de large. Les arches étaient bâties de grosses pierres qu'on avait liées ensemble avec des chaînes de fer et du plomb fondu ; de chaque côté s'élevaient deux palais qui communiquaient ensemble par une voûte ou *tunnel*, qu'on avait construite sous le lit du fleuve pendant qu'il était à sec. Le vieux palais des rois de Babylone, situé sur la partie orientale de l'Euphrate, avait une lieue et demie de circonférence. Près de là se trouvait le temple de Bélus. Le nouveau palais, situé vis-à-vis de l'autre, du côté occidental du fleuve, avait trois lieues de circuit. Il était environné d'une triple enceinte de murailles, séparées l'une de l'autre par un espace assez considérable. Ces murailles étaient ornées d'une infinité de sculptures qui représentaient toutes sortes de sujets.

Dans ce dernier palais étaient ces jardins suspendus si renommés parmi les Grecs. Ils formaient un carré dont chacun des côtés avait quatre cents pieds, et plusieurs terrasses posées en amphithéâtre dont la plus élevée égalait la hauteur des murs de Babylone. On montait d'une terrasse à l'autre par un escalier large de dix pieds ; la masse entière était soutenue par de grandes voûtes bâties l'une sur l'autre, et fortifiée d'une muraille de vingt-deux pieds d'épaisseur qui l'entourait de toutes parts. Sur le sommet de ces voûtes on avait placé de grandes pierres plates de seize pieds de long et de quatre de large. On avait mis par-dessus une couche de roseaux induits d'une grande quantité de bitume, sur laquelle il y avait deux rangs de briques liés fortement ensemble avec du mortier. Le tout était recouvert de plaques de plomb, et sur cette dernière couche était posée la terre du jardin. Ces plates-formes avaient été ainsi construites afin que l'humidité de la terre ne pénétrât point les voûtes et ne les détériorât pas. La terre qu'on avait jetée était si profonde que les plus grands arbres pouvaient y prendre racine. Sur la plus haute terrasse il y avait une pompe, au moyen de laquelle on tirait en haut l'eau du fleuve, et on en arrosait de là tout le jardin.

Le temple de Bélus, situé près de l'ancien palais, occupait un espace de quatre stades carrés ; l'enceinte avait deux stades de chaque côté. Au milieu de cette place s'élevait une tour ou massif tout de briques, dont la base avait quatre stades de tour, et dont la hauteur était d'un stade. Ce bâtiment était composé de huit tours élevées l'une sur l'autre, et dont le diamètre allait en diminuant jusqu'à la plus haute, sur le sommet de laquelle étaient le temple de Bélus et l'observatoire des astronomes chaldéens.

Le tour de l'enceinte extérieure était de quatre cent seize toises ; la base de la tour avait deux cent huit toises de tour ; sa hauteur était de cinquante-deux toises, c'est-à-dire de cent huit pieds plus grande que celle des tours de Notre-Dame de Paris, et de beaucoup au-dessous de la hauteur du clocher de la cathédrale de Strasbourg, qui est de quatre cent quarante-cinq pieds, et de la grande pyramide, qui en a quatre cent soixante-huit.

La tour de Bélus était principalement destinée au culte des divinités assyriennes. Les richesses de ce temple étaient immenses; on y voyait une statue en or massif de quarante pieds de haut. Diodore évalue ces richesses à plus de deux cent vingt millions.

Aujourd'hui les décombres de Babylone occupent un canton tout entier aux environs de Hella. Les édifices de cette ville, déjà déserte au premier siècle de l'ère vulgaire, durent, en s'écroulant, former des collines, que les terres, entassées avec le temps, ont en quelque sorte effacées. On y fouille cependant tous les jours et on en retire une grande quantité de briques portant des inscriptions; les unes en relief datent du siècle des Arabes, les autres en creux appartiennent aux anciens Babyloniens.

DAMAS.

La *Syrie* a pour limites, au nord, le mont *Amanus*, aujourd'hui *Almadagh;* à l'occident, la Méditerrannée ; au midi et à l'orient, l'Arabie et le cours de l'Euphrate. Des Arabes qui ont quitté la vie aventureuse du désert pour les travaux de l'agriculture; d'autres qui errent dans les plaines stériles des environs de Damas, comme les Turcomans et les Kourdes, qui vivent de brigandages sur le territoire d'Alep, de Diarbekir et de Moussoul; enfin les Druses, les Motoualis, les Ansariéh et les Maronites, peuplades indépendantes et farouches, constituent les différentes nations qui peuplent la Syrie.

Au pied oriental du Liban, s'étend, au milieu d'une plaine fertile arrosée par le Barrady et par de nombreux canaux qui, réunis à ses portes, forment une belle cataracte, l'importante *Damas*, que les Turcs appellent *Dimitchk-el-Châm*. Bien différente de la plupart des villes de la Turquie d'Asie, elle est propre, assez bien bâtie, et formée de rues pavées et garnies de trottoirs, dans lesquelles se presse une population de deux cent mille âmes que mettent en mouvement l'industrie, le commerce et le passage fréquent des caravanes qui se rendent à la Mekke. La Zekia ou la grande Mosquée, ancienne église dédiée à saint Jean, édifice d'architecture corinthienne, orné d'un portail soutenu par d'énormes colonnes en granit rouge et surmonté d'un dôme magnifique; le bazar, vaste rotonde qui supporte une élégante coupole, et le sérail, remarquable par son étendue, sont ses principaux monuments. Les bains et surtout les cafés, où brille le luxe oriental, ajoutent à la beauté de Damas. Cette ville possède encore ces fabriques de lames de sabre autrefois si renommées par la supériorité de leur trempe et de leur acier, dont le secret paraît être aujourd'hui perdu; elle est célèbre aussi par ses fruits confits et ses pâtes de roses.

ANTIOCHE.

La populeuse *Antiochia* (Antakiéh), rivale de Rome, d'Alexandrie et de Séleucie, sur le Tigre, était fière de ses théâtres, de son cirque, de ses riches bazars et des voluptueux bosquets de daphnés qui croissaient dans son voisinage.

Sur ce sol où la nature a tant fait pour l'homme, où la terre est assez fertile pour justifier l'expression de l'Ecriture qui parle de la terre promise comme d'un jardin *où coulent des ruisseaux de miel et de lait*, sous ce ciel où l'on respire un air rafraîchi par les brises de mer et toujours embaumé du parfum de mille fleurs; dans un pays où la nature s'est plu à jeter tant de poésie et de richesse, il est bien douloureux de ne voir aujourd'hui, à chaque pas, que des signes de destruction, des ruines ou des tombeaux que le musulman impassible foule à ses pieds.

Cette ville, composée de quatre villes, fut fondée primitivement par Antigone, et agrandie, ou, pour mieux dire, rebâtie par Séleucus Nicator, qui lui donna le nom de son père. Elle est située non loin de l'Oronte et de l'Euphrate, près des villes d'Apamée, de Séleucie et de Laodicée, qu'on appelait ses sœurs. Elle était la métropole de l'Assyrie, et les rois du pays y firent longtemps leur résidence; au dire de Strabon et de tous les géographes anciens, elle surpassait en grandeur Alexandrie d'Egypte et Rome elle-même. Elle brillait de tout l'éclat des arts, et la mollesse des princes asiatiques y avait introduit tous les raffinements du luxe. Sous les empereurs romains, ses mœurs achevèrent de se corrompre, et l'on y vit régner tous les vices monstrueux que le prêtre du soleil, devenu l'empereur Héliogabale, porta sur le trône de l'univers; ce fut alors surtout que les fêtes célébrées dans la forêt sacrée de Daphné devinrent des jours de prostitution. Mais l'aurore du christianisme se levait radieuse à l'orient; à la voix grave et sévère de la nouvelle doctrine, semblable à un jeune débauché que les sombres pensées de la mort jettent au fond des cloîtres, Antioche se remplit de fervents disciples, et le sang de nombreux martyrs coula dans son enceinte.

Cependant les barbares s'étaient rués comme un torrent sur toutes les provinces de l'empire romain, et partout ils ne laissaient que des ruines pour attester leur passage. Antioche n'échappa pas à leurs coups ; alors commença l'œuvre de destruction consommée par les Mameloucks en 1269. Les fanatiques disciples du Coran firent plus que n'avaient fait les sauvages du nord ; ils détruisirent jusqu'à la dernière colonne de cette ville de palais, et, à la place de tant de monuments, ils n'édifièrent rien, car à ces hommes insouciants il ne faut sur la terre qu'une place pour prier au lever du soleil et un tombeau pour renfermer leur cadavre.

A l'époque des croisades, Antioche fut le champ de bataille où éclata la valeur de tous les preux qui s'élançaient au cri de *Dieu le veut.* Ces guerres ne contribuèrent pas peu à la ruine des monuments de cette ville illustre ; les croisés, ignorants et aveuglés par leur enthousiasme, respectaient peu les villes conquises, et dans les chroniques du temps on cherche en vain des renseignements qui eussent eu tant d'intérêt et qu'il eût été si facile de se procurer dans un pays riche encore de tant de beaux édifices.

Aujourd'hui la fameuse Antioche n'est plus qu'une misérable ville remplie de jardins et connue sous le nom d'Antakiéh. Elle renferme encore dix mille habitants, mais ils sont disséminés au milieu des restes de son antique enceinte qui jadis en comprenait sept cent mille. Une partie de ses murailles et de ses aquéducs, échappés au ravage des barbares et des tremblements de terre, sont les seuls témoins de son ancienne magnificence. L'antique reine de l'Orient, dépouillée de ses grandeurs, est triste comme une vierge qui a perdu sa couronne, et rien ne partage sa douleur, hors le vent de la nuit qui gémit dans les ruines de ses palais ou dans les cyprès de ses tombeaux ; hors le voyageur européen qui détourne sa tête à la vue de tant de ruines et s'en va le cœur rempli de douloureuses pensées.

AGRA.

Agra est bâtie sur un terrain sablonneux qui l'expose pendant l'été à d'excessives chaleurs. C'est la plus grande ville des Indes, et la résidence ordinaire des empereurs mogols ; les maisons des grands y sont belles et bien bâties ; mais, comme dans toutes les autres villes des Indes, celles des particuliers n'ont rien d'agréable; elles sont écartées les unes des autres, et cachées par de hautes murailles dans la crainte qu'on y puisse apercevoir les femmes.

Parmi les tombeaux célèbres d'Agra, on doit citer celui de l'impératrice, femme de Schah-Djehan (le Taaje-Mahal). On prétend que cet empereur, passionnément épris de sa femme, lui promit, à son lit de mort, de lui faire élever un monument qui par sa magnificence surpasserait autant ceux du monde entier, qu'elle avait surpassé elle-même le reste des femmes pendant sa vie par la douceur de son caractère et les charmes de sa personne. Schah-Djehan fit élever ce tombeau près du Tasimak, grand bazar où se rassemblent tous les étrangers. Le tombeau de l'impératrice est au levant de la ville, le long de la rivière, dans un espace fermé de murailles sur lesquelles règne une petite galerie. A gauche, on découvre une galerie plus vaste qui regarde la Mecque, avec trois ou quatre niches où le mufti se rend à des heures réglées pour y faire la prière. Un peu au-delà du milieu de l'espace, on voit trois grandes plates-formes, d'où l'on annonce les heures. Au-dessus s'élève un dôme dont les parois sont, au dedans comme au dehors, revêtues de marbre blanc : c'est sous ce dôme qu'on a placé le tombeau. Dans ce lieu souterrain, comme sous le dôme, des mollahs y prient jour et nuit. On assure que vingt mille hommes furent occupés pendant vingt-deux années à cette constrution. Les échafaudages seuls, dit-on, coûtèrent plus que l'ouvrage entier, parce que, vu la rareté du bois, on était contraint de les faire en briques, comme les cintres de toutes les voûtes. Schah-Djehan avait commencé à faire élever son tombeau de l'autre côté de la rivière, et voulait le réunir à celui de l'impératrice par un pont de marbre; mais la guerre qu'il eut à soutenir contre ses enfants interrompit cette entreprise. Deux mille hommes, sous le commandement d'un eunuque, veillent sans cesse à la garde du mausolée de l'impératrice et du Tasimakan. Les jardins du Taaje-Mahal sont arrosés par la Djemna. Tout concourt à faire de cette retraite un lieu enchanteur.

Acbar est le premier des empereurs mogols qui ait préféré la résidence d'Agra à celle de Delhi, et qui ait embelli cette ville. Il est encore en grande vénération parmi les habitants, et son tombeau est à peine moins admiré que celui de Taaje-Mahal. C'est un édifice somptueux, d'une forme pyramidale; il est bâti en pierre rouge; ses colonnades de marbre blanc forment un frappant contraste avec la pierre rouge du monument; dans l'intérieur, sous une sombre voûte qui n'est éclairée que par une lampe, repose le corps d'Acbar.

Le palais est situé sur les bords du Djemna, il est la résidence des empereurs, qui ne le quittent que pour aller s'établir à Delhi pendant les grandes chaleurs. La chambre dans laquelle se retire l'empereur à l'époque où les vents brûlants règnent dans les Indes, est très-curieuse; c'est un appartement carré entièrement privé de fenêtres, et qui n'est éclairé que par la lueur des torches. Les murs sont recouverts d'ornements en argent et de glaces, et le pavé est coupé par de petits canaux où une eau fraîche coule continuellement.

Agra est deux fois plus grande qu'Ispahan et l'on ne peut en faire le tour à cheval en moins d'un jour. Une belle muraille en pierres de taille rouges et un fossé large de plus de trente toises défendent la ville impériale.

Les rues d'Agra sont belles et spacieuses. Il s'en trouve de voûtées qui ont plus d'un quart de lieue de long, où les marchands et les artisans ont leurs boutiques.

CAWNPORE.

Cawnpore est une ville située sur les bords du Gange, à environ deux cents lieues de Calcutta, ville principale des Indes. Au milieu d'une plaine sablonneuse, Cawnpore, quoique bâtie, est de l'aspect le plus pittoresque. Les *Paddocks* ou jardins dont les maisons sont entourées, ressemblent à des parcs, surtout dans la saison où la terre se revêt d'un tapis de verdure. Presque tous les légumes et les fruits de l'Europe y viennent avec succès, même pendant la saison la plus froide; les pêches et les raisins, peu communs dans le reste de l'Inde, y sont excellents, ainsi que les oranges, les pommes et les melons.

Les maisons de Cawnpore sont mal bâties, mais vastes et commodes. On y voit en général une large salle au milieu, et des deux côtés un certain nombre de chambres, suivant les besoins de la famille. Autour des maisons règne une veranda, si nécessaire dans ce climat brûlant pour garantir les appartements de l'excessive chaleur du soleil.

Aux deux extrémités du bâtiment est une chambre de bain indispensable pour la santé des habitants. La salle du milieu reçoit la lumière par dix ou douze portes qui conduisent aux appartements environnants. Ces portes sont toujours ouvertes, mais on y attache une espèce de rideau formé de bambous peints en vert et taillés en brins si minces que ces rideaux ressemblent à un tissu de gaze.

À l'extrémité de la place de Cawnpore est une longue avenue plantée d'arbres, qui sert de promenade aux habitants. Cawnpore ayant une garnison anglaise, cette promenade présente le soir, après le coucher du soleil, l'aspect d'une ville européenne. Elle est remplie de voitures de toutes formes, où des femmes élégantes déploient les modes d'Angleterre et de France. Des cavaliers montés tantôt sur le pesant cheval de chasse, tantôt sur le cheval de course, aux formes plus déliées et plus légères, ou sur le gracieux cheval arabe, caracolent auprès du cheval sauvage ou des poneys velus du pays.

PATNA.

Patna est située sur le Gange, à cent soixante lieues de son embouchure, à cinquante lieues de Bénarès et à cent trente de Calcutta. Elle est la capitale de la province de Béhar, située entre le district de Bénarès et le Bengale.

Les nombreuses ruines d'édifices publics et particuliers dispersés dans Patna attestent l'ancienne splendeur dont elle est aujourd'hui déchue; cependant elle est encore vaste et peuplée. Comme elle a été exposée à de fréquentes attaques, elle est fortifiée à la manière indienne, c'est-à-dire qu'elle est entourée par une muraille et défendue par une petite citadelle.

L'excellent opium que fournit la prodigieuse quantité de pavots cultivés aux environs de Patna, et une considérable exploitation de salpêtre, contribuent à l'opulence de cette ville et en font le centre d'un commerce immense. Les différentes manufactures d'ouvrages d'argent, de fer, de menuiserie établies à Patna ne le cèdent presqu'en rien à celles des Européens.

Ce fut dans Patna que Myr-Quacem, nabab du Bengale, fit massacrer les prisonniers anglais qu'il avait faits dans la guerre de 1764; un renégat, nommé Summarou, fut chargé de cette horrible exécution. Les Anglais indignés chassèrent le nabab, et se trouvèrent maîtres paisibles du Behar, du Bengale et d'une partie de l'Orissa. Ils ont fait élever un monument en mémoire de cet effroyable événement.

Le Gange est pour les Indiens le fleuve par excellence, le grand fleuve. Ils affirment qu'il sort du pied de *Visnou*, divinité conservatrice. Le fait est qu'après être sorti des vastes montagnes du Tibet et avoir effectué un parcours de deux cent soixante lieues environ dans ces âpres contrées, il se fraie un passage à travers les monts Himmaleh et se précipite dans un vaste bassin qu'il s'est creusé dans le roc, et roule ensuite des eaux paisibles dans les plaines délicieuses de l'Hindoustan. Le reste de son cours, qui est toujours navigable jusqu'à la mer, est de plus de quatre cents lieues. Dans cet immense trajet il fournit à une multitude d'habitants une nourriture facile et entretient par ses inondations la fertililité des terres voisines.

Le Gange reçoit un certain nombre de rivières, dont quelques-unes sont égales au Rhin, et dont plus de dix l'emportent sur la Tamise. Sa largeur, à partir de son arrivée dans les plaines, est d'abord d'un quart de lieue, puis d'un tiers, puis enfin d'une lieue entière; à soixante-quinze lieues de la mer, il se divise en deux branches et forme un *delta* beaucoup plus vaste que celui du Nil. La branche principale du fleuve est trop peu profonde pour pouvoir recevoir de grands vaisseaux; mais les deux branches les plus occidentales forment par leur réunion la rivière de *Haugly*, sur laquelle est le célèbre port de *Calcutta*, et qui peut porter tous les bâtiments. Les nombreux canaux que l'on tire des différentes branches du Gange coupent le pays dans tous les sens, et leur navigation est incessamment servie par plus de *trente mille* mariniers.

Des ouragans terribles ont souvent marqué leur passage sur le Gange par d'immenses désastres. Des flottes entières de vaisseaux marchands ont été abîmés tout d'un coup. Ces rafales subites sont surtout dangereuses dans les parties les plus larges du fleuve, et ont lieu ordinairement un peu avant la saison des pluies, à partir du mois de mars. D'autres dangers attendent, vers la fin de cette saison, les marins qui côtoient les bords du Gange. Ces bords, composés de terre mouvante, et d'une hauteur considérable en plusieurs endroits, se détachent souvent en masses énormes qui, roulant sur les barques, les renversent ou les font disparaître dans les eaux.

INDES ORIENTALES.

BOMBAY.

Bombay n'était d'abord qu'un groupe de petites îles couvertes de nombreux marécages, que les eaux de la mer abandonnaient et inondaient alternativement; quiconque venait s'y établir n'était pas réputé pouvoir y vivre plus de trois ans.

L'île de Bombay est à présent le principal établissement des Anglais sur la côte occidentale de l'Inde ; elle est d'une longueur de plus de deux lieues sur une lieue de large, et forme, avec les îles voisines, l'un des plus beaux ports des mers indiennes. Sur l'une de ces îles, on a construit un phare qui s'élève à la hauteur de cent cinquante pieds au-dessus de la mer, et qui répand sa clarté jusqu'à une distance de sept lieues ; la capitale de cette île est environnée de larges fortifications. La partie qu'on appelle la ville neuve est bâtie sur un terrain plat et marécageux, où le sol est si bas qu'un grand nombre de maisons s'y trouvent au niveau de la haute mer ; beaucoup d'autres sont situées en dessous ou fort peu au-dessus, à l'époque des hautes marées. Dans la saison des moussons, on ne communique qu'en bateau d'une maison à l'autre, et durant plusieurs mois la santé des habitants éprouve de fâcheux effets de ces inondations.

Autrefois la partie de Bombay qui forme aujourd'hui l'esplanade était entièrement ombragée de cocotiers ; mais cet espace est maintenant vide et dépourvu de toute plantation, depuis l'extrémité la plus élevée de l'île jusqu'à Dungarie, vaste quartier qui n'est habité que par la population indigène. Le château est d'un aspect régulier, muni de nombreux ouvrages de fortification, surtout dans la partie qui regarde le port ; les remparts de Bombay passent pour extrêmement forts, excepté du côté de la terre. La ville, commencée par les Portugais, a été terminée par les Anglais ; cependant les maisons, bien que bâties à différentes époques, ont été presque toutes construites dans le même style que celles des Portugais, ce qui donne à cette cité une chétive apparence. La mer baigne les murs du fort de trois côtés. Les quartiers situés au nord de la ville servent principalement de demeure aux Parsis, qui sont en général si sales qu'on ne saurait passer sans dégoût dans les rues qu'ils habitent.

L'île de Bombay n'est qu'un rocher stérile ; mais aucun établissement européen dans l'Inde ne possède d'aussi beaux chantiers de construction, et c'est de ce port que sont sortis en grand nombre des vaisseaux de guerre de première classe, ainsi que les plus gros navires de la Compagnie des Indes ; le nouveau chantier, qui appartient au major Cooper, est d'une magnificence à peine inférieure à celle des plus beaux de l'Europe. Tous les bâtiments sont construits par les Parsis, qui louent les chantiers à la Compagnie, et jouissent d'un monopole exclusif dans ce genre de travaux ; ils sont réputés les meilleurs constructeurs de navires qui existent dans l'Inde. On tire tout le bois nécessaire aux constructions navales des forêts qui couvrent les montagnes dans la province d'Aromgabad; les nombreuses rivières qui descendent des hauteurs offrent un moyen de transport facile pour les matériaux.

Le dernier recensement a porté la population de Bombay, y compris les indigènes et tous les individus de races différentes, à cent soixante-deux mille âmes, parmi lesquelles se trouvent treize mille Parsis : on calcule en outre que des intérêts commerciaux n'attirent pas moins de soixante à soixante-dix mille étrangers dans cette île, où ils viennent établir temporairement leur séjour. Quelques riches indigènes vivent à Bombay dans tout le luxe et l'éclat de l'opulence; ils y possèdent de vastes bâtiments, et, chose très-rare dans ces contrées, des maisons assez spacieuses pour que plusieurs de leurs enfants mariés y habitent avec leur famille. Le seul temple anglican qui existe dans cette ville est situé dans l'intérieur du fort; mais au dedans comme en dehors de son enceinte, il y a plusieurs églises portugaises et arméniennes. Les juifs qui habitent Bombay, et dont le nombre s'élève environ à mille, possèdent de leur côté quatre petites synagogues. Les Arméniens forment à Bombay une communion respectable. Une grande partie de l'île appartient aux Parsis; plusieurs d'entre eux y jouissent d'une fortune considérable et se livrent à de vastes spéculations; dans presque toutes les maisons de commerce européennes, c'est un associé Parsi qui fournit la plus forte part du fonds social. Cette portion de la population se compose d'hommes paisibles et inoffensifs, versés dans la connaissance des affaires, doués pour la plupart de finesse et d'intelligence, et qui recherchent de préférence la société des Européens; leur race se distingue par la beauté des formes; ils ont des traits réguliers, des yeux noirs et vifs, une barbe bien fournie, mais qu'ils rasent avec soin, en conservant seulement de petites moustaches; leur teint est basané, leur physionomie pleine d'expression. Les femmes sont jolies dans leur jeunesse; elles perdent bientôt avec rapidité toute leur fraîcheur, et sont généralement élevées dans des habitudes de malpropreté. La religion de ce peuple consiste dans le culte des éléments, et en particulier dans celui du feu. Chaque matin on voit un grand nombre de Parsis se réunir sur l'Esplanade et se prosterner devant le soleil, au moment où il sort de l'Océan. Les Parsis demeurent strictement attachés à leurs anciennes coutumes; leurs funérailles se font sans grandes cérémonies; ils déposent les corps en plein air pour être dévorés par les oiseaux de proie; un gardien veille avec soin pour observer lequel des yeux est le premier becqueté par les vautours et les corneilles. Si c'est l'œil gauche, une sentence rigoureuse, disent-ils, a été prononcée contre le défunt; si c'est l'œil droit, l'arrêt du ciel lui a été favorable.

La ville de Bombay est devenue le centre d'un commerce étendu avec les diverses contrées qui bordent les côtes du golfe Persique et de la mer d'Arabie, ainsi qu'avec les côtes occidentales et orientales de l'Inde, et surtout avec la Chine, où elle expédie chaque année des quantités considérables de coton. Les autres articles d'exportation sont le bois de sandal, les perles, la gomme que fournissent l'Arabie, l'Abyssinie et la Perse; le poivre de la côte de Malabar; les nids d'oiseaux et les autres provenances des Maldives et des îles du Levant; enfin les dents d'éléphant qu'on tire de Cambaye.

BEDJAPOUR.

La province de *Bedjapour*, plus connue sous le nom de *Visiapour*, don le sol est très-fertile, surtout dans les vallées, et qui fournit des chevaux estimés, comprend une population de 7,000,000 d'habitants. Elle formait autrefois un royaume indépendant dont *Bedjapour* était la capitale; à cette époque de sa gloire, elle avait, selon les écrivains orientaux, un million d'habitants. Les ruines magnifiques qui subsistent encore aux environs de la ville actuelle l'ont fait surnommer la *Palmyre du Dekhan:* on remarque le mausolée du sultan Ibrahim II, l'un des plus beaux de l'Inde, et le Makbara, ou mausolée du sultan Mohammed-chah, dont la construction a coûté quarante-deux ans de travail; ce superbe monument est surmonté d'une coupole dont le diamètre n'est que de 10 pieds plus petit que celui de la coupole de Saint-Pierre à Rome.

Bedjapour, était, au dix-septième siècle, une des plus vastes et des plus fortes cités de l'Inde; une double enceinte de murailles l'entourait, et dans l'espace compris entre cette rangée de fortifications, vingt mille cavaliers pouvaient dresser leur camp. La partie de la ville qui porte le nom de *la forteresse*, renferme encore quelques monuments assez bien conservés, entre autres un petit temple hindou supporté par une quantité innombrable de piliers en pierre, et construit dans le style de l'architecture brahminique.

C'est surtout dans la province de Bedjapour que l'on rencontre les redoutables brigands nommés phanségars. Ces voleurs tirent leur nom de *phanségars* de l'instrument qui leur sert à commettre leurs crimes. Phanségar signifie étrangleur, et l'arme qu'ils emploient est le phansi ou nœud coulant, qu'ils jettent subitement autour du cou de ceux qu'ils veulent dépouiller, et à l'aide duquel ils les étranglent. Il est à remarquer que les bandes de phanségars n'appartiennent à aucune caste en particulier ; elles se composent également d'Indous, de mahométans et de parias ; des brahmines même en font fréquemment partie. Ce mélange provient de l'habitude où sont les phanségars d'épargner les enfants des malheureux qu'ils dépouillent après les avoir assassinés ; ils prennent soin de ces pauvres petites créatures, et leur donnent une éducation conforme à leur horrible genre de vie, ce qui explique l'étrange pêle-mêle de leur association.

BENARÈS.

L'une des villes qui ont le plus de droits à exciter la curiosité des voyageurs c'est assurément Benarès, cette cité tellement sainte, que plusieurs rajahs hindous y possèdent des maisons où leurs agents résident continuellement pour y faire à leur place les sacrifices et les ablutions que commande le culte de Brahma. Elle tire son nom de deux rivières (Benar et Assi) qui se jettent dans le Gange, l'une au-dessus et l'autre au-dessous de son enceinte. Leurs embouchures sont séparées par un espace de trois milles environ, dans lequel est renfermée cette métropole ecclésiastique et littéraire de l'Hindoustan. De l'une à l'autre, la rive est couverte de temples, d'habitations, et de ces majestueuses et magnifiques rampes ou escaliers qu'on appelle *ghauts*, et qui aboutissent aux rivières. Ces rampes sont formées de larges degrés de granit dur, descendent du terre-plein des maisons jusqu'au bord de l'eau, et semblent se faire jour à travers un amas fantastique d'édifices du genre le plus pittoresque et le plus curieux. Cet aspect, Benarès le doit surtout à l'architecture musulmane qui, depuis la prise de cette ville pas Aureng-Zeb, est venue mêler ses constructions élégantes et aériennes aux monuments massifs et incorrects de l'art indien.

Ce conquérant y fit bâtir, sur les ruines d'un ancien temple, une mosquée appelée *Musjid*, qui lance dans les airs ses hardis minarets, comptés aujourd'hui parmi les merveilles de la ville. Trop fanatique lui-même pour être tolérant, Aureng-Zeb voulut que cette mosquée, qui est d'ailleurs le seul édifice mahométan remarquable par sa grandeur, fût élevée pour humilier le fanatisme opiniâtre des Hindous. Elle est ornée, comme on peut le voir par notre gravure, de deux minarets très-hauts, d'où l'œil du tyran embrassait l'ensemble de la cité. Tous les jours il faisait placer dans ce temple un piquet de ses soldats insolents, pour observer, du haut de la rampe du fleuve, les baigneurs hindous qui se croyaient souillés par ses regards profanes. Du haut des minarets, le coup d'œil est admirable, et là se déploie devant vous cette ville immense dont le savant Héber a tracé une description qui sera notre modèle.

Aucun Européen ne vit dans la ville, et les rues ne sont pas assez larges pour qu'une voiture à roues puisse y circuler. Ces rues sont presque toutes si étroites, si encombrées, si tortueuses, que même en *tonjon* (espèce de palanquin ou de litière) on ne les traverse qu'avec peine. Les maisons sont très-hautes; aucune n'a moins de deux étages, beaucoup en ont trois, et plusieurs cinq à six. Elles sont richement décorées de verandahs, de galeries, de fenêtres avec balcons, de larges toits très-inclinés et que soutiennent des tasseaux sculptés avec soin. Le nombre des temples est considérable; la plupart sont fort petits, disposés comme des niches dans les angles des rues, et sous l'abri de quelque grande maison. Le dessin n'en est cependant pas sans grâce. Plusieurs sont entièrement couverts de fleurs, d'animaux, de branches de palmiers, sculptés avec une élégance et surtout un fini qui ne sont surpassés dans aucune construction grecque ou gothique. Les habitants décorent les parties les plus en vue de leurs maisons de camaïeus peints des vives couleurs de la tuile, et qui représentent des femmes, des hommes, des taureaux, des éléphants, des dieux, des déesses avec leurs formes et leurs attributs divers. Le degré de la puissance de ces dieux et de ces déesses est exprimé par le nombre de leurs têtes et de leurs bras.

Des taureaux de tous les âges, consacrés à Siva, apprivoisés et familiers comme le chien domestique, se promènent d'un air nonchalant dans les rues étroites de Benarès, ou s'y couchent en travers. On ose à peine les toucher pour qu'ils fassent place aux tonjons; les coups doivent être donnés avec une extrême douceur; et malheur au profane qui oserait braver les préjugés de cette population fanatique! Les singes sacrés sont, dans quelques parties de la ville, tout aussi nombreux. On les voit grimper sur les toits des maisons et des temples, avancer leurs têtes impertinentes ou leurs pates dans les boutiques des fruitiers ou des confiseurs, et dérober les mets des repas des enfants. A chaque instant on rencontre des maisons de fakirs décorées d'idoles, et d'où sort le tintement continuel des vinas, des byals et d'une foule d'autres instruments discordants. Les rues principales sont bordées, dans toute leur longueur, par des mendiants de toutes sectes, étalant les innombrables difformités que peuvent produire le charbon, la bouse de vaches, les maladies, et toutes les attitudes hideuses et dégoûtantes de la pénitence.

HURDWAR.

Hurdwar ou Haridwar (*la porte de Dieu*, en langue hindoue), plus sainte que Benarès elle-même, la Jérusalem, la Médine de l'Hindoustan est située non loin des lieux où le Gange, dont les ondes sont presque vierges encore, descendant à grand bruit des sommets de l'Himalaya, commence à s'étendre majestueusement dans la plaine. Petite et chétive, cette ville, qui ne se compose guère que d'une seule rue très-longue, est ordinairement morne et inhabitée; mais à l'époque solennelle de l'année une innombrable population y afflue de toutes les parties de l'Asie. Cette foule se compose, outre les dévots pèlerins, de curieux et de marchands, parce qu'il s'ouvre alors à Hudwar une des foires les plus renommées de l'Orient; et sous ces influences combinées de la dévotion, de la spéculation et de la curiosité, douze ou quinze cent mille étrangers viennent s'entasser sur un même point.

Tous les produits naturels et industriels de l'univers encombrent la ville, transformée en grotesque et opulent bazar; tous les peuples ont leurs représentants dans cette effrayante cohue qui, possédée de l'esprit mercantile, tourbillonne en tumulte pour acheter et pour vendre. Anglais, Français, Russes, Turcs, Persans, Chinois, Tartares, Thibétains, Cachemyriens, Nègres, Hindous, des échantillons enfin de toutes les races humaines, avec leurs traits, leurs couleurs et leurs habitudes caractéristiques, se pressent, s'agitent, et vocifèrent en toute langue autour d'un immense et confus amalgame de chevaux, d'éléphants, de chameaux, de tigres, d'ours, de léopards, de chats, de chiens, de buffles, de bœufs, de moutons, de cuirs, de fourrures, d'étoffes, de bijoux, de pierres précieuses, d'aromates, de parfums, de comestibles, de fruits secs, d'armes, de quincailleries. Les plus singuliers rapprochements d'hommes, les plus bizarres mélanges de denrées, les plus burlesques combinaisons, les plus étranges trafics, s'opèrent dans cette Babel marchande, et jamais drame plus infini dans son ensemble, plus varié, plus compliqué, plus animé dans ses détails, n'a été joué par une troupe plus nombreuse et plus bigarrée sur un théâtre plus vaste et décoré avec une magnificence naturelle plus grandiose. Cependant la scène religieuse est plus pittoresque encore et plus intéressante que la scène commerciale.

Lorsque l'heure arrive où les adorateurs du Gange doivent s'y plonger, une foule prodigieuse assiége l'escalier consacré

(le *Ghaut*), qui, majestueux dans ses proportions, élégant dans son architecture, descend par des degrés larges et faciles du sommet des rives escarpées jusqu'à la surface des eaux. Hommes, femmes, enfants, roulant le long de la rampe, se précipitent en masse confuse dans l'onde sainte. Les brahmines, comme on le pense, provoquent de tout leur pouvoir l'accomplissement en forme de ces ablutions, qui leur rapportent d'énormes bénéfices ; car ce n'est qu'à prix d'or qu'on obtient leur intervention pendant la cérémonie : quelquefois même, lorsque l'offrande du pèlerin leur semble trop mesquine, ils lui retirent leur assistance et changent leurs prières en malédictions.

Ces immenses rassemblements d'individus de tout âge et de tout sexe, sur les bords escarpés et dans les eaux rapides et profondes d'un fleuve peuplé d'alligators, occasionnent de fréquents accidents, et tous ceux qui entrent dans le Gange n'en ressortent pas. Cependant, jusqu'en 1820, aucune grande catastrophe n'avait marqué le retour périodique de ces solennités pieuses ; mais à cette époque un déplorable événement plongea Hurdwar dans la consternation. Un seul passage étroit, d'une pente rapide, et disposé en entonnoir, débouchait de la grande rue sur l'unique escalier par lequel on pût alors arriver au Gange. L'heure précise de l'immersion ayant sonné, la foule se précipita vers le fleuve avec une impétuosité telle, que le passage, qui ne pouvait pas se vider aussi vite qu'il se remplissait, fut en un instant comblé et obstrué ; et cependant de nouveaux flots vivants ne cessaient d'arriver à l'entrée, de s'entasser, de presser et de pousser en avant avec une force terrible. Comme le retard ne faisait qu'accroître l'impatience ardente des dévots, et comme les cris de détresse que poussait la tête de la colonne ne pouvaient être entendus du centre et de la queue sans cesse grandissante, cette impulsion, donnée par la masse de plus en plus compacte, de plus en plus violente, devenait à chaque instant plus irrésistible et plus affreuse dans ses résultats. Plusieurs heures s'écoulèrent avant que la vérité arrivât de proche en proche aux derniers rangs, et plusieurs autres heures suffirent à peine pour opérer les mouvements rétrogrades qui pouvaient seuls sauver les malheureux engagés dans le passage et dans l'extrémité de la rue. Plus de mille personnes avaient péri écrasées et foulées aux pieds ; le nombre des blessés et des estropiés, qu'on doit supposer avoir été très-considérable, ne fut jamais positivement connu. L'agitation et la terreur produites dans l'Hindoustan, et surtout parmi les pèlerins rassemblés à Hurdward, par ce cruel accident, furent des plus vives. Le petit nombre l'expliqua par les causes naturelles que nous venons de détailler. L'intervention du génie du mal fut généralement admise. Selon l'interprétation des brahmines, ce désastre était un holocauste involontairement offert par les victimes, mais ordonné de toute éternité par Siva lui-même, et il devait rendre ce dieu redoutable plus propice à ceux qui avaient été assez heureux pour échapper.

La compagnie anglaise des Indes semblerait avoir adopté l'avis des esprits forts de la minorité, car elle a fait élargir considérablement le passage fatal, et, de plus, construire un second escalier, de sorte que les abords du fleuve sont rendus plus sûrs et plus faciles, et que les dangers d'un encombrement sont moins à craindre.

CHINE.

PÉKING.

Péking, dit lord Macartney, dans la relation de son ambassade, est entourée d'une muraille épaisse assez haute, et dont les grandes portes ont de loin un aspect imposant et majestueux. Dès que nous fûmes dans l'intérieur de cette capitale, l'empressement de la multitude nous parut insupportable; et c'est à peine si les coups distribués par les soldats qui nous conduisaient, et que nous étions loin d'approuver, nous donnèrent le moyen de traverser la ville.

La première chose qui captiva mon attention, fut le grand nombre de chaises-à-porteur des dames, qui avaient jusqu'à vingt porteurs à la fois, et étaient suivies d'autant de domestiques. Il m'est impossible de peindre la variété des couleurs, les draperies, les rubans et les autres ornements qui parent ces voitures. Ce qui y manque en fait de goût est remplacé par la richesse et la somptuosité. Mes yeux furent ensuite frappés de la quantité de peintures et de dorures qui couvraient l'extérieur des maisons, et bientôt ils se fatiguèrent de regarder les gros caractères dorés qui brillaient sur les longues enseignes des boutiques, l'épaisse dorure des portes et des balustrades, les couleurs tranchantes qui s'y mêlaient, et le nombre considérable et varié de lanternes de papier suspendues de tous côtés.

Les rues de Péking sont larges et sans pavés. L'été, on a soin de les arroser, ce qui n'empêche pas qu'il ne s'y élève une poussière étouffante. Les maisons n'ont pas d'étages, ou du moins c'est une règle à laquelle il y a très-peu d'exceptions; mais on y voit beaucoup de galeries et de balcons. Le devant des maisons est sans fenêtres, et presque toujours occupé par des marchands ou des gens de métiers. Il n'y a qu'une seule porte d'entrée, et il est impossible que, de la rue, on puisse voir dans l'intérieur des appartements ; les toits sont carrés, et ont leurs angles très-allongés, pointus et recourbés. Les tuiles qui les couvrent sont cuites, et pourtant la couleur en est grise. On voit des maisons où le toit entier est couvert d'un vernis jaune et très-brillant.

Les Chinois aiment à voir dans leurs jardins des rochers artificiels, de petites montagnes, des groupes d'arbres plantés au hasard, des eaux, et des demeures ombragées et solitaires.

A l'exception du principal bâtiment, tout était négligé et presqu'en ruine dans la maison de plaisance où l'on nous conduisit. Quelques appartements étaient ornés de tableaux qui, d'après la parfaite imitation des objets et l'éclat du coloris, méritaient l'admiration des connaisseurs. Les maisons situées à côté de celle que nous habitions ne pouvaient guère être habitées. L'excessive chaleur nous aurait fait singulièrement souffrir, si l'on ne nous eût pas fourni, soit dans cette maison de plaisance, soit à Péking, et même en Tartarie, une grande quantité de glace. Les Chinois en font une grande consommation pendant l'été.

Les palais chinois sont très-differents des palais européens. Celui où l'on mit les présents destinés à l'empereur s'élève au milieu d'un parterre, et consiste en un édifice d'environ 90 pieds de long sur 40 de large. L'extérieur en est très brillant. On y voit des fleurs et des dragons sculptés, dorés et en partie couverts d'un réseau d'archal, pour empêcher les hirondelles d'y faire leur nid. L'œil ne peut de loin soutenir l'éclat de cet édifice; mais dès qu'on approche, on remarque aisément le travail grossier de la sculpture et le mauvais goût avec lequel elle est dorée. La salle est carrelée en marbre blanc. Dans le milieu s'élève un trône avec des marches, autour desquelles est une balustrade d'un bois rouge foncé et très-bien sculpté. Des deux côtés du trône, on voit deux éventails de plumes faits avec beaucoup d'art. Au-dessus du trône, on lit en gros caractères dorés, *Tschinn ta quann min*, ce qui signifie : la vraiment grande et resplendissante lumière. Le trône est couvert de drap jaune, et le pavé tout autour d'un tapis rouge. On voit, dans la salle, des pendules organisées, des tableaux et différents chefs-d'œuvre des arts chinois. Les fenêtres ne sont garnies que de papier blanc de Gorée ; mais comme le toit est très-avancé, ce papier est à l'abri de la pluie; de grandes colonnes de bois peintes en rouge et vernissées supportent la couverture de l'édifice. A l'entrée du palais sont deux figures colossales, en bronze, représentant les dragons à cinq griffes, qui sont les armoiries de Sa Majesté impériale.

Pendant que nous étions dans cette résidence, il y eut une éclipse de lune. Elle n'eut pas plus tôt commencé, que nous entendîmes le grand bruit qu'on faisait dans une petite ville voisine, appelée *Kian-kai-ken*; les petites cloches, les bassins, les claquets et une espèce de tambour firent peur au dragon qui tenait déjà la lune dans ses dents, et il l'abandonna.

Un savant anglais, Barrow, attaché à l'ambassade de lord Macartney, dit, dans une autre relation de ce voyage, n'avoir aperçu de canons ni sur les murailles ni sur les bastions des remparts de Péking; mais en revanche il en avait vu la représentation en peinture sur les portes qui garnissent les embrasures des tours à plusieurs étages qui dominent ces fortifications pour rire. Barrow ajoute que le fameux boulevart qui borne la Tartarie, et les remparts de toutes les villes de la Chine, sont construits comme ceux de Péking, c'est-à-dire qu'ils sont hors de terre et composés d'un massif de terre compris entre deux revêtements faits de pierres et de briques.

A Péking, on ne voit pas même une cheminée s'élever au-dessus du toit des maisons, qui sont toutes de la même hauteur. Ces maisons basses, alignées avec soin, rappellent par leur aspect et la régularité de leur disposition, l'image d'un vaste camp. Cette ressemblance serait même parfaite, si les toits, au lieu d'être verts, rouges ou bleus, étaient peints en blanc. La plupart de ces maisons ont une espèce de terrasse ou de balcon, orné d'une balustrade, et sur lequel sont des fleurs et des arbustes.

On n'aperçoit jamais dans les rues de Péking ni excréments, ni aucune de ces espèces de saletés qui repoussent la vue et offensent l'odorat. Cette propreté doit être attribuée au prix élevé du fumier. Chaque famille a une grande jarre, dans laquelle on ramasse avec soin tout ce qui peut servir à fumer les terres.

AFRIQUE.

RUINES DE CARTHAGE.

De l'autre côté de la Méditerranée s'élevait une ville puissante. Rome avait subjugué tous les petits peuples de l'Italie, et toute la Péninsule obéissait à ses lois; déjà elle jetait un regard de convoitise sur la Sicile, dont elle n'est séparée que par le détroit de Messine. Jusque là les deux villes étaient restées inconnues l'une à l'autre; maintenant que leurs frontières se touchent, elles vont devenir rivales, et bientôt ennemies. Une lutte violente s'engagea, et après une longue guerre, l'Afrique fut enfin réduite à demander la paix; elle l'obtint, mais à des conditions bien gênantes pour son commerce. Aussi saisit-elle la première occasion favorable pour la rompre. A cette époque, un homme, sorti de ses murs encore enfant, passe en Espagne, y réduit en cendres Sagonte, l'alliée des Romains, traverse les forêts de la Gaule, au milieu de peuples belliqueux et féroces, passe les Alpes avec une poignée de soldats, se jette sur les plaines fertiles qu'arrose le Pô, et, par trois sanglantes batailles, jette la terreur dans Rome. Soutenu uniquement par la haine mortelle qu'il avait jurée, sur l'autel et entre les bras de son père, à la rivale de sa patrie, il résiste pendant quinze années aux efforts de l'Italie entière; puis, forcé de céder, il se retire en Afrique, y combat encore son jeune et brillant adversaire, et, chassé par l'ingratitude de ses concitoyens, il va chercher dans le fond de l'Asie-Mineure des ennemis à Rome, et y meurt presque oublié par sa patrie, mais non par la haine du sénat italien, qui ne respira qu'à sa mort. Cet homme était Annibal; lorsque son bras puissant ne put plus protéger l'Afrique, la ruine de Carthage devint inévitable. Aussi, malgré le courage désespéré de ses habitants, tomba-t-elle sous les coups de Scipion, qui ne laissa à sa place qu'un monceau de ruines fumantes, sur lesquelles Marius venait, au soleil couchant, méditer sur l'instabilité de la fortune. Ainsi finit cette guerre à jamais mémorable, dans laquelle figurent tant de noms illustres: Régulus, Hamilcar, les Scipion, Fabius, Annibal et Sophonisbe, la fille d'Asdrubal, dont les charmes eurent tant de pouvoir sur le Numide Syphax. Elle avait duré près de trois siècles.

Longtemps après, des pêcheurs relevèrent l'ancienne ville de ses cendres, et, par l'ordre d'un empereur romain, elle redevint une grande ville.

Plus tard, comme si sa vieille haine contre Rome s'était ranimée, on vit encore une fois des flottes sortir des ports de la nouvelle cité, et aller porter la désolation sur les bords du Tibre. La ville de César ne prononça plus sans effroi le nom de Carthage; car, derrière ces murs qui comme un géant ennemi s'élevaient sur l'autre rive de la mer, veillaient ces Goths sauvages commandés par Alaric et Genseric, qui, impatients de s'asseoir sur le trône du monde, brisaient de leur lourde *framée* le vieil empire romain, dont l'agonie était trop lente à leur gré. Puis la cité africaine tombe elle-même aux mains des Maures, et, au temps des croisades, saint Louis vient mourir dans ses murs sur un lit de cendres. Quelques centaines d'années s'écoulent ; déjà d'épaisses ténèbres couvrent l'antique ville, et elle périt peu à peu, soit par la main des barbares, soit par les coups du temps.

L'ancienne capitale des Carthaginois était bâtie sur une petite presqu'île, et se divisait en trois quartiers, dont l'emplacement est occupé aujourd'hui par un bourg appelé Alalkat. Des remparts flanqués de tours l'environnaient, et à ces remparts était adossé un bâtiment servant à loger 300 éléphants et 4,000 chevaux, avec le fourrage nécessaire; non loin de là était une caserne pouvant contenir 20,000 fantassins et 4,000 cavaliers. Elle avait deux ports joints par un petit canal qui servait de communication; au milieu du port militaire était une petite île qu'occupait, en grande partie, le palais de l'amiral, et qu'entouraient des loges destinées à abriter les galères; cette île était nommée Cothon. La citadelle, appelée Byrsa, s'élevait sur une colline, non loin du temple d'Esculape, où la femme d'Asdrubal se poignarda ainsi que ses enfants, pour ne pas survivre à la ruine de sa patrie et à l'ignominie de son lâche époux. La langue punique paraît avoir été un dialecte de l'ancien chaldéen, du moins s'il faut en juger par un fragment conservé dans l'une des comédies de Térence, qui est le seul monument échappé à la destruction. Des fouilles modernes exécutées sur ses ruines ont donné quelques vases assez élégamment travaillés, des médailles, des cippes funéraires, des pierres gravées représentant le soleil, la lune et diverses constellations; on y trouve aussi fréquemment reproduits un cheval et une main aux doigts écartés. Ces restes, ainsi que d'assez beaux fragments de colonnes, se voient dans divers musées, mais surtout à Leyde.

Aujourd'hui, les voyageurs que la tempête jette sur ces rivages déserts cherchent en vain à reconnaître la place où s'éleva la ville de Didon; quelques pans des môles qui défendaient les ports, maintenant comblés, quelques citernes, des débris d'aqueducs d'origine romaine, sont tout ce qui reste de la cité fameuse où passèrent tant de générations. Dans les mares d'eau salée qui l'environnent, le flamant qui couve ses œufs semble de loin la fleur écarlate de quelque plante gigantesque ; des moutons paissent sur ses ruines, des cavaliers maures galoppent parmi ces tristes décombres, le vent du désert gémit dans les crevasses de quelques murs ruinés, et la mer, autrefois couverte de ses nombreux vaisseaux, déroule ses vagues bleues sur des sables arides, où croissent de rares et chétifs caroubiers. Voilà Carthage!...

TYR.

Que sont nos villes modernes, à côté de ces puissantes cités de l'ancien monde, de Babylone aux cent portes, de Palmyre avec ses mille colonnades au milieu du désert, de Persépolys, de Tyr, d'Athènes, de Carthage, de Rome, et de tant d'autres lieux célèbres qui rappellent de si magnifiques souvenirs?

On a reconnu l'existence de deux villes de Tyr: l'une, ancienne, connue sous le nom de Palæ-Tyros; l'autre, nouvelle, nommée simplement Sour, ou Tyr. La première était bâtie sur le continent; l'autre Tyr se trouvait dans une île voisine, et ce fut pour s'en rendre maître qu'Alexandre joignit, par une jetée, l'île à la terre ferme.

Salmanazar fit en vain la guerre aux Tyriens; mais après un siége de treize années, ils furent vaincus par Nabuchodonosor, qui détruisit la ville de fond en comble, et en chassa les habitants. Cette ruine de Tyr avait été prédite par le prophète Ezéchiel; il s'était écrié, dans son style sublime : « Ville superbe, qui reposes au bord des mers! toi dont l'empire s'étend au sein de l'Océan!

« O Tyr, fière de tant de gloire et de richesses! bientôt les flots de la mer s'élèveront contre toi, et la tempête te précipitera au fond des eaux. Alors s'engloutira ta fortune; avec toi périront ton commerce, tes négociants, tes matelots, tes pilotes, tes artistes, tes soldats et le peuple qui remplit tes murailles. Tes rameurs déserteront tes vaisseaux, tes pilotes, s'assiéront sur le rivage, l'œil morne et attristé. Les peuples que tu enrichissais, les rois que tu rassasiais, consternés de ta ruine, jetteront des cris de désespoir; dans leur deuil, ils couperont leur chevelure, ils jetteront la cendre sur leur front découvert, ils se rouleront dans la poussière, en disant : Qui jamais égala Tyr, cette reine de la mer? »

Aujourd'hui le port de Tyr est tellement comblé de sable, que les petits enfants le traversent sans avoir de l'eau à mi-jambe; deux tours qui en défendaient l'entrée subsistent encore; de ces tours part une ligne de murs qui entouraient la ville et la mettaient à l'abri contre toute attaque; on en voit, sur le rivage, les antiques fondations. La population du village consiste en soixante pauvres familles, qui habitent des masures à demi écroulées; on aperçoit les restes d'une église chrétienne et deux belles colonnes en granit, dont Djezzar voulait orner sa mosquée d'Acre; mais leur poids est tel que jamais ses gens ne purent parvenir à les enlever : elles ont bravé leurs efforts.

Ainsi le temps, dans sa marche inflexible, a tout fauché, tout détruit; la vieille splendeur de Tyr s'est effacée, ses pyramides et ses palais sont abattus, ses colonnes de jaspe et de porphyre sont ensevelies dans le sable; ses fortes murailles ont été rasées, et les quelques fragments debout ne servent plus qu'à étendre et à sécher les filets des pêcheurs.

ALEXANDRIE.

Au temps de la domination des Grecs comme sous celle des Romains, Alexandrie dut contenir peu de monuments célèbres, du moins les géographes anciens n'en font-ils pas mention. Strabon se contente de dire qu'elle fut bâtie par Alexandre le Grand, et Ptolémée n'en parle que pour nous dire qu'elle était comprise dans la province *Aria*, et qu'en conséquence on l'appelait *Alexandria Ariorum*. Peut-être aussi, comme tant d'autres villes autrefois fameuses dans ces belles contrées, tout son ancien éclat s'est-il effacé. Ce qu'il y a de certain, c'est que l'Alexandrie moderne n'est guère qu'un misérable hameau qui ne doit sa faible existence qu'à la rade qu'il commande. Dans ce triste séjour, tous les habitants portent les traces de l'air fiévreux qui les dévore : jaunes et presque tous hydropiques, on dirait, à voir leur ville de sépulcres, une génération échappée un moment du tombeau.

Dans le moyen âge, elle fut témoin des exploits chevaleresques des croisés, et ses habitants purent entendre le bruit des murs d'Antioche croulant sous les coups des bandes que conduisaient les Godefroi, les Tancrède et les Raymond de Toulouse. Encore aujourd'hui l'on voit, non loin de son enceinte, des restes de tours sur l'emplacement d'un château fort bâti par Godefroi.

Alexandrie, plus vulgairement connue sous le nom d'Alexandrette, ou sous celui de Skandaroun, que lui donnent les Syriens, est le port d'Alep : c'est de là que s'exportent toutes les marchandises arrivées de l'Inde et de la Perse, par les caravanes de Bagdad; c'est là aussi qu'abordent les vaisseaux européens, Alexandrette étant le port le plus sûr de la côte de Syrie, presque toujours tourmentée par les vents du sud et de l'ouest, et par ces tourbillons quelquefois effrayants qui se précipitent des cimes du Liban, et chassent au loin les vaisseaux sur leurs ancres.

LE BONDOO.

Le royaume de *Bondoo* est borné au sud par un vaste désert.

Les vallées où sont situés les villes et villages sont défrichées par la culture. D'innombrables torrents, plus ou moins considérables, coulent en tous sens à travers ces vallées, et les arrosent pendant la saison des pluies. Un grand nombre d'arbres fruitiers, agréablement dispersés dans les vallées enrichies de villes et de villages entourés de plantations de cotonniers et d'indigo, leur donnent l'aspect le plus pittoresque.

Boolibany, la capitale du Bondoo, est située dans une vaste plaine, au pied d'une chaîne de montagnes nues et pelées.

Cette bourgade est la résidence du roi. Sa population est tout au plus de quinze à dix-huit cents habitants, dont le plus grand nombre sont alliés, esclaves, ouvriers ou serviteurs de l'almamy, ou bien de la famille royale. Boolibany est entouré d'un mur en terre glaise de dix pieds de haut sur dix-huit pouces d'épaisseur. Elle a cinq portes avec quelques pans de murailles que surmontent des petites tours placées symétriquement, ayant neuf à dix pieds carrés, et percées de meurtrières, ce qui donne à cette place une apparence assez formidable.

Les palais de l'almamy et de sa famille sont adossés aux murailles, à l'ouest de la ville, et entourés de murs plus épais et plus élevés, construits de la même façon et de la même matière ; ces palais se touchent, mais sans avoir aucune communication intérieure.

La mosquée est dans le plus pitoyable état, et presque entièrement dépouillée du chaume qui lui servait de toiture; les murs, construits en terre glaise, ont environ neuf pieds de haut, et le toit se compose d'une charpente grossière, et supportée au centre par trois forts piliers fourchus, hauts de dix-huit pieds. La prière se dit dans la mosquée cinq fois par jour, avec la dévotion extérieure la plus fervente. La ville se compose de rues étroites, sales et irrégulières, et l'extérieur des murailles est un réceptable d'immondices, d'où s'exhalent, surtout dans la saison des pluies, les miasmes les plus délétères. Les huttes ou maisons sont de forme et de construction diverses. Quelques-unes sont entièrement bâties en terre et en charpente grossière que recouvre un toit plat ; d'autres sont rondes, avec des murs en terre comme les premières, et un toit de forme conique, composé de bâtons recouverts de longues herbes sèches employées comme le chaume; les portes sont basses et incommodes, particulièrement celles des huttes rondes, et d'autant plus désagréables qu'elles servent à la fois de porte, de croisée et de cheminée.

Les palais de l'almamy et de tous les membres de la famille royale ont le même inconvénient, et ne se ressemblent point. Seulement ces édifices sont construits sur une plus grande échelle; l'intérieur se trouve divisé en plusieurs petites cours, séparées par des murs de terre à hauteur d'appui. Dans l'une sont les logements des femmes, dans les autres les magasins d'armes, de munitions, de marchandises et de grains. Les murs ont environ treize pieds de haut, et sont garnis dans leur pourtour à l'intérieur de petites chaumières carrées, qui servent de cuisines, d'étables ou de logements pour les esclaves et pour divers autres besoins du service. Les toits de ces chaumières sont plats, et dans les cas d'attaque, on y place des combattants, qui s'y trouvent défendus et garantis par le parapet que forme la muraille.

Les habitants de Bondoo suivent la religion mahométane, mais pas aussi régulièrement que les autres contrées de l'ouest de l'Afrique, dans la plupart des villes, ils ont des écoles où l'on se borne à enseigner à leurs élèves la lecture, et l'écriture prise seulement dans le Koran. Les habitants de Bondoo sont d'une taille moyenne, très bien faits et très actifs; leur couleur est cuivrée.

Les femmes sont vives; elles ont la taille svelte et des traits et des formes dignes d'être enviés par les plus belles européennes.

AMÉRIQUE.

WASHINGTON.

Entre le Maryland et la Virginie se trouve un territoire appartenant à toute l'Union, et connu sous le nom de *District fédéral* ou de *Columbia*; c'est la plus petite des divisions politiques et administratives de la confédération américaine. Au centre, s'élève la cité qui porte le grand nom de Washington.

Depuis 1801, siége du gouvernement central, cette capitale est située au bord du Potomac : sa vaste enceinte, tracée pour une ville dix fois plus peuplée; ses rues tirées au cordeau et larges de 80 à 100 pieds; ses habitations, séparées dans quelques quartiers par de grands espaces vides ou par des champs que sillonne la charrue; enfin, ses monuments somptueux, la feraient prendre plutôt pour une colonie naissante que pour la capitale d'un Etat populeux et florissant. Sa population n'atteint pas 24,000 habitants. Le plus beau de ses édifices est le Capitole : il renferme deux salles spacieuses destinées pour les séances de la chambre des représentants et du sénat, une autre pour les assemblées de la cour suprême des Etat-Unis, et une bibliothèque nationale. Il fut incendié en 1814 par les Anglais, qui se conduisirent comme des Vandales lorsqu'ils prirent Washington; mais aujourd'hui il est sorti de ses cendres plus vaste et plus riche qu'à cette époque. L'arsenal de la marine est un des plus beaux établissements de ce genre. Au milieu de sa cour principale, une colonne rostrale a été érigée en l'honneur des marins américains morts dans un combat glorieux devant Alger; les Anglais, jaloux de toute gloire étrangère, cherchèrent à la détruire : elle porte encore les traces des coups de sabre dont ils l'ont frappée; les Américains n'en ont effacé aucune, mais ils ont gravé sur la base du monument cette phrase sévère : *Mutilé par les Anglais en* 1814. Après le Capitole, l'édifice le plus important est l'hôtel du président; les quatre grands corps de bâtiments qui l'entourent, et qui servent à l'administration des quatre ministères, sont commodes, vastes et solidement bâtis, mais n'ont rien de remarquable dans leur architecture. L'hôtel de la Poste, avec tout ce qu'il renfermait, ainsi que l'hôtel des Brevets, avec ses modèles et ses documents précieux, présentant toutes les inventions dues depuis un siècle au génie anglo-américain, enfin tous les bâtiments de la direction générale des postes ont été la proie des flammes vers la fin de l'année 1836.

NEW-YORK.

Une colonie hollandaise, vers l'année 1613, jeta sur l'extrémité méridionale de l'île des Manhattans les fondements d'une ville qu'elle appela la Nouvelle-Amsterdam. Un demi-siècle après, les Anglais chassèrent les Hollandais, et Charles II, remonté sur le trône d'Angleterre, donna la province en appanage à son frère le duc d'York. La Nouvelle-Belgique et la Nouvelle-Amsterdam changèrent alors leur nom contre celui de Nouvelle-York. Enfin, en 1783, l'Angleterre ayant été forcée de reconnaître l'émancipation de l'Amérique septentrionale, la Nouvelle-York devint Etat indépendant de New-York et membre de la fédération américaine. C'est surtout depuis ce dernier changement que la ville de New-York, débarrassée des entraves que sa condition de colonie avait mises jusqu'alors à sa prospérité et à son développement, a pris un essor extraordinaire.

En 1768, New-York ne comptait encore qu'environ 24,000 habitants; en 1830, elle en renfermait plus de 200,000. Et il est difficile de prévoir à quelles limites s'arrêtera cette progression.

Née comme Venise de la mer et environnée d'eau, New-York a un port sans bornes, ouvert tout autour d'elle : mise en communication avec tout l'univers par l'Océan, elle touche

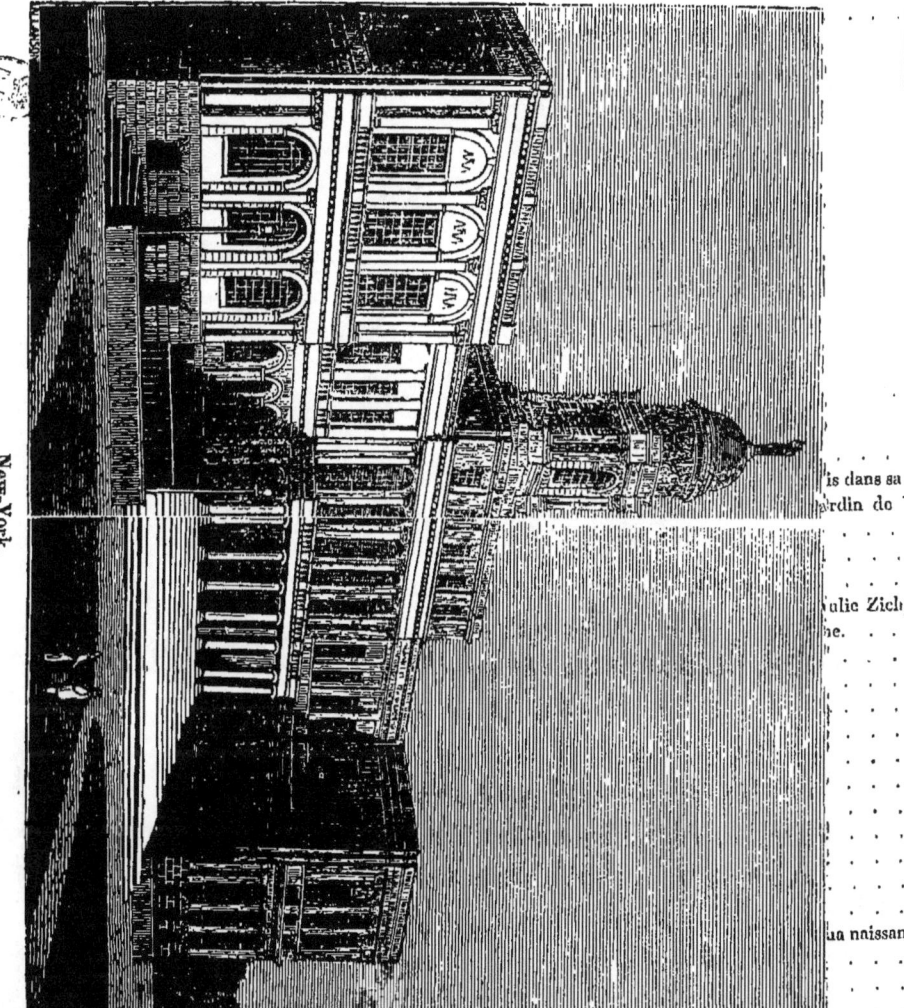

New-York.

à toutes les parties intérieures des Etats septentrionaux de l'Union par son fleuve l'Hudson qui descend des profondeurs du nord, de sorte qu'elle est le centre nécessaire d'un immense mouvement commercial et industriel, et le marché général où s'échangent les productions du sol contre les denrées étrangères.

Le haut rang de New-York se révèle dans son aspect. On comprend aussitôt toute sa puissance lorsqu'elle montre les immenses magasins de ses quais, ses hauts clochers et ses forêts de mâts au fond de son havre, qui a été comparé à la baie de Naples et à la rade de Constantinople. Plusieurs de ses rues, garnies de trottoirs et plantées d'arbres, sont d'une beauté remarquable, et le *Broadway*, la rue large, dont la longueur est d'environ une lieue et la largeur de 80 pieds, ferait l'ornement des plus orgueilleuses capitales de l'ancien monde. Les maisons, auxquelles on pourrait reprocher peut-être l'uniformité monotone de leur structure, sont construites en pierre rouge de Jersey, en granit que l'on extrait du sol même de New-York, et en briques. Dans quelques quartiers se retrouvent encore des maisons de bois, qui datent de l'occupation hollandaise, ainsi que le constate leurs formes massives, les lourdes sculptures dont elles sont chargées, et leurs millésimes écrits en pointes de fer sur leurs murailles; mais ces monuments du passé disparaissent tous les jours, abattus pour faire place à des bâtiments de pierre, ou consumés par les incendies qui semblent presque en permanence dans des parties basses de la ville, tellement que les habitants renferment leur linge et leurs menus objets de ménage dans des malles, pour pouvoir les transporter et les mettre plus promptement en sûreté. Les édifices publics, très nombreux de New-York, n'ont point pour la plupart un caractère monumental; les églises même, dont les clochers blancs élancés en minarets donnent à la ville, de la haute mer, une physionomie orientale, sont d'une grande simplicité. La Bourse, nouvellement construite, et l'hôtel-de-ville, que représente notre gravure, font seuls exception à cette règle générale.

L'hôtel-de-ville (*city-hall*), situé dans un quartier central et au milieu d'un parc, s'élève sur une plate-forme en marbre blanc, à laquelle mène un vaste perron. L'édifice est surmonté d'une coupole en bois qui sert de clocher au beffroi, et au dessus de laquelle est placée une statue de la Justice également en bois, ainsi que les ornements dont elle est accompagnée. L'hôtel-de-ville, qui a coûté environ 2,500,000 fr., est consacré au logement de divers fonctionnaires publics, et renferme aussi plusieurs administrations. Les appartements possèdent des galeries de tableaux recommandables, non seulement parce qu'ils sont l'œuvre d'artistes nationaux, mais aussi parce qu'ils représentent les principaux officiers de terre et de mer qui ont illustré leur nom dans la guerre de l'indépendance. Dans la salle du conseil d'administration est, en outre, exposé un ornement du plus grand prix : c'est le fauteuil même du haut duquel présidait Washington.

VALPARAISO.

CHILI.

Valparaiso est, après Santiago, la ville la plus importante du Chili. Son port est en quelque sorte celui de la capitale. Valparaiso (ou *vallée du Paradis*) est entouré au midi et à l'est de montagnes stériles et peu susceptibles de culture ; à peine aperçoit-on, dans les ravins profonds et rocailleux creusés par les torrents, quelques rares aloès. Les collines s'élèvent si brusquement du rivage de la mer, qu'il n'y a de place que pour une rue qui conduit de la *Recova*, ou marché, à un espace découvert sur la grève, appelé la *Xarcia*, qui tire son nom d'une corderie établie dans ce lieu. On y trouve encore un marché destiné aux fruits et aux légumes. Près de là est le *bosquet des Amandiers*, ou *Almendral*, le plus considérable des faubourgs de Valparaiso. La ville proprement dite est désignée sous le nom de *Puerto* (le port). L'*Almendral* ne se compose que d'une rue très longue et très large, et de nombreuses maisons de campagne, avec de beaux jardins ; c'est dans cette partie de la baie, que les pêcheurs construisent leurs cabanes, et viennent amarrer leurs canots. C'est aussi là que sont établies les *Matanzas* ou boucheries.

La principale rue du port, qui s'étend du *Resguardo* ou maison des douanes, à l'arsenal, est la *Planchada*, qui suit le rivage de la mer. Avant le tremblement de terre de 1822, il n'y avait qu'une seule maison de quelque importance de ce côté du port ; aujourd'hui, on y trouve une très belle rangée de bâtiments, décorés de balcons, et ayant des boutiques au rez-de-chaussée.

Valparaiso est une des principales places marchandes de l'Amérique du sud. Quatre forts servent à contenir les ennemis au dedans et au dehors. Les principaux édifices sont : l'hôpital de Saint-Jean de Dieu, la cathédrale et les couvents de Saint-François, de Saint-Augustin, de la Merci et de Saint-

Dominique. La population de cette ville est aujourd'hui de seize à dix-huit mille âmes.

Valparaiso offre un bon ancrage depuis septembre jusqu'en avril inclusivement, et il s'y trouve une grande quantité de provisions à bon marché. L'eau seule est loin d'y être bonne, et il est difficile de s'en procurer, toute celle qu'on emploie dans le port étant achetée aux *aguateros* ou porteurs d'eau qui l'apportent de l'intérieur des terres.

Le mont *Allègre*, qui domine la côte de Valparaiso, est couronné de maisons de campagne, d'où la vue peut planer sur l'immensité de l'Océan pacifique.

Beaucoup de *quebradas* ou ravins s'enfoncent très avant dans les montagnes. Au fond de ces ravins coulent de petits ruisseaux inoffensifs pendant l'été, mais qui, rapidement gonflés par les pluies d'hiver, deviennent de larges et impétueux torrents. C'est ainsi que, tous les ans, beaucoup d'habitations sont détruites, et qu'un grand nombre de personnes perdent la vie ; mais les indigènes rebâtiront, le printemps suivant, sur le même terrain d'où leurs chaumières auront été déracinées. Les principaux *quebradas* sont celui de Saint-Augustin, situé en face du lieu de débarquement, où le théâtre est bâti sur l'emplacement d'un couvent abandonné, et ceux de *San-Francisco* et *Santo-Domingo*, dans l'un et l'autre desquels se trouvent des églises attachées à des monastères, et quelques unes des principales maisons particulières. Dans les montagnes situées entre ces *quebradas*, appelées par les indigènes *El Arayan*, et la *Cordillera*, se trouvent aussi de vastes quartiers (*barrios*), qui contiennent une population très nombreuse, appartenant surtout à la classe inférieure. Les *ranchos*, ou chaumières de la plus petite espèce, répandues sur les sommets des différentes collines, sont innombrables.

En 1822 Valparaiso faillit être entièrement détruit par un terrible événement. Le 19 novembre tout le pays fut ébranlé par un tremblement de terre, qui se fit sentir au midi jusqu'à l'archipel de *Chiloé*. Le jour avait été extrêmement calme, et brûlant pour la saison, et la mer avait été houleuse, sans aucune apparence de vent.

A dix heures et demie du soir, le premier choc se fit sentir. Heureusement il ne fut pas très violent, de sorte que les habitants eurent le temps de quitter leurs maisons. Après un moment d'intervalle, une autre secousse fut si forte qu'au bout de quelques secondes, toutes les églises de Valparaiso n'offrirent plus qu'un amas de ruines. Celle de la *Merced* fut plus maltraitée que toutes les autres, bien qu'elle eût été bâtie si solidement, que la tour de brique ne se rompit pas en tombant. Un grand nombre d'habitants furent tués tout d'un coup dans leurs lits; d'autres, qui étaient sortis précipitamment de leurs maisons, furent écrasés par des tuiles ou des pans de muraille, en essayant de fuir par des rues étroites. La confusion était horrible. Enfin, des incendies éclatèrent dans plusieurs parties du port et de l'Almendral, parce que le chaume desséché des *ranchos* vint tomber sur des âtres qui sont toujours au milieu des huttes.

Ce tremblement de terre étendit ses ravages sur toutes les villes et villages environnants.

Au bout de quelques semaines, les habitants se mirent à rebâtir leurs maisons sur le même emplacement qu'elles occupaient, et avec les mêmes matériaux, des briques cuites au soleil.

SANTIAGO.

CHILI.

Santiago, capitale de la république du Chili, est situé au milieu d'une plaine cultivée, couverte de plantations, et arrosée par deux rivières et autres ruisseaux descendant des montagnes.

On aperçoit de plus de trente milles cette ville remarquable par le nombre de ses clochers et de ses tours blanches. Le fond de cet admirable tableau est formé par les Andes, qui s'élèvent majestueusement en immense amphithéâtre.

En entrant dans Santiago, on trouve les rues étroites et mal pavées; mais à mesure qu'on s'approche du centre de la ville, l'aspect change entièrement. On voit de larges rues, bordées, de belles maisons et de trottoirs de dalles de porphyre. La *Plaza Mayor* est spacieuse et bien entretenue. Au milieu s'élève une belle fontaine de bronze, entourée d'un bassin en pierres de taille. Autour se presse sans cesse la foule des *aguateros* qui remplissent d'eau des barils qu'ils promènent à travers les rues sur des mulets.

Les édifices publics de Santiago, la cathédrale exceptée, sont tous bâtis en briques, et dans un très beau style, surtout la *Casa de Moneda*. Cet hôtel isolé est situé sur une petite place, décorée d'une jolie fontaine. Il s'étend sur une superficie de deux cent cinquante pas environ, de chaque côté; il est haut de deux étages, et contient trois cours et une chapelle, dans laquelle on célèbre journellement la messe.

Le palais du président, dans lequel se trouvent tous les bureaux publics et la trésorerie, est un beau bâtiment de brique, dont la façade est en porphyre rouge, ayant des pilastres du même marbre. Cet édifice, avec la prison, *Carcel*, qui est bâtie dans le, même style, et dont il paraît faire partie, forme un côté de la *Plaza*. On remarque encore la cathédrale, bâtie de pierres de taille, et le palais de l'évêque, aujourd'hui converti en école pour les jeunes personnes.

Parmi les églises et les couvents de Santiago, on remarque *Santo-Domingo*, *San-Francisco* et *Santo-Agostino*. Dans la soirée du jeudi-saint les églises sont resplendissantes. Toutes rivalisent entre elles, exposant à la vue, dans cette soirée, tous leurs ornements d'or et d'argent, parmi lesquels les *custodias*, ou châsses qui renferment l'hostie consacrée, sont surtout d'une magnificence extraordinaire. Elles sont faites d'or massif et richement décorées de perles et de pierres précieuses.

Pendant toute la semaine de la Passion, mais plus particulièrement dans la soirée du jeudi-saint, on voit se promener par les rues beaucoup de pénitentes, portant des voiles noirs, et se déchirant les épaules nues à grands coups de discipline. Une autre pénitence consiste à porter une lourde croix de bois sur les épaules, à quelques unes des principales églises, ayant les poignets attachés aux bras de la croix. Les dévots doivent être suivis par des amis qui se chargent du soin de les empêcher de tomber. On a vu beaucoup d'hommes robustes s'évanouir sous cette croix.

LA VERA-CRUZ

ET LE CHATEAU DE SAINT-JEAN-D'ULLOA.

La jolie ville de la *Vera-Cruz*, un des principaux ports du Mexique, ne doit rien aux faveurs de la nature. Les rochers de madrépores dont elle est construite, ont été tirés du fond de la mer; la seule eau potable est recueillie dans des citernes; le climat est chaud et malsain; des sables arides et brûlants entourent la ville au nord, tandis qu'on voit s'étendre au sud des marais desséchés. Le port, peu sûr et d'un accès difficile, est protégé par le fort de Saint-Jean d'Uloa ou d'Ulùa, élevé à grands frais sur un îlot rocailleux, et sur l'une des extrémités duquel se dresse un magnifique phare.

Les Espagnols restèrent maîtres du château d'Uloa plusieurs années après avoir évacué la terre ferme. Ce fort, que les Mexicains regardaient comme imprenable, parce qu'il était défendu par 185 pièces de canon, tomba au pouvoir des Français, le 27 novembre 1838, après un bombardement de quatre heures. Malgré les pertes causées par les troubles civils, la population de Saint-Jean d'Uloa est encore de 16,000 âmes. Les riches habitants vont fréquemment chercher la fraîcheur et tous les charmes de la belle nature à *Xalapa*, ville presque aussi considérable, située sur une des terrasses par lesquelles le plateau central s'abaisse sur le golfe mexicain ; cette ville a donné son nom à la racine médicinale appelée *jalap*. *Perote*, dont les maisons sont presque sans fenêtres, est au milieu de plaines stériles couvertes de pierres ponces. Dans les forêts épaisses qui environnent le village de *Papantla*, à 45 lieues au nord-ouest de la Vera-Cruz, s'élève une pyramide érigée par les anciens Aztèques : elle n'a que 18 mètres de hauteur sur 25 à sa base ; mais elle est remarquable par la grandeur et la régularité des blocs de porphyre dont elle est construite, ainsi que par les hiéroglyphes dont elle est ornée.

TABLE DES MATIÈRES.

	pages
État des anciennes villes de France,	1

FRANCE.

	pages
Paris, *Seine*,	9
Versailles, *Seine-et-Oise*,	16
Corbeil, *Seine-et-Oise*,	17
Honfleur, *Calvados*,	18
Caen, *Calvados*,	20
Besançon, *Doubs*,	21
Péronne, *Somme*,	24
Viviers, *Ardèche*,	24
Metz, *Moselle*,	25
Arles, *Bouches-du-Rhône*,	26
Reims, *Marne*,	27
Troyes, *Aube*,	28
Dieppe, *Seine-Inférieure*,	28
Calais, *Pas-de-Calais*,	30
Bordeaux, *Gironde*,	31
Saint-Quentin, *Aisne*,	33
Bayonne, *Basses-Pyrénées*,	35
Limoux, *Aude*,	37
Arras, *Pas-de-Calais*,	38
Collioure, *Pyrénées-Orientales*,	39
Gap, *Hautes-Alpes*,	40
Le Havre, *Seine-Inférieure*,	41
Trévoux, *Ain*,	43
Gien, *Loiret*,	45
Beaugency, *Loiret*,	46
La Rochelle. — Rochefort, *Charente-Inférieure*,	47
Marseille, *Bouches-du-Rhône*,	48
Narbonne, *Aude*,	50
Mâcon, *Saône-et-Loire*,	52
Lille, *Nord*,	54
Thann en Alsace,	59
Barèges,	63
Châlons-sur-Saône,	64
Rouen, *Seine-Inférieure*,	65
Rouffach, *Haut-Rhin*,	69
Saint-Malo, *Ille-et-Villaine*,	70

BELGIQUE.

Bruxelles,	73
Louvain,	75

	pages
Bruges,	77
Gand,	79
Amsterdam,	81
Rotterdam.	82
Utrecht,	84

ANGLETERRE.

Londres,	85
Plymouth.	89
Portsmouth,	89
Manchester. — Liverpool,	90
Glascow, *Écosse*,	92
Édimbourg, *Écosse*,	92
Dublin, *Irlande*,	93

ITALIE.

Rome,	94
Come,	99
Capoue,	100
Florence,	102
Messine,	104
Padoue.	106
Pompéia,	107
Venise,	112
Naples,	115
Malte,	119
Vérone,	122
Ancône,	122

PÉNINSULE IBÉRIQUE.

Madrid,	123
L'Escurial,	126
Barcelonne,	127
Burgos,	131
Ségovie,	133
Cadix,	135
Saragosse,	137
Gibraltar,	139
Lisbonne, *Portugal*,	142
Xérez,	144

ALLEMAGNE.

Vienne, palais de Schœnbrunn,	145

TABLE DES MATIÈRES.

	pages.		pages.
Prague,	150	**ASIE.**	
Karlsbad, *Bohême*,	153		
Munich, *Bavière*,	153	Jérusalem,	192
Ulm, *Souabe*,	154	Babylonne,	197
Inspruck, *Tyrol*,	155	Damas,	200
Wiesbaden,	155	Antioche,	201
Dresde, *Saxe*,	157	Agra,	202
Cologne, *Prusse*,	158	Cawpore,	204
Francfort sur le Mein,	160	Patna,	205
Coblentz, *Prusse*,	162		
Hambourg,	163	**INDES ORIENTALES.**	
Berlin, *Prusse*,	165		
Nuremberg,	167	Bombay,	206
		Beajapous,	209
SUISSE.		Benares,	210
Genève,	168	Hurdwas,	212
Bâle,	170		
Zurich,	172	**CHINE.**	
Lucerne,	174	Pékin,	214
RUSSIE.			
		AFRIQUE.	
Saint-Pétersbourg,	175		
Moscou,	178	Ruines de Carthage,	217
Le Kremlin	178	Tyr,	219
Odessa,	182	Alexandrie,	220
Kazan,	183	Le Bondoo,	221
TURQUIE.		**AMÉRIQUE.**	
Constantinople,	185		
		Washington,	223
GRÈCE.		New-York,	224
		Valparaiso,	227
Athènes,	188	Santiago,	230
Corinthe,	190	La Vera-Cruz,	231

FIN DE LA TABLE DES MATIÈRES.

Paris. — Imprimerie de Lacour et Cie., rue St-Hyacinthe-St-Michel, 33.

TOME II.

A la Grèce, au printemps de 1821	1
Aux Grecs	6
Appel aux Hellènes. (1822)	8
Sur la pluie, le 36ᵉ anniversaire de ma naissance.	10
Noms et actions	ib.
A Homère	11
Sonnet. La croix rouge	12

	Pages.
délivrance	165
Les jours les plus courts	167
Effet contraire	168
Le vieux chêne	ib.
Aux personnes réunies, le 8 août 1816, au château de Baden	169
L'exhortation inutile	171
Mélancolie	173
Lamentation	174
Distiques à celle que j'aime	176
Le refus écrit pendant le congrès de Vienne	189
La vie du guerrier	192
Invocation à Théodore Kœrner	193
Le vieux chêne	196
Consolation par espérance	198
Les motifs	ib.
Moyen infaillible	199
Conviction intime	ib.
Les trompeurs trompés	200
Le chêne en Italie	ib.
Prière	201
Près de Cène	ib.
Les Apennins	202
Les Marais pontins	ib.
Les deux frères	203
Le tombeau antique près de Mezza	ib.
Compensation	204
L'osterra de Baja	ib.
Condition nécessaire	205

EN VENTE

Chez le même éditeur.

BIBLIOTHÈQUE (la) universelle, en 1 vol.
HISTOIRE de toutes les nations et de tous les siècles, 1 vol.
HISTOIRE de la Révolution française, 1 vol.
LES VICTOIRES, conquêtes et revers des Français, de 1792 à 1846, 1 vol.
HISTOIRE de Napoléon, 1 vol.
HISTOIRE générale des voyages autour du monde et des expéditions de Dumont-d'Urville, etc., 1 vol.
HISTOIRE de la marine française, 1 vol.
NOUVELLE (la) Mosaïque, 1 vol.
MONDE (le) criminel, Histoire des bagnes, prisons, etc., 1 vol
HISTOIRE de Don Quichotte de la Manche, 1 vol.
HISTOIRE pittoresque de l'Algérie, 1 vol.
PARIS A VOL D'OISEAU, historique et monumental, 1 vol.
LA RÉCRÉATION, Choix d'histoires contemporaines, drames, etc.
HISTOIRE des brigands célèbres de tous les pays, 1 vol.
HISTOIRE des sorciers, 1 vol.
HISTOIRE des anciens châteaux, 1 vol.
HISTOIRE des villes les plus remarquables, 1 vol.
HISTOIRE des cathédrales, églises, monastères, etc, 1 vol.

DICTIONNAIRE biographique universel des hommes célèbres, 2 vol.
LES MILLE ET UNE NUITS, contes arabes, 1 vol.
HISTOIRE pittoresque des hommes de guerre et des faits militaires, 1 vol.

Paris.— Imp. de Lacour et Cie,
rue Saint Hyacinthe Saint-Michel, 33.

Vue du château de Blaye.

Place d'armes de Péronne.

Place d'armes, à Calais.

L'Obélisque d'Arles.

Vue de Dieppe.

Metz.

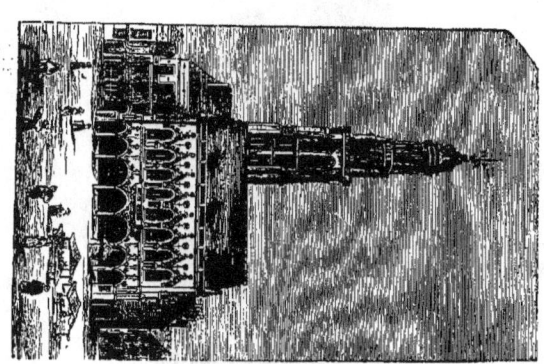

Beffroi d'Arras.

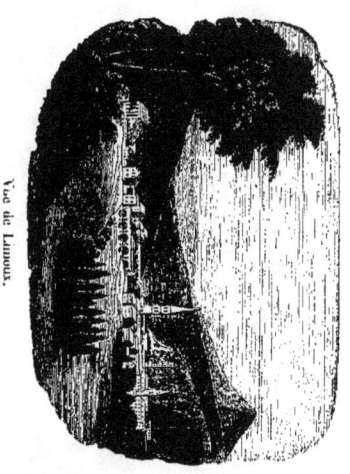

Vue de Limoux.

Vue de Gap.

Vue de Collioure.

Honfleur.

Vue de Saint-Malo.

Vue de Caen.

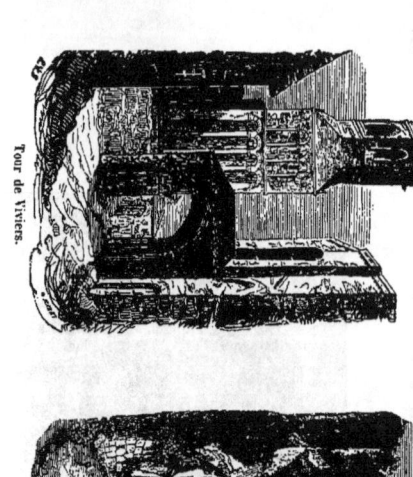

Tour de Viviers.

Porte à Besançon.

Cathédrale de Bruges.

Trévoux.

Le parc de Bruxelles.

Rotterdam.

Vue de l'île d'Aix.

Beffroi à Bruges.

1 Bern. 2 Bergen.

1 Thon. 2 Rouen.

Amsterdam.

1 Gent. 2 Brüssel.

Port du Hâvre.

Utrecht.

Tour Narbonne.

1 Patna. 2 Londres.

Pont de Fribourg.

Generelo.

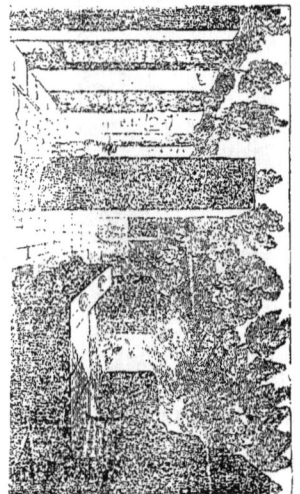

Vue de Florac.

Place Navonne, à Rome.

Lac de Côme.

Ancône.

Aqueduc, à Ségovie.

Burgos.

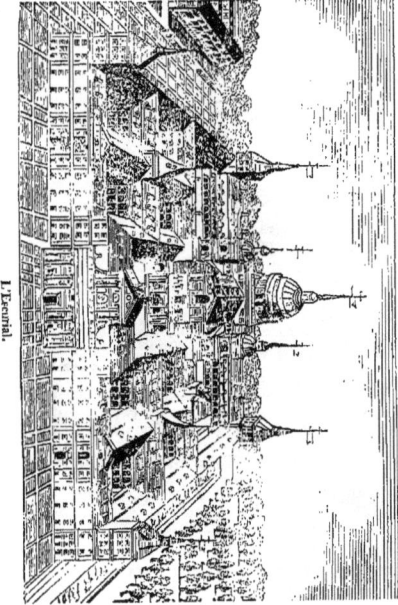
L'Escurial.

Cadix.

Gibraltar.

Bâle.

Genève.

Sion.

Ulm.

Leipzig.

Berlin.

Vienna.

Hamburg.

Schönbrunn.

Berg de Vecchio-a.

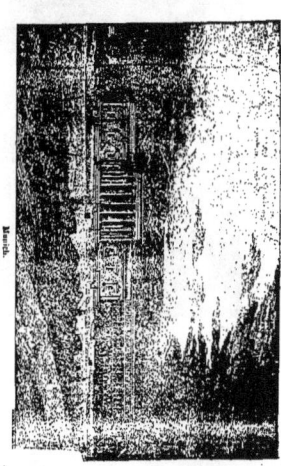
Munich.

Moscou.

Kazan.

Dublin.

Place du Peuple, à Rome.

Padoue.

Lisbonne.

Vue de Xérès.

Colonne Alexandrine, à Saint-Pétersbourg.

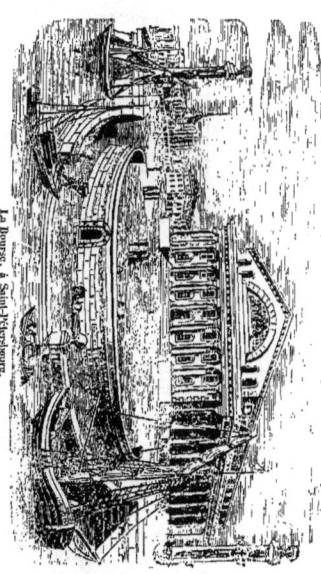

La Bourse, à Saint-Pétersbourg.

Malte.

Palais des Doges, à Venise.

Vue du grand Canal, à Venise.

Place du dôme, à Venise.

Jérusalem.

Rue Sainte-Ursule, à La Valette.

Bénarès (Monument).

Vue de Cawnpor.

Jérusalem.

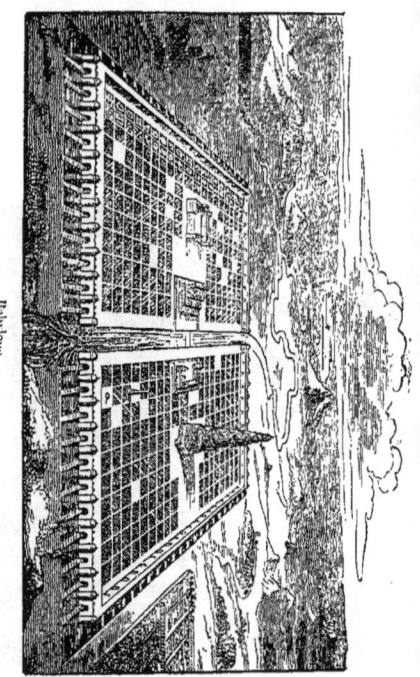
Babylone.

Corinthe.

Le Tadge Mahal à Agra.

Bombay.

Porte de Pékin.

Vue du Palais Impérial Pékin.

Washington.

Alexandrie.

Tour à Zerbi.

Botibany.

Vue de Valparaiso.

Vue de Santiago.

Carthage.

EN VENTE

Chez le même éditeur.

BIBLIOTHÈQUE (la) universelle, en 1 vol.
HISTOIRE de toutes les nations et de tous les siècles, 1 vol.
HISTOIRE de la Révolution française, 1 vol
LES VICTOIRES, conquêtes et revers des Français, de 1792 à 1846, 1 vol.
HISTOIRE de Napoléon, 1 vol.
HISTOIRE générale des voyages autour du monde et des expéditions de Dumont-d'Urville, etc., 1 vol.
HISTOIRE de la marine française, 1 vol.
NOUVELLE (la) Mosaïque, 1 vol.
MONDE (le) criminel, Histoire des bagnes, prisons, etc., 1 vol
HISTOIRE de Don Quichotte de la Manche, 1 vol.
HISTOIRE pittoresque de l'Algérie, 1 vol.
PARIS A VOL D'OISEAU, historique et monumental, 1 vol.
LA RÉCRÉATION, Choix d'histoires contemporaines, drames, etc.
HISTOIRE des brigands célèbres de tous les pays, 1 vol.
HISTOIRE des sorciers, 1 vol.
HISTOIRE des anciens châteaux, 1 vol.
HISTOIRE des villes les plus remarquables, 1 vol.
HISTOIRE des cathédrales, églises, monastères, etc, 1 vol.

DICTIONNAIRE biographique universel des hommes célèbres, 2 vol.
LES MILLE ET UNE NUITS, contes arabes, 1 vol.
HISTOIRE pittoresque des hommes de guerre et des faits militaires, 1 vol.

Paris.— Imp. de Lacour et Cie,
rue Saint-Hyacinthe-Saint-Michel, 33.

www.ingramcontent.com/pod-product-compliance
Lightning Source LLC
Chambersburg PA
CBHW050651170426
43200CB00008B/1241